XINMEITI CONGSHU · 新媒体丛书 ·

新媒体项目管理

XINMEITI XIANGMU GUANLI

总　主　编／黄心渊

执行总主编／李　刚

主　　　编／马建明

副　主　编／邱学军　许志强

主　　审／王家福

参　　编／李海东　杨　洲　张　原　万娜娜
　　　　　　徐燕妮　张　琛　姬　豹　黄　英

重庆大学出版社

内容提要

新媒体项目管理是新媒体生产运维和项目管理的交叉学科，是项目管理的原理和方法在新媒体领域的应用。

新媒体项目管理除了具有项目管理的普遍性以外，还具有一些独特之处，本书充分阐释了新媒体项目中存在的从业人员素质高（不易管理）、管理技术及工具的先进、客户沟通的困难、客户需求的不确定、短工期和低成本高质量的矛盾等现状，揭开新媒体项目的面纱，讨论了实施新媒体项目管理的方法。

本书是项目管理领域中比较全面阐述新媒体项目管理的一本教科书，将项目管理九大知识体系（项目集成管理、范围管理、时间管理、成本管理、质量管理、人力资源管理、沟通管理、风险管理和采购管理）和五大过程组（启动、计划、实施、监控和收尾）理论应用到了新媒体项目中，并以《项目管理知识体系指南》为基础，为新媒体项目管理提供了坚实的框架和基础。

本书可作为高等学校信息、新媒体等专业的学生的教材，也可供从事新媒体项目管理工作的人员参考和 PMP 的考试参考书。

图书在版编目(CIP)数据

新媒体项目管理 / 马建明主编 . —重庆：重庆大学出版社，2015.8（2023.1重印）
新媒体系列丛书

ISBN 978-7-5624-9277-1

Ⅰ.①新… Ⅱ.①马… Ⅲ.①传播媒介—产品—项目管理 Ⅳ.①G206.2

中国版本图书馆CIP数据核字(2015)第154481号

新媒体丛书
新媒体项目管理
主　编　马建明
副主编　邱学军　许志强
主　审　王家福

责任编辑：杨　濛　　　版式设计：叶抒扬
责任校对：贾　梅　　　责任印制：赵　晟

＊

重庆大学出版社出版发行
出版人：饶帮华
社址：重庆市沙坪坝区大学城西路21号
邮编：401331
电话：（023）88617190　88617185（中小学）
传真：（023）88617186　88617166
网址：http://www.cqup.com.cn
邮箱：fxk@cqup.com.cn（营销中心）
全国新华书店经销
重庆市正前方彩色印刷有限公司印刷

＊

开本：787mm×1092mm　1/16　印张：17.5　字数：353千
2015年8月第1版　　2023年1月第6次印刷
印数：7 501—9 500
ISBN 978-7-5624-9277-1　定价：53.00元

本书如有印刷、装订等质量问题，本社负责调换

这是一个充满各种可能的时代。数字化、网络化、媒体化为代表的当代信息革命推动了高新科技与文化艺术资源之间的碰撞、结合与融会重铸，新的工具、新的技术、新概念与新方法不断涌现，打破了一个又一个传统的行业疆域与思维壁垒，建立起新的生产和消费方式，产生了新的产业群落，培育出新的消费人群，创造出惊人的经济价值与社会价值，并催生出新的文化。围绕"新媒体"的探讨与争论，伴随着数字媒体领域日异月新的发展浪潮冲击而愈加激烈和深入，越来越多的优秀学者试图从各种角度介入这个令人感到活力与激情的领域，并试图梳理其特有的模糊界限、建构起相对完整的一套学科系统。

同时我们也发现，这个领域有着前所未有的交叉性与黏着性，将以往看似毫无关系的学科领域与行业穿插交织在一起。图形图像、视觉设计、硬件、软件代码、服务、金融、营销、社交、影像消费……我们越来越难以将数字媒体作为一种功能支撑从中进行简单的割裂、剥离，我们也越来越难以在"新媒体"与"新的媒体"之间继续字面意义上的无谓注解。我们发现，物质与比特、虚拟与现实、媒介与载体、个体与社群、信息与受众、消费与服务等传统意义上的界定面临着颠覆，或正在经历颠覆。这场艺术、人文与科技相结合的革命所引发的冲击不亚于文艺复兴时期，但来得更快、更猛、更悄无声息。

作为世界上文化资源最丰富、市场体量最大、发展速度最快的国家，中国正成为世界高新科技巨头竞相争夺的新市场。"互联网＋"这一概念的走红正反映出数字创新领域结合传统工业、服务业后爆炸性发展与竞争的如火如荼之势，与之相伴的则是新媒体紧密介入下的文化产业、内容创意产业与数字娱乐。行业的变革自然带动人才需求，但由于历史、制度的原因，我国高校教育体系中的学科划分与教育教学系统目前还无法高度对接急剧变革的数字创新行业与新媒体创意市场——尽管，各大高校教育从业者已经意识到了这个问题，并根据教育部高等教育司的要求，将提高教学质量、培养复合型、交叉型、应用型高素质综合人才作为当务之急。

近年来，中国创意产业人才、新兴领域复合型人才的培养一直得到教育部、文化部、国家广电总局、信产部等相关部门领导的高度重视。为贯彻落实教育规划纲要提出的要适应国家和区域经济社会发展需要，建立动态调整机制，不断优化学科专业结构的要求，教育部对 1999 年以来的普通高等学校本科专业设置进行了大面积调整，并于 2012 年重新印发了《普通高校本科专业目录》。新专业目录按照戏剧影视类、设计学类、计算机类与传播学类对当下教育培训界的动漫游戏、数字媒体、新媒体等专业领域，做了进一步的脉络梳理与划分，明确了各学科、专业领域研究的重点。但实际教学中，"跨界"的课程要求、实践应用的课程要求与对接行业研究前沿的课程要求往往得不到满足，缺乏系统、完整、实用且适应新一代媒体时代的系列教材成为制约高质量人才培养的瓶颈。

"新媒体"丛书正是基于这样的背景，在重庆大学出版社大力支持下，组织了国内大批优秀编辑进行的一项全方位服务工程：根据各大高校的不同需求、读者反馈意见与建议、一线从业者需求与行业需求，在尊重并充分参考教育部学科目录中对动画、影视、游戏、数字媒体艺术、数字媒体技术、网络与新媒体等媒体创意设计相关专业所属学科大类专业培养要求的基础上，同时兼顾新兴媒体创意产业的国内外发展客观现状要求而打造的高水平系列丛书，致力于能够较全面地涵盖"新媒体·新技术·新理念·新设计"，从实践执行教学到学术理论研究多层次的一体化全新教学模式，为广大高校教师、学子和从业人员提供积极有效的支持与服务。

丛书拟分为学术研究、教学服务与竞赛三个横向模块。其中，教学模块按照理论教学、设计实践与技术应用三个纵向层面来贯穿知识实践与创作，从而达到改善目前教学教辅资源过于零散、片面的现状。丛书面向数字内容产业策划、创意、设计、制作技术、管理运营与市场等各个环节，力求打造接轨国际前沿、落脚国内本土现状的"应用型"教材，充分兼顾信息时代浪潮下的新兴媒体复合型人才培养要求，立足传统学科大类基础但又要避免雷同重复，打破传统教材或仅偏于软件操作，或就理论而理论的局限，实现易教易学、深浅适度、规范性与交叉性相统一、对接行业应用的目标。

中国身处全球经济、文化与信息科技变革的漩涡中心，其成功与"创意·创新·创业"高素质新媒体人才教育与优秀的新媒体丛书开发息息相关，这是一个艰巨但又意义非凡的巨大工程。我们希望这套丛书能够助力涉足浩瀚新兴媒体信息领域的师生、设计师、艺术家、工程师叩开令人兴奋的新领域大门，对整个新媒体及其与各行业领域相互联系的方式、关系与影响提供一种认识；我们也衷心希望海内外专家，尤其是身在教学一线、行业一线的广大优秀教师与从业人员加入到我们的策划与编写队伍中来，共同打造出国际一流水平的新媒体系列教材和专著，为推动中国的高新信息产业、媒体创意与内容产业发展和高素质人才培养贡献自己的智慧与力量。

黄心渊

2015 年 6 月

可以说项目管理的历史就像一部编年史一样惊心动魄、跌宕起伏。项目管理的先驱们用自己的亲身实践和经验教训不断地思考项目管理的本质。

中国新媒体项目浪潮瞬间席卷媒体行业，但其管理却起步较晚。管理应用上多以通用软件、应用系统开发、内容提供为主，在全球新媒体产业的分布中相对边缘化。同时，由于新媒体行业在国际上也没有形成有效而独特的项目管理体系，很难找到适应国内特定事业与人才环境的方法。在这个背景下，首先是大型外企的项目管理比较接近国外新媒体项目管理实践；其次是国内大型新媒体企业，也积极引进相对科学的新媒体项目管理方法学；最后是产业链最低端的中小型新媒体企业，它们意识到国外项目管理理论与实践的巨大鸿沟，因此坚信自己在企业成长过程中所获得的宝贵经验才是最有效的。

由于企业、事业与人才环境的差别，对项目管理及项目经理的素质要求也有很大区别。对于已经建立相对完善的组织级项目管理体系的公司，项目经理可以专注于项目策划、监控、风险跟踪、干系人沟通等项目管理活动。在更多企业中，老板需要的项目经理则是一个解决一切问题的人，因此对技术能力的要求远超过管理能力。在某些场景下，项目经理甚至可能是因政治因素而临时受命的一个暂时性的英雄人物，一个能够带领一群初级工程师完成某项任务的高级技术工程师。简而言之，只有被赋予的沉重责任，而缺乏对应于责任的职权。

那么新媒体项目管理的成败关键在哪里？

首先，项目管理的成败在于项目经理本身。

项目经理是项目的管理者，他们是项目的核心人物，也是项目成功的关键。这意味着项目经理必须具备项目管理方面的管理能力、业务能力和基本的技术能力，但很不幸的是人们常常忽视了另外一种重要能力——沟通能力，而这一点恰恰是大多数项目经理所匮乏的。一个成功的项目经理还必须具备领导者的才能、沟通者的技巧和推动者的激情。项目经理需要整合自己的业务技能、技术技能和项目管理技能。

其次，项目管理的成败还在于组织级项目管理对项目提供的帮助。

依赖项目经理的努力，可以保证单个项目的成功。但是，在其他项目中却很难复制这个项目的成功经验。更多项目的成功，离不开企业内部的支持——无论是资源和资金的分配、历史上项目实施的经验教训、风险的识别与应对、企业的内部管理机制与流程等。大中型项目管理的实施不仅仅是项目经理的责任，也是企业整合和协调资源的过程，是企业智慧的集中浓缩。幸运的是，一些企业已经注意到并开始组织级项目管理的实践。

最后，项目管理的成败还在于企业为项目管理提供的其他支持。

合理构建公司的培训体系、人员培养体系、支持体系等，以解决"如何提高人员效率"的问题，也是项目管理成功实施的重要保证。

本书作者从事项目管理工作10年，在书中通过分享自身的实践和经验，以开篇案例、项目在媒体中的展现等形式充分阐释了新媒体项目管理的全过程，从而和读者达成共鸣。

该书是笔者承担的新媒体系列丛书的重要组成部分，该书的撰写和发表受到了多方面的支持和帮助，如果没有众人的帮助，我想是无法完成这本书的编写工作的。首先我要感谢这本书的编写团队，虽然我们是来自几个不同的大学和不同的专业院系，并且相隔甚远，但我们的沟通正体现了项目管理的精粹！

我还要感谢我在四川传媒学院的同事和学生们，他们为我提供了本书的基础支撑和建议，我也从他们那收集到与编写相关的宝贵意见。还得感谢我担任项目顾问的企业，我也从实践的项目中获取了大量的经验充实本书。

最重要的是，我要感谢我的家人。没有他们的支持，不会有本书的诞生。几个月来，我几乎与外界隔绝，体会了一把"衣来伸手、饭来张口"的生活，感谢他们的理解和付出，特别是我的妻子！

感谢你们，有了你们，该书才更加生色。

写完前言，正是6月20日零点，这是一个值得记住的日子，因而我相信，该书一定能为新媒体的发展贡献一份力量！

四川传媒学院　马建明

2015年6月20日

目 录
Contents

1 项目及项目管理

2 新媒体环境下的项目管理

3 新媒体项目的管理过程组

7 项目成本管理

8 项目质量管理

9 人力资源管理在新媒体项目中的应用

10 新媒体经营模式下的沟通管理

11 新媒体经营模式下的风险管理

12　新媒体经营模式下的采购管理

1 项目及项目管理

知识要点

本章重点是对项目管理的整体及其相关重要概念的理解（如项目、项目生命周期、项目管理、项目管理体系、组织结构、项目的约束、项目经理职业的概念），难点是如何理解项目内涵和项目约束之间的联系。

学习目标

（1）了解现代各行业对卓越项目管理的需求是日益增长的，尤其是信息项目。

（2）掌握项目的概念，列举项目的各种特征，描述项目的约束及成功标准。

（3）描述项目管理并能论述项目管理基本框架的关键因素，包括项目干系人、项目管理知识领域、常用技术和工具。

（4）掌握项目管理的系统观点以及如何将其应用于信息项目。

（5）通过描述项目经理的工作内容、需要掌握的技能以及职业生涯情况，从而理解项目经理的作用。

（6）理解组织，包括组织框架、组织结构和组织文化。

（7）掌握一个项目的阶段及其生命周期的含义。

托尼被任命为公司项目管理部的经理。项目管理部是公司为适应现代项目的需要而新设的部门，主要任务是监督和管理各个项目的进度及质量，对公司总经理负责。

由于公司刚开始实行项目制度，没有项目管理方面的经验及人才储备，托尼也是靠原有的工作经验进行管理。在工作中，托尼发现，虽然实行了项目管理的组织形式，但项目组的很多成员，只听从部门经理和公司总经理，对项目管理部门提出的合理化建置之不理。他们无视托尼的领导，要求定期提交的报告和材料常常会拖延，就连定期组织的汇报也时常缺席。

长此以往，项目管理部门得不到充足、有效的数据和材料，无法及时知道各个项目组的实际情况，得不到正确的统计结果，做不出正确的决策，就不能正确指导各个项目的实际工作。而消极抵触的情绪在各个项目组间弥散开来，项目组成员把项目管理部的成员视为上级的"耳目"和"监工"，工作上不予配合，他们认为项目管理部成员挑错是故意找事，办公效率低下，项目的管理陷入失控状态。

当托尼把这些情况反映给上级领导后，上级领导认为责任在托尼身上。托尼有些想不通，自己努力工作的目的就是协调好团队，从而达到提高项目质量的目的，可是结果怎么会这样呢？

在我们学习新媒体项目管理之前，首先来了解项目及项目管理的一般概念。

1.1 项目

1.1.1 项目的概念及特征

首先，项目是需要组织来实施完成的工作。所谓工作通常既包括具体操作又包括项目本身。具体操作与项目有许多共同特征，例如：

（1）需要由人来完成。

（2）受到有限资源的限制。

（3）需要计划、执行、控制。

具体操作与项目最根本的不同在于具体操作是具有连续性和重复性的，而项目则是有时限性和唯一性的。一般认为：项目是一个组织为实现自己既定的目标，在一定的时间、人员和资源约束条件下，所开展的一种具有一定独特性的一次性工作。表1.1说明了项目和一般运营工作的区别：

表 1-1 项目与一般运营工作的对比

比较项	项 目	运 营
负责人	项目经理	职能经理
实施组织	项目组	部门
时限性	一次性	持续不断
目标	独特性	重复性
目的	实现目标结束项目	维持运营
管理追求	效果	效率

PMI 的定义：项目（project）是一项为了创造某一唯一的产品或服务的时限性工作。时限性是指每一个项目都具有明确的开端和明确的结束；唯一是指该项产品或服务与同类产品或服务相比在某些方面具有显著的不同。图 1-1 说明了项目管理的定义。

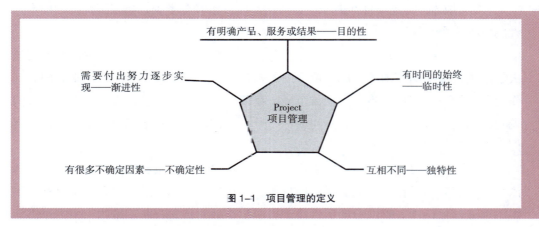

图 1-1 项目管理的定义

在理解项目的定义后，我们可以总结出项目的特性：

（1）目的性：任何一个项目都是为实现特定的组织目标服务的。

（2）独特性：项目所生成的产品或服务与其他产品或服务都有一定的独特之处。

（3）临时性：也被称为"一次性"，是指每一个项目都有自己明确的时间起点和终点，都是有始有终的，而不是不断重复、周而复始的。

（4）制约性：每个项目都在一定程度上受客观条件的制约，最主要的制约是资源的制约。

（5）其他特性：项目的不确定性、项目的风险性、项目过程的渐进性、项目成果的不可挽回性、开放性等。

在理解项目的特征时，应该将产品特征的逐步形成与项目范围正确的界定加以仔细地协调，特别是当项目是根据合同实施的情况下，对这一点要更加注意。当作出正确的界定以后，项目的范围、需要做的工作、产品的特征是逐步形成的，范围也应该保持不变。关于范围界定，将在第 5 章中进一步介绍。

1.1.2 项目的约束及成功标准

1. 项目的约束

每个项目都会以不同的方式受到范围、时间和成本目标的约束。在项目管理中，这些限制有时被称为三维约束（triple constraint）。为了使项目成功完成，项目经理必须考虑范围、时间和成本，并且平衡这三个经常冲突的目标。为此，必须考虑以下几个方面：

（1）范围：作为项目的一部分，需要完成哪些工作？顾客或者项目发起人希望从项目中得到什么样的独特产品、服务或成果？如何确认范围？

（2）时间：需要多长时间完成项目？项目进度如何安排？团队如何跟踪实际进程？谁有权批准进度的变更？

（3）成本：完成项目都需要花费什么？项目预算有多少？如何跟踪控制成本？谁能授权改变预算？

每个项目在建立时，以上三个点都有着各自的目标。如开篇案例中，托尼应该去了解项目最初的范围，形成一份详细的报告，并听取项目各方面的汇报。同时，作为项目经理应该进一步定义项目范围；获取一份其他公司已经实施的类似项目的调查；知晓项目粗略的成本和时间估计、风险评估、潜在回报率的大小等。开篇案例中的失败从这已经开始了。

对三维约束的管理同样包括使范围、时间和成本之间做到相互平衡。例如：为满足范围和时间目标，可能会增加项目预算。相反，为了满足时间和成本目标，不得不缩减项目范围。有经验的项目经理会明白，必须首先判断三维约束中哪个方面是最重要的。假如时间最重要，必须经常改变最初的范围或成本目标以满足日程安排。假如范围目标是最重要的，那就需要对时间和成本目标进行调整。

尽管三维约束描述了项目的基本影响因素：范围、时间和成本，以及它们之间的相互关联，但其他因素同样可以发挥巨大作用。质量通常也是项目的一个关键因素，它和顾客满意或者项目发起人满意一样重要。事实上，现代项目管理应具有四维约束，即范围、时间、成本和质量，并将质量设置为前三者的核心，图 1-2 说明了四者的关系：

有时会出现这样的情况，在达到了范围、时间和成本目标的同时，却没有满足质量要求或令顾客满意，那应该如何避免出现这种情况呢？答案是优秀的项目管理不应该只满足项目的三维约束。

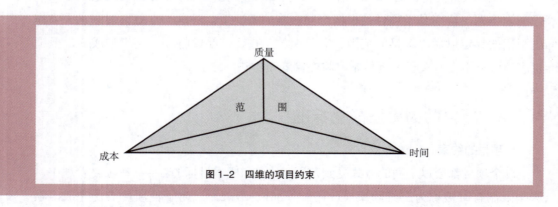

图 1-2　四维的项目约束

2. 项目成功的标准

有很多方法可以定义项目的成功。下面以在 3 个月内花费 300 万元人民币对移动客户端进行升级的项目为例，介绍衡量一个项目是否成功的常用标准。

（1）项目达到了范围、时间和成本目标。假如移动客户端完成了升级并满足了其他一些范围要求，刚好3个月或3个月以内完成，成本为300万元人民币或更低，那么根据此条判断标准，就可以认为它是成功的。

（2）项目使客户或项目发起人感到满意。即使项目达到了最初的范围、时间和成本目标，移动终端使用者（本例中的主要客户和项目发起人）也未必会满意；或许由于项目经理或者项目组成员从来都不回复电话或者态度极为恶劣；或许在升级期间，使用者的日常工作受到了影响。假如客户对项目的操作方面感到不满意，基于此条准则，这就是个失败的项目。相反，项目或许没能达到最初的范围、时间和成本目标，但是客户仍可能十分满意。或许尽管项目组成员用了比计划更长的时间，花费了比计划更多的钱，但是他们却十分有礼貌，并帮助客户和经理解决了一些与工作相关的问题。以客户满意度来衡量，这也是成功的项目。

（3）项目的完成结果达到了主要目标。例如，节省了一定数目的钱，带来了好的投资收益，使项目发起人感到满意，此项目便是成功的项目。即使项目花费超过了预算，用了更长的时间，并且项目团队很难合作共事，但只要使用者对移动客户端升级项目满意，那么基于这条标准，此项目也是一个成功的项目。

为什么有些项目成功了，而有的却失败了呢？表1-2总结了斯坦迪什咨询集团的研究结果。表中按照重要性从高到低的顺序，排列了促使项目成功的主要因素。

表 1-2   促使项目成功的因素

- 管理层支持
- 客户参与
- 经验丰富的项目经理
- 明确的目标
- 较小的范围
- 标准软件基础结构
- 明确的基本需求

1.2 项目管理

项目管理（project management）就是为了满足甚至超越项目干系人对项目的需求和期望而将理论知识、技能、工具和技巧应用到项目中去的活动。要想满足或超过项目干系人的需求和期望，我们需要在下面这些相互间有冲突的要求中寻求平衡：

（1）范围、时间、成本和质量；

（2）有不同需求和期望的项目干系人；

（3）明确表示出来的要求（需求）和未明确表达的要求（期望）。

通过上述讲解，我们已大体了解了项目的概念、特征、约束及成功的标准，下面将详细讲解项目管理的发展、属性、要素、流程、领域及环境等。

1.2.1　项目管理的发展

项目管理是 20 世纪发展起来的管理技术，经历了萌芽、形成、传播及发展四个阶段。

1. 项目管理的萌芽阶段

20 世纪 30 年代之前为项目管理的萌芽阶段，在此阶段人们凭借经验与直觉按照项目的形式进行运作，如中国的长城、古罗马的尼姆水道、埃及的金字塔等。

2. 项目管理的形成阶段

20 世纪 30 年代至 50 年代为项目管理的形成阶段，在此阶段传统的项目及项目管理的概念主要起源于建筑行业，人们开始使用"甘特图"进行项目的规划与控制，例如中国的"曼哈顿"原子弹计划、美国的"阿波罗"载人登月计划等。

3. 项目管理的传播阶段

20 世纪 50 年代至 70 年代末为项目管理的传播阶段，在此阶段人们开始开发和推广网络技术。

4. 项目管理的发展阶段

20 世纪 80 年代至今为项目管理的发展阶段，其主要特点是项目管理范围的扩大，涉及电信、软件、金融、信息、媒体传播等各个领域。

1.2.2　项目管理的特征及要素

现在项目管理已应用在各个领域中，不同项目的商业有其各自的特点。但所有的项目管理都具有相同的三大要素及六大特征。

项目管理的三大要素主要包括时间要素、成本要素及效果要素。其中，时间要素表示有时间要求，成本要素表示有成本要求，效果要素表示完成后的整体效果要好。项目管理的六个特征如下：

（1）**目标的确定性**　表示项目必须具有明确的目标，主要包括时间性目标、成果性目标、约束性目标等。目标的确定性允许修改，并且具有一个变动幅度。

（2）**独特性**　表示每个项目都具有自身的特点，都具有唯一的特性。因为项目具有独特性，所以所有的项目都是独一无二的。

（3）**约束性**　表示项目会受到时间、资源及成本的限制。一个项目的开始时间与完成时间必须符合项目的规划时间，同时为了保证项目顺利完成，还必须符合资源及成本规划或基准的约束。

（4）**一次性**　表示项目有明确的起点和终点，是不能照搬或复制的工作。

（5）**整体性**　表示项目中的所有活动都是相关联的一个整体，不能多出也不能缺少。

（6）**不可挽回性**　决定了项目的不可挽回性，也就是说，项目不能像其他事件那样可以反复进行，一旦失败将无法重新进行原项目。

随着信息技术的发展，项目管理采用信息化手段，这种信息化手段的项目管理方式被称为现代项目管理。信息化时代的项目管理相对于传统的项目管理具有独特的特点，如表 1-3 所示。

表 1-3　传统项目管理与现代项目管理特征对比

项目类别	传统项目管理	现代项目管理
管理目标	技术性	经营性、商业性、综合性
人员要求	技术技能	技术技能、商业技能、管理技能
涉及内容	技术	技术、财务学、管理学、领导学、组织行为学等知识
层次性	单一性	创新性、开发性、业务性等同时实现
管理性	死板	灵活
风险意识	不重视	强化风险管理
项目办公室	传统、单一管理	标准化与专业化管理

1.2.3　项目管理的关键流程

项目管理的流程决定了项目的发展方向与最终目标。如果想掌控项目的发展及目标，需要掌握下述 11 个关键流程：

（1）生命周期　一个项目的生命周期包括定义项目目标、制订项目计划、发布项目计划、跟踪项目进度、调整计划及完成项目。项目周期具有可变性，如会随着项目、业务及客户要求的改变而改变。

（2）方法论　不同的项目采用的方法有所不同。例如，产品开发项目会涉及工具及系统，而信息技术项目则会涉及系统开发、文档管理等内容。

（3）项目定义　对项目进行详细的书面描述。项目定义主要包括章程、数据表、目标陈述、回报、预算目标及风险等内容。

（4）合同与采购管理　这是指管理项目实施过程中的合同及采购情况。由于合同与采购管理是项目的着手点，所以需要及早明确合同内的责任及细节，同时还需要记录采购中的评估与接收标准、要求与规定等。

（5）项目的规划、执行与跟踪　这是指制订规划、执行与跟踪流程，从而激励员工的积极性与自我性。

（6）变更管理　这是指在项目中制订变化管理流程。例如，制订变化提案的细则，调低变化提案的门槛。

（7）风险管理　这是指制订出一套完善的风险管理流程。利用流程寻找风险，从而根除严重的项目问题。

（8）质量管理　这是指质量管理流程，主要保证项目的质量标准，促使项目遵守报告、评估等要求。

（9）问题管理　这是指在项目的资源、工期等方面为项目的问题管理制订流程，同时，可以为项目建立跟踪流程，以记录问题。

（10）决策　即建立决策流程，为项目管理提供一个强有力的支持。

（11）信息管理　即为项目建设一个信息平台，以方便项目信息的交流及管理。

1.3　项目管理的知识领域

通过对开篇案例的分析可以发现，项目经理托尼失败的原因之一是缺乏有效的项目管理知识，虽然在工作中投入极大的热情，但也不能避免项目管理的失败。

项目管理知识领域（project management knowledge areas）描述了项目经理必须具备的关键能力。项目管理通过执行一系列相关的过程来完成，这些过程分布在核心知识域、保障域、伴随域和过程域中。值得注意的一点是，在实际工作中，项目管理的很多过程是重叠的和交互的。

核心知识域包含整体管理、范围管理、进度管理、成本管理、质量管理和信息安全管理等。

保障域包含人力资源管理、合同管理、采购管理、风险管理、信息（文档）与配置管理、知识产权管理、法律法规标准规范和职业道德规范等。

过程域包含调研与立项、启动、计划、实施、监控和收尾等。监控过程发生在项目生命周期的任一阶段。其中，启动、计划、实施、监控和收尾也是项目管理中重要的五大过程组管理的组成部分，关于过程组管理将在第4章详细阐述。

1.3.1　项目管理九大知识体系

作为项目管理者，需要具备并掌握广泛的知识与能力，以便对项目进行计划、组织、评估、控制等有效的管理。项目管理所涉及的知识体系主要包括以下九大领域，本书按章分别进行详细阐述。

（1）项目范围管理　为了实现项目的目标而控制项目工作内容的管理过程，主要包括范围的界定、范围的规划及范围的调整等工作。

（2）项目时间管理　　确保项目最终按时完成的一系列的管理过程，主要包括活动界定、活动安排、进度安排及时间控制等工作。

（3）项目成本管理　为了将项目的各项成本及成本控制在预算之内的管理过程，主要包括资源的配置、成本的控制等工作。

（4）项目质量管理　为了确保项目的质量所实施的一系列的管理过程，主要包括质量规划、质量控制等工作。

（5）人力资源管理　为了更好地发挥项目关系人的能力与积极性的管理过程，主要包括组织的规划、团队的建设等工作。

（6）项目沟通管理　为了确保收集及传输项目信息实施的一系列管理过程，主要包括沟通规划、信息传输、进度报告等工作。

（7）项目风险管理　为解决项目实施过程中所涉及或可能遇到的不确定因素的管理过程，主要包括风险识别、风险量化、风险控制等工作。

（8）项目采购管理　为了获取项目实施组织之外的资源或服务所实施的一系列的管理过程，主要包括采购计划、选择资源、合同管理等工作。

（9）项目集成管理　为了协调与配合项目各项工作的综合性与全局性所实施的一系列的管理过程，主要包括项目集成计划的制订、项目集成计划的实施等工作。图 1-3 说明了项目管理的框架。

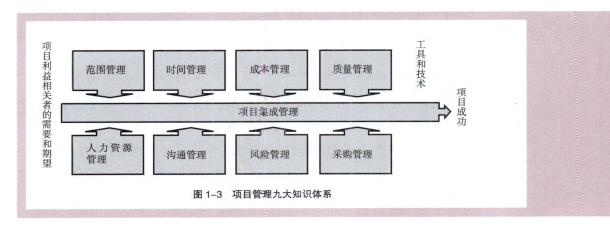

图 1-3　项目管理九大知识体系

1.3.2　项目的阶段和项目的生命周期

1. 项目阶段的特征

在实施项目时通常会将每个项目分解为几个项目阶段，以便更好地管理和控制，并且将正在组织执行的工程与整个项目更好地连接起来。项目的各个阶段构成了项目的整个生命周期（project life cycles），典型的项目包括以下几个阶段：

概念（concept）　也称定义，是对项目进行简要的描述，为项目编制高水平的总体计划，并通过这个计划来描述项目的必要性和一些基本概念。

开发／规划（development/planning）　明确项目范围，优化目标，为实现目标而制订行动方案。

实施／执行（implementation/executing）　完成项目管理计划中确定的工作，以实现项目的。

收尾／结束（close-out/termination）　为完结所有过程组的所有活动，以正式结束项目或阶段。

其中，前两个阶段也称为项目可行性阶段，后两个阶段称为项目获得阶段，如图 1-4 所示。

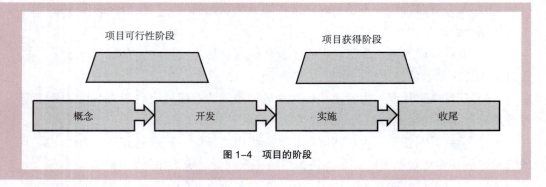

图1-4　项目的阶段

一个项目阶段的结束通常以对关键的工作成果和项目实施情况的总结为标志，做这样的总结有两个目的：

(1) 决定该项目是否进入下一个阶段；

(2) 尽可能以较小的代价查明和纠正错误。这些阶段末的总结常被称为阶段出口、里程碑或是关键点。

2. 项目生命周期的特征

项目生命周期确定了项目的开端和结束。项目生命周期通常可以确定：每个阶段所需做的工作和每个阶段所涉及的人。

对于项目生命周期的说明可以是非常概括的，也可以非常详细。详细的说明可能会包含大量的表、图和清单，以便于确定项目生命周期的结构，并确保其稳定性。这种详细说明的方法被称为项目管理方法学。大多数项目生命周期的说明具有以下共同的特点：

(1) 对成本和工作人员的需求最初比较少，在向后发展过程中需要越来越多，当项目要结束时又会剧烈地减少。可以从图1-5中看到这一变化。

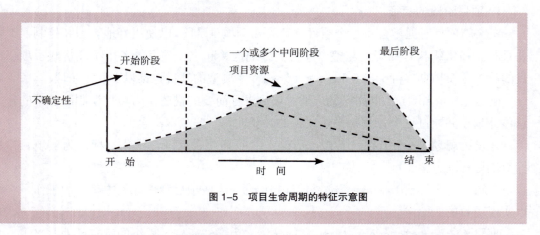

图1-5　项目生命周期的特征示意图

(2) 在项目开始时，成功的概率是最低的，而风险和不确定性是最高的。随着项目逐步向前发展，成功的可能性也越来越高。

(3) 在项目起始阶段，项目干系人的能力对项目产品的最终特征和最终成本的影响力是最大的，随着项目的进行，这种影响力逐渐削弱。这主要是由于随着项目的逐步发展，投入的成本在不断增加，而出现的错误也不断得以纠正。

要注意区分项目的生命周期和产品的生命周期，如将一种新型手机投放到市场，这只是产品生命周期的一个阶段而已。

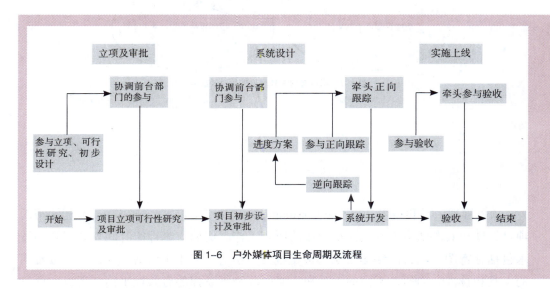

图 1-6　户外媒体项目生命周期及流程

3. 项目生命周期划分的案例

下面以户外媒体项目为例来说明实际应用中项目生命周期的划分和流程，如图1-6 所示。

(1) 立项及审批的确定——以"项目立项可行性研究及审批"为结束标志。

(2) 系统设计的确定——以"项目初步设计及审批"为结束标志。

(3) 实施上线的确定——以"验收"为结束标志。

1.3.3　项目管理与其他管理学科的联系

项目管理中许多知识都是独一无二的，如关键线路分析和工作分层结构。然而项目管理知识体系与其他管理方式还有相同之处，如图 1-7 所示。

全局管理包括企业运作的计划、组织、人事安排、实施和过程控制，还包括诸如计算机程式设计、法律、统计、可行性研究、后勤学及人事管理。项目管理知识体系与全局管理在许多领域是互相交叠的，如组织行为、财务预算、计划方式等。

应用领域是一系列拥有共同要素的项目的统称。这种共同要素虽然重要但却不一定为所有项目所必需或在所有项目中呈现出来。应用领域常用以下术语来定义：

（1）技术因素：产品策划、数字产品制作。

（2）管理因素：管理层构建或新产品开发决策。

（3）工业集团：传媒行业、信息产业和金融服务业等。

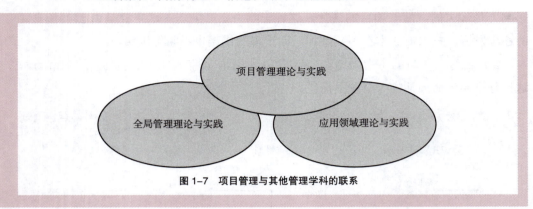

图 1-7 项目管理与其他管理学科的联系

1.4 项目管理中的概念与工具

项目管理工具和技术（project management tools and techniques）能够帮助项目经理和其团队实施 9 大知识领域的所有工作。例如，流行的时间管理工具和技术包括甘特图、项目网络图表法、关键线路分析等。表 1-4 列举了各知识领域常用的工具和技术。当然，不同的工具在不同的环境下发挥的有效性不同。所以，项目经理及项目团队成员判断自己的项目采用何种工具是至关重要的。在本书的后续章节中，将详细介绍这些工具。

表 1-4 各项目管理应用领域常用项目管理工具和技术

应用领域	工具技术
集成管理	项目挑选方法、项目管理方法论、利益相关者分析、项目章程、项目管理计划、项目管理软件、变更请求、变更控制委员会、项目审评会议、经验教训报告
范围管理	范围说明、工作分解结构、工作说明、需求分析、范围管理计划、范围验证技术、范围变更控制
时间管理	甘特图、项目网络图、关键路径分析、赶工、快速追踪、进度绩效测量
成本管理	净现值、投资回报率、回收分析、挣值管理、项目组合管理、成本估算、成本管理计划、成本基线
质量管理	质量控制、核减清单、质量控制图、帕累托图、鱼骨图、成熟度模型、统计方法
人力资源管理	激励技术、同理聆听、责任分配矩阵、项目组织图、资源柱状图、团队建设练习
沟通管理	沟通管理计划、开工会议、冲突管理、传播媒体选择、现状和进度报告、虚拟沟通、模板、项目网站
风险管理	风险管理计划、风险记录单、概率 / 影响矩阵、风险分级
采购管理	自制—购买分析、合同、需求建议书、资源选择、供应商评价矩阵

开篇案例中托尼的失败与不了解项目管理概念及工具的应用是分不开的。项目管理是一门学科，不仅可以监督项目，而且可以提供控制项目的管理方法。通过项目管理，可以组织项目中的任务，并进行系统化管理。一般情况下，项目管理需要经历日程安排、预算、资源管理、进度跟踪与报告等过程。

1.5　项目管理环境

在实际项目运作过程中，如果缺乏正确的管理方法，往往会遇到进度拖延、成本超支等问题。在深入学习新媒体项目管理方法之前，还需先了解项目管理的工作内容、组织与领导等基础知识。

1.5.1　项目管理工作内容及方法

1. 项目管理工作内容

一般情况下，项目管理的工作可以分为 C、D、E、F 四个阶段，各阶段的具体内容如表 1-5 所示。

表 1-5　项目阶段工作内容

阶　段	含　义	工作内容
C	概念阶段	调查研究、收集数据、确定目标、资源预算、确定风险等级等
D	开发阶段	确定成员、界定范围、制订计划、工作结构分解等
E	实施阶段	建立项目组织、执行 WBS 工作、监督项目、控制项目等
F	结束阶段	评估与验收、文档总结、清理资源、解散项目组等

可以将项目管理的工作内容分为可行性研究、工作结构分解、三坐标管理与项目评估 4 个方面。

2. 三坐标管理

由于项目实施过程中的进度、成本与质量之间存在相互协调、相互制约与相互适应的关系，所以项目的进度管理、成本管理与质量管理称为三坐标管理。其中，项目的进度管理是项目按期完工的保证，主要分为编制进度计划与控制计划两部分，其具体内容如表 1-6 所示。

表 1-6　三坐标管理法（进度管理）

方　面	内　容
编制进度计划	项目分解、工作序列、评估工作时间、安排进度等
控制计划	作业控制、控制项目进度、控制项目主进度、控制项目详细进度等

项目的成本管理包括资源计划、成本估计、成本预算、成本控制等方面，是项目按照预算计划完成的保证，其具体内容如表 1-7 所示。

表 1-7　三坐标管理法（成本管理）

方　面	内　容	方　法	结　果
资源计划	工作分解结构、项目进度计划、历史信息等	数学模型法、头脑风暴法等	资源的需求计划、资源的相关描述等
成本估计	资源需求计划、资源单位价格、成本表格等	类比分析法、参数模型法、估计法等	项目总资源成本与明细
成本预算	工作分解结构、成本评估值、项目进度计划表等	类比分析法、参数模型法、估计法等	获得成本线等
成本控制	成本预算值、实施执行报告、增减预算的请求等	成本控制系统、附加计划等	修订成本估计、更新成本预算、估计项目总成本等

　　项目的质量管理包括质量计划、质量保证、质量控制等内容，是确保项目按照设计计划完成的保证，其具体内容如表 1-8 所示。

表 1-8　三坐标管理法（质量管理）

方　面	内　容	方　法	结　果
质量计划	质量方针、产品与范围陈述、规则标准	利益与成本分析、制作实施标准等	质量管理计划、操作说明等
质量保证	质量管理计划、操作说明等	质量审核与质量计划所采用的方法	保证质量、质量改进等
质量控制	质量管理计划、操作描述、具体工作结果等	统计样本、控制图表、趋势分析等	质量改进措施、完成监察表、过程调整等

1.5.2　项目的干系人

　　在 PMI 的定义中，项目干系人（Stakeholder）是指那些积极参与项目工作的个体和组织，或者是那些由于项目的实施或项目的成功其利益会受到正面或反面影响的个体和组织。项目干系人也叫"项目利益相关者"，项目管理工作组必须识别哪些个体和组织是项目的干系人，确定他们的需求和期望，然后设法满足和影响这些需求，以期确保项目能够成功。

1. 干系人的组成

每个项目的主要干系人有：

（1）业主（owner）：创造了对该项目的需要的人或组织。

（2）项目发起人（sponsor）：执行组织内部的个人或团体，他们以现金和实物的形式为项目提供资金资源。通常由项目发起人制订项目章程（project charter），发起人可能是一个内部客户，也可能是外部机构。

（3）项目经理、项目成员、执行组织、高级管理层、功能部门经理、工会。

（4）顾客：使用项目产品的个人或组织。

（5）承包商（contractors）、供货商（suppliers）和卖主（vendors）。

（6）项目成员的家人或朋友。

（7）其他（通常是外部的）：管理部门、媒体、游说活动团体、特殊利益团体（SIG）等。

由上述的说明中，我们可以理解为在项目团队组织中的每一个角色都是项目干系人。另外，对项目产生影响（不论是正面或负面）的非项目团队组织中的成员也可以算是项目干系人。

2. 五大管理过程中的项目成员及类别

在项目的不同阶段（从启动、计划、执行、控制到收尾五大管理过程）会有不同的项目干系人参与其中：

（1）启动过程：业主—项目发起人—主办者。

（2）计划编制过程：项目经理，项目委员会成员，执行组织（需求单位负责人或指派代表、项目规划团队），高级管理层，职能部门经理，必要的内部顾问团队或外部解决方案供货商。

（3）实施执行过程：项目经理，项目委员会成员，执行组织（需求单位负责人或指派代表、项目规划团队，设计、开发、施工、测试、质量保证等单位成员），高级管理层，职能部门经理，必要的内部顾问团队或外部解决方案供货商。

（4）控制过程：项目经理，项目委员会成员，需求单位指派代表，项目执行团队指派代表，质量控制单位代表，成本控制单位代表。

（5）收尾过程：项目经理，项目发起人或主办者，项目委员会成员，需求单位负责人或指派收尾代表，文档建置及归档管理人员。

在实际项目中，找对项目干系人是正确的一步。项目经理必须管理项目干系人的期望，因为每个项目干系人的期望可能有所不同，有时甚至会相互冲突。总的来说，解决项目干系人目标的分歧还是要以顾客的期望为准。但是，这并不是意味着可以忽略其他项目干系人的要求与期望。对于项目管理而言，寻求一种适当的方式解决这些冲突是一项重大的挑战。

1.5.3　项目管理的组织

在项目管理中，合理地组织结构是项目正常完成的重要基础，也是开篇案例中托尼失败的最主要原因。

1. 组织设计原则

项目管理的组织设计主要包括以下原则：

（1）目标一致性：需要建立保证与协调的目标体系。

（2）有效的管理幅度与层次：管理幅度与管理层次成反比效果，为避免管理信息的迟滞，还需要扩大管理幅度，减少管理层次。

（3）责权对等：在项目管理的实施过程中，需要将责任与权力进行对等分配，确保管理人员工作的积极性。

（4）集分权相结合：根据项目的具体情况，需要确保集权与分权的合理分配。

2. 组织结构形式

组织的结构会对取得项目资源有所影响。组织的结构类型从职能型到项目型跨度很大，在这两者之间，还有几种矩阵，表1-9介绍了几种组织结构形式的项目管理特征。

表 1-9　各种组织结构形式的项目管理特征

组织结构 特征	直线职能型	弱矩阵型	均衡矩阵型	强矩阵型	项目型
项目经理的权力	很低	较低	中等	中等偏高	很高
项目实施组织人员的全职投入情况	几乎没有	0~25%	15%~60%	50%~95%	85%~100%
项目经理的角色	非全职	非全职	全职	全职	全职
项目经理的称谓	项目协调人/领导	项目协调人/领导	项目经理/官员	项目经理/官员	项目经理/官员
项目管理人员情况	非全职	非全职	非全职	全职	全职

图 1-8 所表示的是传统的职能型组织，这种组织具有明确的等级划分，每一个雇员都有一个明确的上级。员工高度地依个人专长进行组合。职能型组织也有项目，但各部门对项目的实施范围被局限于部门的职能界限内。比如，当一个纯粹的职能型组织准备开发一项新产品时，设计阶段会被称为"设计项目"，仅仅由设计部人员来完成，一旦涉及生产方面的问题，这些问题将会被逐级地汇报到部门主管处，再由他向生产部主管咨询，然后通知设计部主管，再由设计部主管解决问题。

与职能型相对应的是项目型组织，如图1-9所示。在一个项目型组织中，工作成员是经过搭配的。项目工作会运用到大部分的组织资源，而项目经理也有高度独立性，享有高度的权力。项目型组织中也会设立一些组织单位，这些单位称作职能部门，但是这些职能部门不仅要直接向某一项目经理汇报工作，还要为不同的项目提供服务。

依据项目经理对资源包括人力资源的影响程度，还有矩阵型组织，可分为弱矩阵型组织、平衡矩阵型组织和强矩阵型组织。弱矩阵型组织保持着很多职能型组织的特征，弱矩阵型组织内项目经理对资源的影响力弱于部门经理，项目经理的角色与其说是管理者，不如说是协调人和发布人。平衡矩阵型组织内项目经理与职能经理平等地分享权力。同理，强矩阵型组织保持着很多项目型组织的特征，具有拥有很大职权的专职项目经理和专职项目行政管理人员。

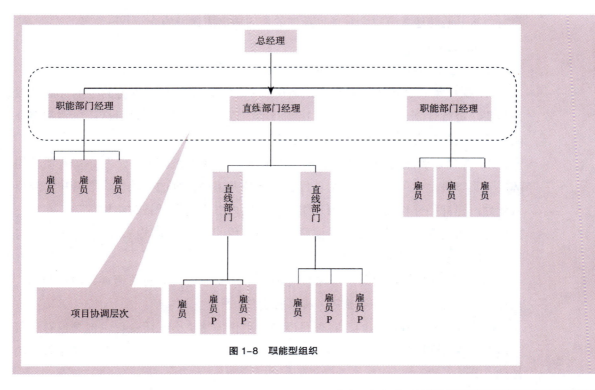

图 1-8 职能型组织

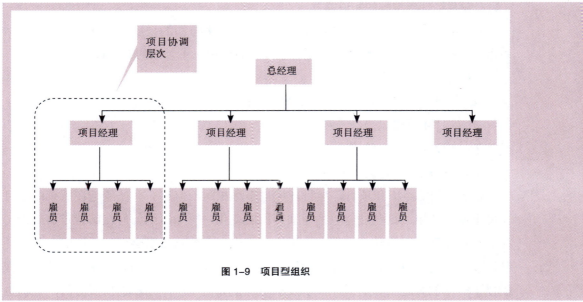

图 1-9 项目型组织

1.5.4 项目管理经理的作用

前面提到过，经验丰富的项目经理有助于项目获得成功。那么，项目经理到底该做些什么呢？为了做好这项工作需要什么技能呢？下面为这些问题提供了简洁的答案，本书的其他章节也会对项目经理的作用做出更详细的介绍。

1. 项目经理的工作描述

行业和企业不同，项目经理的工作会有所不同。

（1）媒体策划公司的项目经理：运用技术的、理论的和管理者的技能去满足项目需要，进行计划、安排进度以及控制活动，以满足明确的项目目标；协调和整合团队与个人的努力，与客户和合作者建立积极的专业关系。

（2）媒体运营服务公司的项目经理：管理、排列优先次序、开发并实施项目的解决方案以满足业务需要；使用项目管理软件并遵循标准的方法论，准备和实施项目计划；建立相互作用的终端用户组，在预算内准确定义并按时实施项目；在第三方服务提供者和终端用户之间扮演联络人的角色，寻找并实施技术解决方案；参与供应商的关系发展和预算管理；提供快速的实施支持。

（3）媒体新业务咨询公司的项目经理：承担业务分析、需求调查、项目计划、预算估计、开发、测试和实施等各种事务责任。

随着行业和企业的不同，对项目经理的工作描述也会有所变化，但是也存在着大多数项目经理都要执行的任务。事实上，项目管理是每个信息化领域都需要的技能。

2. 项目经理应掌握的知识能力

无论哪个行业和企业的项目经理都需要拥有多方面的技能。《项目管理知识体系指南》建议，项目管理经理应该能够理解并使用以下领域的专业技术：

（1）项目管理知识体系；

（2）应用领域的相关知识、标准和规则；

（3）项目环境知识；

（4）一般管理知识和技能；

（5）软技能／人际关系能力。

对于不同的组织和项目，项目环境也不尽相同，但有一些技能是在所有的项目环境下都能使用。这些技能包括感知周围的变化，感知组织如何在其特定的政治、社会和自然环境下运转，等等。由于在组织中大多数项目都会引起组织的变化，并且许多项目自身也包含着变化，所以项目经理必须善于引导和处理变化。项目经理需要了解他们为之工作的组织，以及该组织是如何生产产品和提供服务的。他们也必须了解社会、自然以及政治环境。

3. 项目经理的 10 项能力

一项研究调查了来自不同行业的项目管理专家，总结出对于项目经理来讲最重要的 10 项能力，见表 1-10。

优秀的项目经理都深知，人决定着项目的成败，所以他们必须树立好的榜样，以领导团队达到成功。他们清楚地了解项目干系人以及组织的需要，所以他们在引领现有项目和提出未来项目时，非常有远见。正如前面所提到的，好的公司注重培养项目经理，并强调业务开发和沟通技能。优秀的项目经理也必须通过注意每项任务的细节和日常运作才能促成工作的完成。

表 1.10 项目经理的 10 项重要能力

1. 人际关系能力
2. 领导能力
3. 善于倾听能力
4. 正直、道德行为、坚定
5. 善于建立信任关系能力
6. 口头沟通能力
7. 善于创建团队能力
8. 解决冲突能力
9. 批判式思考，解决问题能力
10. 理解，权衡优先能力

1.5.5 项目管理发展趋势

随着经济和科学技术的发展，对项目管理提出了更高的要求，项目管理呈现出国际化、人才化、信息化、外包、虚拟团队等发展趋势。

（1）国际化趋势 随着国际化交流的推进，将有更多的企业从事国际项目工程，项目管理也从单一地区管理发展到跨地区的国际化管理并逐渐过渡到自由经营。

（2）人才化趋势 项目管理已从原来的注重技术管理转移到注重人的管理上，并且从单纯考虑成本及工期控制转移到集成管理控制。例如，过去只要有行业经验便可以做项目经理，现在项目经理必须要掌握广泛的管理知识与管理技能。

（3）信息化趋势 随着信息技术的发展，项目经理必须掌握利用网络进行收集、存储、分析、处理项目信息的能力，并且还可以利用专业软件制订详细的项目规划，利用网络与项目团队人员及客户进行沟通与交流。

（4）外包趋势 外包（outsourcing）就是一个组织从外部寻找来源以获取需要的产品和资源。通过外包，组织使其优势保持竞争力，同时可以降低项目成本。

（5）虚拟团队趋势 随着国际化趋势和外包业务的不断增长，对虚拟团队的需求也在不断增加。虚拟团队（virtual team）是指运用通信技术实现跨时间和跨地域工作的团队。

案例新结局

托尼通过系统的项目管理知识学习，总结了前面项目过程中的问题，首先找到一个失控的项目进行管理，使其回到正常的轨道并顺利地完成，提升了威信。在工作过程中，托尼逐步推行项目管理，并对公司员工进行项目管理培训，提高他们的项目管理意识。充分与公司高层沟通，获得高层支持，完善了组织架构，获得了足够的权力，受到了公司上下的一致认可，托尼的项目经理之路开始步入正轨。

本章小结

随着项目的日益增多和项目复杂性的日益增大，人们对于项目管理产生了新的兴趣，使用一种更加规范的方法来管理项目，能帮助项目和组织获得成功。

项目是创造一个独特产品、一项服务，是一个临时性努力的结果。项目是独特的、临时性的，并且数目在迅速增加。它们需要各种资源，要有一个项目发起人，并且还包含不确定性。项目管理的约束涉及管理项目的范围、时间、成本和质量。

项目管理就是将知识、技能、工具和技术应用到项目活动中，以达到项目的要求。项目干系人是参与项目的或受项目活动影响的人。项目管理的框架包括项目干系人、项目管理知识领域以及项目管理工具和技术。9 大项目管理知识领域包括项目集成管理以及范围、时间、成本、质量、人力资源、沟通、风险和采购管理。每个知识领域都拥有许多特定的工具和技术。定义项目成功有许多不同的方法，项目经理必须了解他们所主持项目的成功标准。

组织的结构对项目经理有很大的影响，特别是对项目经理所拥有的权力影响，3 种基本的组织结构包括职能型、矩阵型和项目型。

项目生命周期是项目阶段的集合，传统的项目阶段包括概念、开发、实施和收尾几个阶段。我们通常说的项目 5 大过程包括启动、计划、实施、监控和收尾。项目经理必须了解它们所生产的特定产品的生命周期。

项目经理在帮助项目和组织取得成功方面发挥着关键作用。他们必须扮演好各种不同的角色，拥有多种技能，且不断提高项目管理、一般管理以及专门的应用领域（例如信息技术）方面的技能。软技能，尤其是领导能力，对于项目经理来说也是非常重要的。

项目管理职业在不断发展且日臻成熟。目前在世界上的每个行业中人们都在应用项目管理。美国项目管理协会（PMI）是一个提供专业认证（PMP）的国际性专业组织。

讨论题

1. 为什么当今产业界对项目管理越来越重视？

2. 什么是项目？它的主要特征是什么？什么是项目的四维约束？

3. 什么是项目管理？简要描述项目管理框架，并列举出项目干系人、知识领域、工具和技术以及项目成功的例子。

4. 项目经理的作用是什么？项目经理应该掌握的技能有哪些？项目经理的市场前景如何？

5. 简要描述项目管理历史中的关键事件，PMI 是什么？

6. 利用项目管理软件你能做什么？

2 新媒体环境下的项目管理

知识要点

本章重点是新媒体的概念及其常见的类型；难点是新媒体项目管理的特点。其中以用户为中心的项目管理的观点是本章的结论。

学习目标

（1）理解新媒体的概念，掌握新媒体的特点。

（2）了解新媒体的常见类型，通过对这些媒体形态的把握，更深入地理解新媒体的概念。

（3）理解新媒体用户的新特点，掌握从客户到用户所发生的变化。

（4）从九大知识领域的角度理解新媒体项目管理的特点，体会以用户为中心的项目管理的内涵。

（5）从五大项目管理过程组的角度理解新媒体项目管理相较于传统项目管理的新变化。

自20世纪90年代中期中国电视传媒普遍采用收视率作为节目运营的重要指标以来，中国电视人已经为全国人民奉献了无数优秀的节目。电视传媒作为新闻媒体，电视人作为传媒工作者，已经在中国的现代化、民主化进程中扮演了重要的角色。虽然收视率指标在中国电视的发展中有着举足轻重的作用，但是任何事物都有两面性。当中国绝大部分电视传媒将收视率看作自己的生命线的时候，传统收视率指标的应用已经面临困境。

目前，最核心的问题莫过于收视率样本过小带来的统计学误差，如北京、上海乃至国外一些城市的收视率调查盒的样本规模仅有300多户、1000人。在这样的用户规模下，收视率曲线上0.1%的波动，只取决于一个被调查户的变化，而至少70%的电视节目的峰值收视率也不超过1%。暂且不论最近沸沸扬扬的收视率作弊风波，哪怕以真实的收视率去测算，用0.1%的波动去评价节目节奏和片段价值，显然多少有些自欺欺人的味道，更不用说用这个数据去描述用户"理解""喜爱""勉强接受"等特征和进行用户行为分析了。

那么如何才能提高收视率数据采集的准确性，完善电视节目评估体系以降低"收视率导向"所产生的负面效果？

2.1 数字化时代的新媒体

2.1.1 多元的新媒体概念

1. 数字化

关于新媒体的概念，在学术界可谓是百花齐放。在这里列出两种较有代表性的说法，由此开启我们对新媒体特点的研究。

先来看清华大学熊澄宇教授对新媒体的定义。

"新媒体是个相对的概念；新相对于旧而言，相对于报纸，广播是新媒体；相对于广播，电视是新媒体；相对于电视，今天的网络又是新媒体。当然，在一定的时间段之内，新媒体的内涵有其相对的稳定性，如印刷媒体、电子媒体到数字媒体。"

"今天的新媒体主要指：在计算机信息处理技术基础上产生和影响的媒体形态，包括在线的网络媒体和离线的其他数字媒体形式。"

我们先来看定义的前半段。显然，这是从媒介发展史的角度来说的，熊教授认为，新媒体是一个历史概念，是相对而言的。虽然这个词语这几年才成为人们关注的焦点，但其实新媒体早就有了。在广播出现的那个时代，相对于报纸，广播是新媒体；在电视出现的那个年代，相对于广播，电视是新媒体；等到网络出现了，电视就成了旧媒体，网络成了那个时代的新媒体。

在定义的后半段提到，"今天的新媒体主要指：在计算机信息处理技术基础上……"，很显然，"每一种新媒体的出现，都离不来技术推动"。回看媒介发展史，我们不难发现，如果没有印刷术，就不会出现报纸，如果没有无线电技术的发展，就不会有广播电视的出现……那么在当今这个时代，当我们从电视走向网络，从网络走向手机，最大的技术推动是什么呢？当然是数字化。把"数字化"看作新媒体时代的技术革命，一点也不为过。数字化成为我们这个时代新媒体最基本的特点。

2. 融合化

新媒体的另一个特征可以说是媒介融合，我们常说的"三网融合"，便体现了新媒体时代的这一趋势。这种融合往往指的是业务层面的相互渗透，并不强调物理网络的融合统一。就拿电视直播来说，以前我们只能通过有线电视网络运营商提供的服务拉线到家，现在既可以通过互联网打开客户端观看，也可以购买电信运营商提供的 IPTV 服务进行收视。不管是广电部门，还是电信部门，他们依托的依然是各自的物理网络，但给用户提供的服务却是一样的。

另一方面，"三屏合一"也是新媒体时代比较热门的话题。三屏是指电脑屏、电视屏和手机屏。可以从两个角度理解这个概念：首先，三屏合一可以指代内容上的融合，比如相同的电视节目从客厅的电视，平移到公交电视、地铁电视、手机电视。其内容上的特性需要根据媒体自身的特点作以调整，如手机电视多用大景别，慎用远景全景，字幕字体要足够大，等等。再如从大型网络游戏取材的电视剧《仙剑奇侠传》就是从电脑屏到电视屏的有益尝试。其次，可以从形式上来理解三屏合一。比如在高清互动电视或者网络电视机顶盒中的 DLAN 服务（如图 2-1），支持视频、图片甚至音乐在处于同一 Wi-Fi 下的电脑、电视以及手机屏之间进行推送。不管是"三网融合"还是"三屏合一"，都体现了新媒体"融合化"这一特点。

图 2-1　网络电视机顶盒上的跨屏推送服务

3. 互动化

关于新媒体概念的第二种说法，来自美国《连线》杂志——"新媒体是所有人对所有人的传播"。很显然，这里强调的是新媒体的"互动性"，或者叫"去中心化"。我们可以从时间和空间两个维度来探讨新媒体"互动性"的特点。

从空间层面来看，以网络为代表的新媒体的出现，彻底打破了传统媒体"一对多"的传播模式，一种全新的、强调高互动性的"点对点"的传播模式迅速为人们所接受，开启了媒介发展史中的"全民参与"时代。对比一下我们看电视和上网的体验，就很容易理解新媒体"互动性"的特点。以前，电视台播什么，我们就只能看什么，后来有了网络，我们想看什么，就可以上网随意点播，甚至还可以边看边发表评论，让其他人听到自己的声音。

另一方面，"受众"变成"用户"，生产者和消费者边界模糊。以往对于突发事件的报道，常常需要专业的新闻采编人员经过特定的流程才能完成。而在新媒体时代，每个网民就可以通过自己的移动设备在"第一时间"报道身边的新闻事件。当"第一时间"从传统新闻采编机构转移到普通民众那里时，传统意义上的受众，变成了内容的生产者，这也体现了新媒体互动性的特点。

需要指出的是，这种去中心化的强互动性，不仅带来了内容生产的新模式（UGC），同时，用户的互动回传通道被打通，用户的所有行为都可以作为最直接的样本被采集到数据库中，成为用户研究、产品设计、营销活动中最值得参考的"大数据"，它们带来的价值将无法估量。

4. 碎片化

对于"碎片化"这一特点的研究，我们主要是针对时间维度而言。从前人们获取信息的方式可能是一份报纸、一台电视机，这些都需要受众花费整块儿的时间去阅读或收看。在新媒体时代，用户可以在等车的时候拿出手机，打开不超过 140 个字的微博来获取信息，这时，用户的阅读时间被碎片化，获得的信息也是一个个"短小精悍"的碎片。

也就是说，新媒体传播的内容呈现出碎片化的特点。与传统媒体的长篇大论相比，新媒体的信息更多的是以"零零碎碎"的碎片渗透到人们生活的各个方面。由于获取信息的时间缩短了，效率提高了，这种碎片化的接受方式也迎合了"快餐式消费"的用户使用习惯，因此能够大行其道，形成潮流，并对传统媒体造成强烈的冲击。

另一方面，也可以从受众个性化需求的角度理解"碎片化"。传统意义上的大众传媒覆盖率优势在人们生活中越来越薄弱，正是因为如今人们不再追求"人云亦云"，而是追求"个性定制"。为了满足用户的个性化需求，因此出现了大量的小众媒体。正是由于受众不再集中于一个大方向，企业营销的能力也被大大稀释，移动电视、短信、数字电影、博客等新媒体的不断涌现，就能从不同方向满足小众人的个性需求。

2.1.2 新媒体的常见类型

1）诞生于新媒体土壤的新媒体类型

（1）新媒体的典型代表——网络

互联网的诞生，从根本上颠覆了传统媒体一对多的传播方式，也正是这个原因，使得网络成为新媒体时代最典型的代表。相较于早期（Web1.0 时代）以门户网站为代表的单一传播模式，这种强调互动性、注重用户参与的传播方式，引领了新的传媒时代的到来，它激发了网络媒体最鲜活的生命力，在媒体形式上呈现出千姿百态。从BBS（论坛）到博客，从播客到维客，从互动多媒体网络杂志到新型的虚拟社区……正是这些具体的媒体形态，把网络媒体最本质的特点演绎出来。

（2）新媒体的后起之秀——移动互联网

中国的移动互联网始于2005年，最早是以WAP为主要方式。直到2009年中国移动3G业务的展开，中国的移动互联网时代迎来了新时期并从此蓬勃发展。移动终端的便携性，使得信息的生产与发布更加碎片化，基于地理位置的服务把移动互联网渗透到人们生活的各个角落。人们不仅可以通过移动终端在第一时间获得资讯，随时随地发表评论，还可以发布身边的新鲜事儿，建立自己的社交圈；不仅可以通过"百度地图"找到出行路线，也可以通过"嘀嘀打车"打到离自己最近的出租车……"移动改变生活"不仅仅是广告词，也喊出了移动互联网的魅力。图2-2为移动互联网业务体系。

移动互联网的蓬勃发展，微博功不可没。"微博"也就是微型博客，只需要140个字，能够发感慨、晒心情和现场记录，体现了移动媒体便捷性、高碎片化、社交化、互动性等特点。"微博"作为Web2.0新兴开放互联网社交服务，建立了新的传播理念——随时随地，无处不在的沟通。微博更加深化了网络媒体的特征，其自媒体特性突出，社会化程度高，更显平民化和草根性，面对全体公民开放，表达的个人化与私语化更明显。其传播速度快、覆盖面广，产生了全民参与的社会影响。

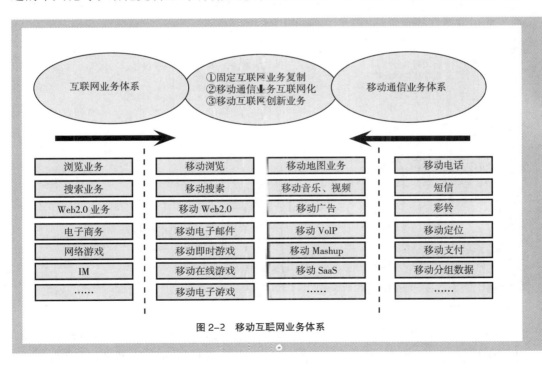

图2-2 移动互联网业务体系

2）传统视听媒体在新媒体领域中的探索

（1）数字电视

图 2-3 高清互动有线数字电视

早期的电视播出采用模拟信号，频道有限，画质不高，更重要的是单行通道无法实现互动。数字化整体转换是必经之路，从苏州模式到青岛模式，从佛山经验到杭州模式，广电部门的艰难探索，终于迎来了"数字高清""点播互动""时移回看"（图2-3）等互动业务的诞生。如图 2-4 展现了我国有线电视新媒体化的进程，当然广电部门关于数字化的探索不仅仅局限于有线数字电视，在卫星数字电视、地面数字电视方面也取得了突破。

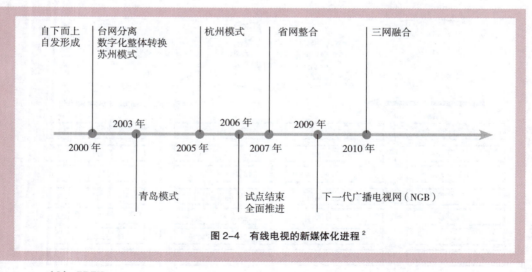

图 2-4 有线电视的新媒体化进程 [2]

（2）IPTV

如果说广电部门对自身业务的新媒体化改造是为了"守住"自己的一亩三分地，那么电信部门在广播电视领域的探索，则是为了"分吃"别人的"蛋糕"。IPTV 是由电信部门主导，利用公共互联网，通过 IP 电视（或者 IPTV 网络机顶盒）传输电视节目。

（3）手机电视

说到手机电视，不得不提到它的两种实现方式：一种是以广电为代表，利用广电的频谱资源，传送广播式的一点对多点的电视节目。结合中国的实际情形，主要指业界所说的CMMB(china mobile multimedia broadcasting)，即中国移动多媒体广播。具有清晰度高、播放流畅、无延迟等优点，但由于缺乏上行通道，不能开展互动业务成为其致命的硬伤。2009年推出"晴彩"品牌如图2-5，开通晴彩电影、晴彩体育等专门为CMMB方式制作的电视节目。

图2-5　CMMB方式的手机电视及"晴彩电视"品牌

另一种则是基于电信的蜂窝无线网络，利用流媒体技术，点对点地传输电视节目。这种方式最大的优点在于可以实时地互动（如图2-6，观看电视节目的同时可以进行分享、评论的操作）；其缺点在于受到移动网络带宽的限制，播放不是很流畅，清晰度不高。早期的这种方式主要是通过移动运营商搭建wap平台，以网页点播的形式到达用户；随着智能机的普及，APP各种应用层出不穷，目前该模式的实现已绕过运营商的平台，多以APP手机应用的形式呈现。近些年，由于无线Wi-Fi的发展，这种观看方式受到用户的欢迎。

图2-6　APP方式的手机电视

"手机电视"的概念有广义和狭义之分。狭义的"手机电视"概念则是以上述实现方式为区分标准，它与"手机视频"的概念相对应，即只有广电网络CMMB的方式才叫作手机电视，通过电信通信网络方式实现的"手机电视"，则被称为"手机视频"。广义上的"手机电视"概念是以终端为区分依据的，它相对于传统的电视机而言，只要是在手机为代表的移动终端上播放 ，均可被称为手机电视。这种界定同时包含了狭义概念下的"手机电视"和"手机视频"，也就是以上提到的两种方式。

（4）网络电视

网络电视，顾名思义，就是突破传统"打开电视看电视"的收视方式，在互联网上收看电视节目直播的收视方式。从技术角度看，它采用的是 IP 协议，依托的是互联网，终端是电脑显示器，如图 2-7。

图 2-7　网络电视客户端

它与上文提到的 IPTV 都是使用公共互联网，共同遵循 IP 协议，但是它们有着本质的区别。相对于运行在开放互联网环境的网络电视，IPTV 则显得可管可控，其收视内容往往是有限的。

早期网络电视采用的是服务器／客户端模式，严重受限于服务器以及用户的带宽，随着BT的发展，P2P 技术也被网络电视所使用，从根本上解决了用户看电视卡顿、不清晰的问题。目前有代表性的网络电视客户端有 PPS，UUSee，PPTV，PPLive 等。

（5）移动电视

移动电视一般指的是电视屏幕处于移动状态，受众在密闭空间内停留一段时间，并伴随强制性收视的电视节目传播形式，如公交电视、地铁电视等（如图 2-8）。

移动电视采用的是无线发射、地面接收的数字电视传播技术。接收天线接收无线信号，通过机顶盒进行解码授权，最终显示在终端显示器上。它解决了在高速移动状态下保证清晰、流畅收视的技术难题。

移动电视表现出如下新的媒体属性：每天乘坐公交、地铁出行的可观人数，保证了广泛的覆盖面；不允许换台的封闭收视环境，为观众的收视行为带来了一定的强迫性；另外，由于收视环境的嘈杂，以及乘客随时都可能下车，因此节目的接收

图2-8 公交电视和地铁电视

效果大打折扣。

从移动电视的内容上看，很多节目都是从传统电视上直接平移，没有针对移动平台做针对性的优化，这是需要改进的地方。可以着手从以下几个方面考虑对内容进行优化：一方面，控制节目时长，尽量做到短小精悍，一般不超过15 min；另一方面，画面构图应相对简单，慎用大景别，单个镜头的时长要稍微长一些；另外，由于声音通道的不通畅，因此，字幕应该足够大。

（6）楼宇电视

楼宇电视是新媒体的另一种形式，一般被安装在商厦、酒吧、KTV、餐厅、健身会所以及居民住宅楼的电梯入口或电梯内壁，如图2-9。它把这些公共场所变为传播空间，形成了广告投放的新载体。在具有高消费能力的人群聚集地进行多媒体信息发布液晶电视传播网络，作为单纯广告发布的新载体，目前以分众传媒和城市电视为代表。

图2-9 楼宇电视

楼宇电视作为一种新的媒体形式，相对于传统媒体有其独特的传播优势。首先，由于楼宇电视的受众是基于某个地域的人群，因此它更适宜投放地方性广告，这样就与传统卫星电视形成了差异化，拥有自己的市场。其次，由于楼宇电视安放在固定的空间，播放事先编排好的节目，不用担心用户会换台，这种收视时空的强制性提高了广告的到达率，提升了广告的投放效果。再次，在不同地域工作和生活的人们往往具有某种共同的特点，如商务楼一般都是白领们工作的地方，这样就可以根据受众的需求，有针对性地、精准地选择他们关心的广告进行投放，精准定位必然会带来从广告到购买行为的转化率。

（7）户外新媒体

户外新媒体一般是指依附在建筑物表面的，可以被人们直接看到的电视等新媒体形式，如图 2-10。其主要形式包括户外 LED、医院媒体、超市媒体，等等。由于

图 2-10　户外墙体上的电视屏幕

其受众处于移动状态，不可能有太多的时间驻足停留去观看电视节目，因此户外新媒体的播放内容几乎全部是广告，旨在提高广告的曝光率，让观众在不经意间形成对产品的印象，其电视节目的编排意识较弱。

2.2　新媒体平台上的项目管理——以用户为中心的项目管理

通过前面章节的学习，我们知道，新媒体区别于传统媒体最显著的特点是强调互动性，注重用户的参与性。"去中心化"的传播模式使得用户在传播活动中由被动变为主动，甚至成为内容的生产者。以往仅仅把用户看作"注意力经济"的盈利思路已经落伍，在"注意力"之外，用户的价值变得更加多元。正因为如此，以用户为中心、以人为本的设计理念越来越得到重视与认可，用户体验也成为新媒体项目设计的核心。由此不难推断，新媒体项目管理也应该以用户为中心，这个基本思路是毋庸置疑的。

2.2.1　从客户到用户的变迁

新媒体的项目设计围绕着用户为中心展开，客户的特定需求变成了用户的非特定需求，项目的出发点也从"根据客户需要的被动订购"到"研究用户需求的主动出击"，这种需求的不确定性，带来了新媒体项目目标用户的新特点：确定用户需求切忌主观臆断，动态变化，不易把握。

1. 把握用户需求切忌主观臆断

在新媒体的项目管理中，必须以用户为中心。他们是普普通通的社会大众，他们每天都会出现在项目团队的周围，甚至团队中的每个人都是社会大众的一分子。也正因为如此，管理团队对"用户"似乎很熟悉，他们的需求似乎也都"了解"。真实情况却并非如此，花了很大力气去做，却备受用户冷落的产品也不在少数。为什么呢？

2. 用户需求的隐蔽性

以往的项目管理中，会有特定的客户告诉项目团队自己的需求，这种需求也许并非具体到每个功能点，但一定是带有很强指向性的描述。正是这种带有引导性的描述使得产品的风格、内容很快被固定下来。然而，新媒体项目管理却截然不同，由于它面对的是广大用户，没有"特定的客户"告诉你"用户到底需要什么"。因此，项目团队只能身体力行地去探索研究，在对用户做深入、细致地调研分析后，才有可能得到正确的"设计方向"。从这个角度来看，虽然用户就在身边，但他们的需求却是隐蔽的，不易把握的。

3. 用户需求的动态性

前文提到，新媒体时代的信息生产或是接受都呈现出碎片化的特点，也正是因为如此，用户在使用产品的时候往往同时还在做其他事情，比如很多用户喜欢在等公交的同时刷微博，等等。正是这种"伴随性使用"的特点，要求新媒体项目团队在设计产品时一定要尽可能的简单。

另一方面，新媒体时代的日新月异，也带来了用户的"善变"，也就是说，用户需求呈现出动态性的特点——用户的口味只代表今天，也许明天就完全改变。这也就使得新媒体项目管理在时间上分阶段，同时产品快速迭代与维护的重要性也被凸显。

2.2.2　从九大知识领域看新媒体项目管理的新特点

1. 新媒体项目的范围管理——核心需求被凸显

范围管理的核心在于确定项目的哪些功能该做，哪些不该做，或者是需要放在后续阶段去解决的。传统项目的目标在一开始就设定好了，在实施过程中很少变动，工作范围较为明确和固定，而新媒体项目的目标可能会随着科技的发展而更新变动，范围会随着竞争对手的业务开展情况有扩宽的趋势；从信息技术学上讲，新技术革命赋予了任何一种媒体形态能在统一的数字（信息化）生产经营平台上转换的能力。

新媒体项目都需要以信息系统作为支撑，信息技术生命周期短、项目使用到的计算机系统的更新换代快，因而一个新媒体项目不可能持续太长的时间，否则项目尚未建成，就要面临被淘汰的危险。这就要求对新媒体项目的管理更具有灵活性和适应变化的能力，这也正是新媒体项目对项目管理者提出的挑战。

相较于传统的项目管理，在范围管理方面，新媒体项目的核心需求被凸显，并呈现出简单化的趋势，因此，在新媒体的项目管理中要特别注意对范围的把握，防止范围蔓延。以当下比较流行的手机 APP 产品设计为例，一款手机应用只要帮助用户完成一件简单的事情就好了，切忌什么功能都想做，结果变成了四不像。

另外，新媒体项目的实施是动态的，从而导致需求的动态性（也称需求蔓延），主要表现在：

（1）客户在新媒体项目的实施过程中，往往会频繁改变他们的要求和需要，这就要不断调整商务和业务规划，使其与新媒体系统同步；

（2）在项目实施中，由于很多问题浮现出来了，项目实施方将不得不修改原来的规划和设计；

（3）新的软件、硬件或网络技术诞生，比已有的技术更有吸引力；

（4）当竞争者改进了新媒体的创意和改善了市场推广方式，项目实施方必须快速对此做出反应，否则，正在进行的新媒体项目就有面临困难；

（5）上级管理层在未与项目实施团队商议的情况下，改变了业务方向、范围或进度。

不管如何，在新媒体项目实施过程中，范围管理的基础方法还是必须按照项目管理的基础流程进行规划，包括范围分析、范围整理、范围记录、范围确认、任务分解结构方法（WBS）以及范围管理。详细的内容将在第 5 章介绍。

2. 新媒体项目的时间管理——阶段化的周期循环

新媒体项目时间管理的内容有别于其他项目的最重要一点是：绝非以项目交验作为项目的结束，而是有专门的开发部门针对市场反馈做出及时修复。传统的项目从需求提出到最终交付，在时间节点上有着明显的开始、结束标志，是一个有始有终的过程。然而，新媒体项目的时间被分成了不同阶段，并且每个阶段都是一个包含了开始、结束标记的循环周期。可以从以下两个方面来分析其原因：

一方面，新媒体的项目经历了由"客户"到"用户"的变迁，用户需求由"确定性的定制化"变为"不确定的非定制化"的同时，带来了确定用户需求时的"盲目性"，我们必须通过用户调研，得到相关数据，为项目的整体方向提供依据。然而这种方式并非直接的，就必然存在误差，对用户需求的确定不可能一步到位，需要不断推进。用户需求本身就是一个动态变化的过程，用户的口味随时都可能改变。为了跟上用户的需求，以用户为中心的新媒体项目管理就必须分为不同阶段，不同阶段的核心目标可以根据用户需求实时调整，在某一阶段内围绕该阶段的核心需求展开工作，以确保目标明确，防止范围蔓延。

另一方面，由于新媒体的发展日新月异，一个好的创意晚发布一天就可能错过最好的时机，丢失大量的用户。因此，我们不可能等到把用户需求彻底研究透彻才启动项目，而是需要"边走边看，边看边走"，以阶段化的方式确保我们的项目不断向前推进。

同时，由于新媒体项目管理是一个带有创造性的过程，新媒体项目的不确定性很大，项目的进度控制是新媒体项目管理中的最大难点，因此，新媒体项目的时间管理强调：一是拥有清晰的项目管理目标，二是积极审慎的管理态度，三是对这个行业日新月异变化的敏锐观察。

3. 新媒体项目的成本管理——数字化带来低成本

新媒体项目的成本管理的特点主要表现为低成本和盈利模式不清晰。

低成本是由数字化带来的。在新媒体时代，融合是不得不提的关键词。而这种融合的实现，最基本的工作就是完成数字化。这里的"数字"其实指的是 0 和 1 这两个数字。现实世界所有的信息都可以变成用 0 和 1 来表示的计算机信息，这个过程，就叫作数字化。比如文字、图片、声音、动画、视频都可以在计算机上表示，只有构建这些信息的基本元素变成了 0 和 1，才有可能实现融合。也正是因为数字化，信息对实体材料的依赖性大大降低，变成了虚拟世界的 0 和 1 的不同组合。显然，从实体到虚拟，成本大大降低了。

另一方面，与传统项目相比，新媒体项目的盈利模式不够明晰，亟待新的突破。传统的项目收益由特定的定制客户担付，而新媒体项目并没有特定的客户，该向谁去收钱？最先想到的还是用户的"注意力"，但这种依靠"广告费"盈利的陈旧模式显然过于单一，跟不上时代的步伐。新媒体的互动性、参与性、个性化、便携性一定可以带来全新的盈利模式，如根据用户行为进行个性化的推送，实现精准营销；利用便携性的特点，提高用户购买行为的转化率；培养用户的付费习惯，等等。当然，目前的盈利模式还不成熟，这个问题还需要进一步研究、探索。

4. 新媒体项目的质量管理

新媒体颠覆了传统的媒体生产方式和内容，它带给我们的冲击是空前的。新媒体从传统的以工艺化产品为中心的组织运作形式向按对象专业化的组织形式转变的同时，其内容产生了很大的变化——媒体个性化突出、受众选择性增多、表现形式多样、信息发布实时等，因此我们很难用单一的产品质量去量化新媒体的项目质量。

尽管如此，我们可以结合项目质量管理的方法、技术、工具以及新媒体的质量特征、客户的满意度来确定新媒体的项目质量管理的活动，可以有以下思路：

（1）按照新媒体的特点定义它的质量，从新媒体项目的生产过程出发用新媒体运营的质量去定义新媒体项目质量，由此质量特征去开展项目质量管理。

（2）项目的质量管理主要是为了确保项目按照设计者的要求圆满的完成，它包括使整个项目的所有功能活动能够按照原有的质量及目标要求得以实施，质量管理主要是依赖于质量计划、质量控制、质量保证及质量改进所形成的质量保证系统来实现的。

（3）通过结合项目质量的方法－测试，质量检查技术－六西格玛，以及质量检查技术－在统计抽样的技术变革到由于新媒体的数字化技术和网络技术带来的新的抽样方法－全检的技术，可以做到科学而合理的质量检查结果。

（4）大数据支撑下的质量评估体系变得更加可靠。新媒体的互动性，使得所有用户的行为都可以通过回传通道被记录在数据库中，形成用户行为的"大数据"，而这种以大数据为支撑的质量评估手段将更加准确、可靠。

（5）通过对干系人、质量成本、组织和场所等容易影响项目质量的几大因素的分析，减少这些因素对质量影响的程度，以及认识到新媒体项目的质量难点，进行合适的质量管理的沟通，达到对质量期望的统一，便能在一定程度上提高新媒体项目的质量。

5. 新媒体项目的人力资源管理

新媒体项目的从业人员也需要有如下"新媒体"的特点：

（1）他们必须对新媒体有着敏锐的感知和不断的关注。新媒体时代的项目是面向广大用户的，更确切地说是面向使用新媒体终端的广大用户，因此从用户构成上表现出年轻化的倾向，他们追求时尚、思维活跃，要敏锐地洞察用户，新媒体从业人员也必须是这样的人。另一方面，新媒体变化日新月异，用传统的方法分析用户、市场调研固然有用，但是由于调研周期过长，新媒体从业人员的直觉、感性相较于传统人员也更加重要。当然这并不意味着只依靠直觉就可以了，准确的直觉来自于大量的观察与实践，从业人员对新媒体的热爱与兴趣也尤为重要。

（2）新媒体项目管理呼唤复合型人才，他们需要有博而不专的积累。新媒体的融合特点带来了新媒体产品的多媒体融合特点。从业人员可以在美术、音乐、摄影等方面不那么专业，但最好是对这方面有一定的积累，只有这样才能够了解时代的审美，设计出更符合用户需求的，受到用户欢迎的产品（项目）。

（3）传统项目管理的从业人员基本是经过了实践检验而留下来的具有丰富经验的专业人士，而新媒体项目近几年才出现的，它的从业人员年轻化，缺少工作经验，并且新媒体从业人员流动性大。这一特点可以作为风险管理的组成部分，需要引起足够重视。

6. 新媒体项目的沟通管理

如前所述，新媒体项目事以用户为中心，其需求呈现出不确定的特点。项目团队中的每一个人，本身就是用户的一部分。因此，项目团队的任何一个人都有可能自觉或不自觉地拿出自己"用户"的身份，对既定的需求进行干涉、调整。这种"臆断"

往往带有强烈的"主观"色彩，如果团队之间不及时沟通就随意更改之前的既定方向，可能使整个项目的实施偏离既定路线，最终导致与用户需求脱离。尤其是在手机应用的设计开发过程中，这种现象尤其普遍。有时这种"主观臆断"还可能来自团队的领导层，这时，团队的良好沟通显得尤为重要。如果因为这是领导的想法就贸然采用，很可能导致项目脱离用户而最终失败。

如何解决这一问题呢？其实很简单。在项目设计的前期，根据用户调研的结论，从用户的角度出发，确定核心需求，使得项目方向有据可循，保证其正确性。之后的任何新想法都要与这个既定的方向进行比对，如果不一致，就毫不犹豫地进行否定，或者放到后续版本中考虑。

7. 新媒体项目的风险管理

项目在计划、实施到终结整个过程中都贯穿着风险管理，为了解决项目的风险管理，将积极因素所产生的影响尽量最大化，消极因素所产生的影响尽量最小化。主要包括风险识别、风险量化、风险控制等工作。新媒体项目管理的风险比传统项目管理的风险因素要多，主要有两个方面：

新媒体项目的阶段性工作完成后，一定要慎与用户见面。在确保产品的稳定性、健壮性达到一定指标后，才能够推向用户。因为产品没有经过反复的测试就直接交到用户手中，那么一些低级的错误出现，会使用户可能再也不会关注我们的产品了。这种低级错误对产品的打击是致命的，会导致用户的大量流失，这一风险不容忽视。

然而，慎与用户见面并不意味着推迟与用户见面。新媒体项目不像传统项目那样有着特定的客户，在项目开始以前就确定了项目的"实施方"，与竞争对手的较量在项目开始时就已结束。而新媒体项目面向的是非特定用户，他们往往是广大观众或网民。如果推迟项目的"交付"时间，就很可能被竞争对手捷足先登，抢占了一大批用户，这时候就会处于很被动的位置。因此，来自于竞争对手的风险，是新媒体项目管理区别于传统项目管理的一个特点。

8. 新媒体项目的采购管理

在采购设备、原材料和分包服务的过程中，必须清楚地界定出特定的需要，并且还要找到最低的价格和最具竞争力的供应商，主要包括采购计划、供应商选择、定量分析采购方案和合同管理等工作。

在以数字化为代表的新媒体时代，项目管理所需采购的"原材料"从实体向虚拟倾斜，更多的是第三方提供的"服务"，这也在一定程度上体现了新媒体"共享"与"融合"的特点。这里仍以手机媒体上的APP应用为例，LBS（基于地理位置的服务）与手机移动性、便捷性的特点有着天然的联系，因此LBS也成为众多APP需要集成的功能。但是类似于这种服务，并不需要每个项目团队亲自开发，而只需要向相关服务提供商购买服务即可。

这种资源共享的合作方式，避免了重新搭建服务平台的资源浪费，促进合作与共享，是新媒体项目管理的新特点。

9. 新媒体项目的集成管理

项目集成管理是将其他的项目管理领域联系在一起，是最重要的项目管理知识领域之一。项目经理应首先将重点放在项目的集成管理上。

在选择新媒体项目以前，执行战略规划过程对组织而言十分重要。很多组织用SWOT分析，即根据对组织的优势、劣势、机会和威胁分析，识别有潜力的新媒体项目。新媒体项目应支持组织的整体商业战略。选择新媒体项目的技术一般包括：聚焦于组织的广泛需求、将项目分类、进行财务分析、创建加权打分模型以及使用平衡记分卡方法。

新媒体项目集成管理的内容包括：制订项目章程、编写初步的项目范围说明书、编制项目管理规划、指导和管理项目执行、项目的监控工作、项目的集成变更控制以及项目终止。

项目经理应在众多类型的软件产品中选择一种来协助自己做好新媒体项目的集成管理。

2.2.3　新媒体项目管理在五大项目管理过程组的新变化

1. 传统的五大项目管理过程组

传统的五大项目管理过程组指的是启动、计划、实施、监控以及收尾（图2-11）。

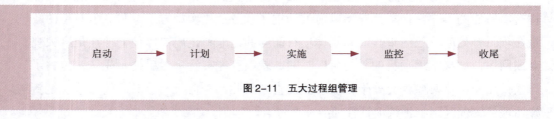

图2-11　五大过程组管理

启动阶段除了制订项目章程外，识别利益相关者也在这一阶段进行。

计划阶段的主要任务是制订项目管理计划：需求收集、范围定义、创建工作分解结构；活动定义、活动排序、活动资源估算、生成进度表、成本估算；制订质量计划、开发人力资源计划、沟通计划、风险管理计划、风险识别、定性风险估计、定量风险分析、风险应对计划、采购计划等。

在实施阶段，指导和管理项目实施、实施质量保证、项目团队组建、管理、沟通、采购执行等是主要工作。

监控阶段，则主要涉及范围核实、范围控制、整体变更控制、质量控制、风险监控、采购管理等方面。

当预期的各项目标都达到后，便可以终止采购，整个项目收尾。

2. 新媒体项目的五大管理过程组的新变化

（1）计划阶段的某些工作前置，形成预启动阶段。

在新媒体的项目管理中，由于从"特定客户需求"转变为"非特定的用户需求"，因此原来"计划阶段"中的"需求收集、范围定义、成本估算、成本预算、风险分析"等工作都将被放置在"启动阶段"之前进行，也正是基于这一阶段对用户、市场、风险等因素的分析，决定了该项目是否开展，我们可以把这一阶段称为"预启动阶段"。

（2）项目的终点，成为后续项目的起点。

由于新媒体用户的善变以及媒体环境的日新月异，使得项目的需求更容易产生变化。正因为如此，新媒体项目往往被分为一个个的子项目，每一个子项目都会经历启动、计划、实施、监控、收尾5个阶段，同时，上一个子项目的收尾也意味着下一个子项目的启动。而整个大的项目就是在一个个子项目的不断演进过程中向前推进。

（3）实施与监控阶段中的范围控制变得更加苛刻。

在项目管理中，尤其在监控阶段，对于整体变更控制、范围核实、范围控制都有着严格的把控，也就是说，传统的项目如果遭遇变更是要十分慎重的。然而，新媒体的日新月异以及用户需求的善变，也给了项目变更更多的理由。我们该怎么处理呢？一般情况下，由于后续子项目为大项目某些地方的修改提供了可能，因此在每一个子项目内部，只要是计划阶段确定下来的规划，在该子项目的管理阶段，尽量不要有变化的。因此，相对于传统的变更控制，新媒体的项目管理更加苛刻。

基于以上的分析，新媒体项目管理的管理过程组可以用图 2-12 表示。

图 2-12 新媒体管理组过程

案例新结局

数字电视时代的到来，使得全收视率统计成为可能。面对数字技术的挑战，人们发明了一系列应对之道。比如，采用声音比对（audio match）、画面比对（image match）、植入辨识密码（broadcast ID）等方式，以解决频道识别和自主收视等难题。另外，数字机顶盒（STB：set-top box）的使用，也使得装设方式由传统的侵入式——将电视机拆开内部加装相应设备，改为非侵入式——通过改装外部数字电视机顶盒进行测量，更方便人们配合进行收视监测，为实现更精准、更便捷、更有效的收视率测量奠定了技术基础。

技术之变对人们收视方式的影响是前所未有的，它打开了方便之门，赋予人们更多时空上的灵活性和收视上的自主性，同时也极大地冲击了传统的收视率测量方式，彻底颠覆了以往"频道与频率一一对应"的监测前提。

本章小结

在数字化时代，新媒体以其与生俱来的数字化、高度的互动性、时空上的碎片化以及多网融合的特性，成为不可小觑的传播力量。

互联网作为新媒体的杰出代表，不管是桌面互联网，还是移动互联网都淋漓尽致地体现了上述特点。同时，在广播电视新媒体化的探索进程中，也涌现出诸如数字电视、IPTV、手机电视、网络电视、户外新媒体等新媒体类型，展现了新媒体发展的勃勃生机。

我们从九大知识体系、五大管理过程组两个维度探索了新媒体项目管理的特点，提出了"以用户为中心的项目管理"这一观点。

在此基础上，我们分别从新媒体的范围管理、时间管理、成本管理、质量管理、人力资源管理、沟通管理、风险管理、采购管理以及集成管理9个方面逐一展开论述。

最后，从五大管理过程组的角度，我们列出了3个子观点，它们在一方面补充了新媒体项目管理的新特点，另一方面也使得本章的逻辑架构更加完备，这为学生更好地理解本章内容提供了一定的帮助。

讨论题

1. 怎样理解新媒体的概念？其特点有哪些？
2. 新媒体的常见类型有哪些？
3. 新媒体项目管理的用户有哪些特点？
4. 如何从九大知识体系理解新媒体项目管理的新特点？
5. 如何从五大过程组的角度理解新媒体项目管理的新特点？
6. 我们有哪些办法来控制新媒体项目管理中的范围蔓延？
7. 相较于传统的项目管理，新媒体项目管理有哪些新的风险？

3 新媒体项目的管理过程组

知识要点

本章重点介绍新媒体项目管理过程组的概念和特点，如微电影、数字电视和 IPTV 项目管理过程组中的启动过程、计划过程、实施过程、监控过程和收尾过程的概念。难点是如何理解和掌握项目管理过程组在新媒体项目实施过程中的实际应用。

学习目标

（1）理解并熟记项目管理过程组的概念以及各个过程之间的相互关系和影响。

（2）理解项目管理过程组与项目管理知识领域之间的相互关系。

（3）学习微电影、数字电视和 IPTV 等新媒体项目的具体管理方法。

（4）设计一个组织运用项目管理过程组来管理一个新媒体项目的案例，描述每个过程的输出，了解有效的项目启动、项目计划、项目实施、项目监控和项目收尾是如何发挥作用的，从而使一个新媒体项目获得成功。

约翰是一家 4A 广告公司项目管理办公室（PMO）的负责人。该广告公司已发展到拥有超过 100 名全职员工的规模。公司可以为客户量身定做宣传方案，并拥有几家重量级传统媒体与多家新媒体的播放平台资源。该公司主要集中寻找和管理回报率高的项目，并建立强有力的衡量标准来衡量项目绩效和项目完成后给组织带来的收益。该公司专业的衡量标准及其与客户之间的合作赋予它很多优势以超越竞争对手。

由于公司的核心业务是帮助客户进行有效的广告宣传，因此，以一个规范的程序来管理项目至关重要。CEO 要求约翰和他的小组在公司运行的媒体项目中提供项目管理模板、工具、文章、与其他媒体网站的链接以及具有"专家咨询"功能，这样有助于与现有的和未来的客户建立并保持关系。

3.1　新媒体项目管理过程组概述

3.1.1　新媒体项目五大管理过程组概念

新媒体项目最重要的一个特点就是它的多元性，它本身并不能够单纯在一个知识领域内或一段时间内做出的决定和行动，但它通常会影响到其他的知识领域。

当我们要管控一个新媒体项目内部相互之间的作用和影响时，往往需要在项目的范围、时间和成本等的约束之间做出权衡取舍。对于一位新媒体项目的经理，可能还需要在其他知识领域之间做出权衡，例如在风险和人力资源之间。因此，我们可以把项目管理看成是很多相互关联的过程组。那什么是过程及过程组呢？

过程（process），是针对某一特定结果的一系列行动。

项目管理过程组（project management process groups）包括启动过程、计划过程、实施过程、监控过程和收尾过程。

（1）启动过程（initiating processes）包括定义和授权一个项目或项目阶段。当启动一个项目或项目阶段时，一定要有人阐明项目的商业需求，发起该项目，并承担项目经理的角色。启动过程发生在项目的每一个阶段，因此不能将过程组等同于项目阶段。不同项目可能有不同的项目阶段，但所有的项目都包括这 5 个过程组。例如，项目经理和团队应在项目生命周期每一个阶段重新审视项目的业务需求，以确定该项目是否值得继续进行。结束一个项目也需要启动过程。

（2）计划过程（planning processes）包括设计并维护一个切实可行的计划，以确保项目专注于组织的需要。通常没有一个单一的"项目计划"，而是会有很多计划，如范围管理计划、进度管理计划、成本管理计划、采购管理计划等。我们需要根据各个知识领域与项目之间的结合点来制订计划。例如，一个项目小组需要制订一个计划来定义完成项目需要做哪些工作，并为这些工作的相关行动制订进度，估算工作成本，以及决定需要获取哪些资源来完成工作等。考虑到项目不断变化的情况，项目小组需要在项目生命周期的每一阶段修改计划。

（3）实施过程（executing processes）包括组建项目团队、实施质量保证、发布信息、管理相关利益者期望以及项目采购执行等。

（4）监控过程（monitoring and controlling processes）包括定期测量和检查项目进程以确保项目团队能够实现项目的目标。例如，项目经理和工作人员监督、衡量进度计划，并在必要时采取纠正措施。

（5）收尾终止过程（closing processes）是对项目或项目阶段的正式接收，并使之高效率地收尾。 这一过程往往包括一些行政管理活动，如归档项目档案、终止合同、总结经验教训、对项目或项目阶段进行正式验收等。

这些过程组不是相互孤立的，而是互相联系贯穿始终的。对于每个项目而言，各过程组所需的时间及活动水平会有所不同。通常实施过程是最需要资源和时间的，其次是计划过程，启动和收尾过程（分别为项目或项目阶段的开始和结束）通常是最短的，要求资源和时间也最少。然而，每一个项目都是独一无二的，尤其是新媒体项目自身的特点，会让一些项目在管理的过程中有例外。

在《阿尔法项目经理：什么是 2% 的顶尖人才知道，而其他人不知道的》一书中，作者安迪·克罗收集了来自美国诸多公司及行业的 860 名项目经理的资料。他发现在实施个过程上花费的时间比其他过程多，如图 3-1 所示。这一统计数据表明，在实施过程上需要投入最多的时间，其次是计划过程。而在计划过程上多花些时间，有助于缩短执行过程的时间。请注意，阿尔法项目经理在计划过程所花时间通常是其他项目经理的 2 倍，但他的执行时间比其他项目经理短。

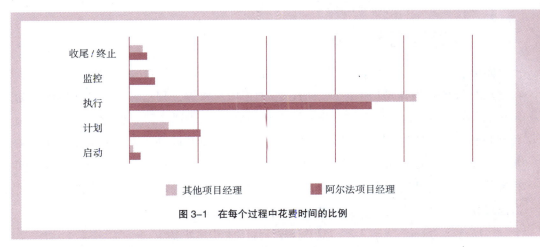

图 3-1　在每个过程中花费时间的比例

每个项目管理过程组都是为完成某些特定工作的。

在一个新项目的启动过程中，从认识到需要建立一个新的项目，并制订一个项目章程。本章给出一些图表，从知识领域的角度列出每个过程组的工作。项目经理及其团队必须清楚他们的工作。约翰及其团队需要对公司所有媒体项目进行分门别类的梳理，并从中制订出一套相对统一的项目管理方法。

计划过程组的工作包括要完成的项目范围说明、工作分解结构、项目进度表和其他内容。计划在新媒体项目中至关重要。每一位参与过大型信息技术项目的人员都知道一个说法："在计划过程中花费的 1 美元，相当于开始实施后的 100 美元。"因为一旦项目组开始实施新的系统，要改变这个系统则需要相当大的努力。研究表明，最佳的启动和计划过程阶段至少花费项目总时间 20%。前面提到的阿尔法项目经理一例也证实了这一点。

实施过程组包括实施那些在计划中描述的用于完成工作的必要活动。这一过程的主要结果是项目实际工作的交付物。例如，一个微电影项目的实施过程就是微电影的前期拍摄以及后期剪辑合成部分，这是整个微电影项目中最耗人力和耗金钱的过程。实施过程组应与其他过程组同时进行，并且需要最多的资源。

监控过程组针对项目目标衡量展开，监控与计划的偏差，并采取纠正措施，以使项目进展与计划相符合。监控过程组的常见输出是绩效报告。项目经理必须与项目小组和其他利益相关者紧密合作，并采取适当的行动保持项目的顺利运行。监控过程的理想结果是，在限定的时间、成本和质量内完成预定的工作。如果有需要改动项目目标或计划的情况，监控过程组要确保快捷、有效地做出一些变更，以满足利益相关者的需要和期望。监控过程组重叠于所有其他项目管理过程组，因为变更可以在任何时间发生。

在收尾或终止过程组中，项目小组要使其最终产品、服务或成果获得认可，并使项目或项目阶段井然有序地结束。这一过程组的主要成果是正式验收工作和编制收尾文件，如最终项目报告、经验总结报告等。

3.1.2　项目管理过程组和知识领域图解

你可以将每个项目管理过程组的主要活动与 9 个项目管理知识领域联系起来。在《项目管理知识体系指南》一书中，给出了项目管理进程组和知识领域图解，如表 3-1。在表 3-1 显示了大部分项目管理流程出现在计划过程组部分。因为每个项目都是独一无二的，项目小组总是试图做一些之前没有做过的事。如果想有独特和新颖的特点，并取得成功，项目小组必须要做相当多的计划工作。然而，最花时间和金钱的通常是实施过程。对组织来说，努力找出项目管理如何在特定的组织中发挥出最佳作用，不失为一个好的做法。

表 3-1　项目管理过程组和知识领域图解

知识领域	项目管理过程组				
	启 动	计 划	实 施	监 控	收 尾
项目集成管理	制订项目章程	制订项目管理计划	指导和管理项目实施	监控项目工作、整体变更控制	项目收尾

续表

知识领域	项目管理过程组				
	启　动	计　划	实　施	监　控	收　尾
项目范围管理		需求收集、范围定义、创建工作分解结构		范围核实、范围控制	
项目时间管理		活动定义、活动排序、活动资源估算、活动工期估算、生成进度表		进度控制	
项目成本管理		成本估算、成本预算		成本控制	
项目质量管理		质量计划	实施质量保证	实施质量控制	
项目人力资源管理		开发人力资源	项目团队组建、项目团队建设、项目团队管理		
项目沟通管理	识别利益相关者	沟通计划	信息发布、利益相关者管理	绩效报告	
项目风险管理		风险管理计划、风险识别、定性风险估计、定量风险计划、风险应对计划		风险监控	
项目采购管理		采购计划	采购执行	采购管理	采购终止

3.1.3　开发新媒体项目管理的方法论

一些企业在项目管理技能培训上花费了大量的时间和金钱，但收效却不大。《项目管理知识体系指南》，描述了如何管理一个项目的最佳方法，读者可去读读。

除了将《项目管理知识体系指南》作为项目管理方法论的基础理论之外，一些企业还采用其他的方法，比如：

（1）受控环境下的项目管理（PRINCE2）。这是1996年英国政府商务办公室（OCG）为IT项目开发出的项目管理通用方法论。它是英国的"de facto"标准，被50多个国家采用。PRINCE2定义了45个独立的子过程，并将它们分成8个过程组：

- 项目发起
- 项目规划
- 项目启动
- 项目管理
- 项目阶段控制

- 产品交付管理
- 阶段界限管理
- 项目收尾

（2）敏捷方法论（agile methodologies）。敏捷方法论包括一个互动的工作流程和迭代式增量软件交付。一些流行的敏捷方法论包括 XP（extreme programming）、scrum、FDD（feature driven development），LSD（lean software develop），AUP（agile unified process），Crystal，DSDM（dynamic system development method）。

（3）六西格玛方法论。六西格玛方法论经常采用的两种方法论分别为：DMAIC，即定义、衡量、分析、改进、控制，用于改进已有业务流程；DMADV，即定义、衡量、分析、设计、证实，用于创造新产品或过程设计，以取得可预测且无缺陷的业绩。很多企业采用六西格玛方法论做项目。

很多企业根据其具体需求调整标准或方法论。例如一个企业选择《项目管理知识体系指南》作为项目管理方法论的依据，那么就需要做大量工作，使其适合项目工作环境。

3.2 微电影项目的管理过程组案例研究

微电影（micro film），即微型电影，"指专门运用在各种新媒体平台上播放的、适合在移动状态和短时休闲状态下观看的、具有完整策划和系统制作体系支持的具有完整故事情节的'微（超短）时'（30～300 秒）放映、'微（超短）周期制作（1～7 天）或数周'和'微（超小）规模投资（几千元～数万元每部）'的视频（"类"电影）短片，内容融合了幽默搞怪、时尚潮流、公益教育、商业定制等主题，可以单独成篇，也可系列成剧。"*

微电影的项目管理并不是大电影制作项目的省略，其管理过程和大电影的管理过程比起来毫不逊色。一个科学合理的微电影管理过程是保证一部微电影影片顺利完成的最基本的保障。

案例：微电影《爱在曹妃甸——彼岸》项目的管理过程组

约翰的公司承担了为河北省曹妃甸新区实施城市宣传的项目，凯文作为项目经理进行了项目实施及管理工作。在同客户进行沟通后，凯文决定采用微电影的方式来实施项目。作为一个优秀的项目经理，凯文知道，微电影项目管理的首要目标是制订一个构思良好的项目计划，以确定项目的范围、进度和费用。但由于微电影项目早期的不确定性很大，所以项目计划不可能在项目一开始就一次性完成，必须逐步展开和不断修正，这取决于能适当地对计划的执行情况做出反馈和控制以及不间断地交流信息。

3.2.1 项目启动

微电影项目的启动阶段，可以看作是一个微电影项目的策划、筹备和剧本创意的阶段。现在的微电影大多是为了满足客户的产品宣传功用来进行制作的。这就意味着在一定程度上，微电影的商业价值大于其社会价值，这也是由微电影自身特点决定的。

1. 微电影项目的策划

微电影项目策划阶段是整个节目制作过程中最繁忙、最重要的阶段，它是制作过程能否顺利进行的关键。在微电影项目中从提出设想、预先研究、酝酿，到该项目正式列入可行性研究和审批程序前的阶段，称为项目策划。项目策划的前期阶段是项目孵化阶段，包括需求分析并形成阶段性成果——项目建议书。项目策划的工作程序如下：

（1）研究市场需求，进行市场分析，决定要做什么内容。

（2）决定内容的受众。受众的特征有以下几种：性别、年龄、职业、文化程度、收入、社会阶层、生活方式、个性特征等。

（3）决定微电影的风格。根据内容、对象确定风格，是轻松的、幽默的，还是严肃的。

（4）决定播出的方式。这要考虑到各方面的影响因素：节目类型、受众特点及本媒体的综合传播效果等。

（5）寻找并提出项目建议，并进行可行性研究。

（6）分析形势、设定目标、战略评估和选择，以及财政、组织、销售和人力资源方面操作计划。

（7）根据改进的计划撰写项目建议书，并提交完整的策划文案。

凯文和客户首先采用 SWOT 分析法进行了商业论证，并用比较分析法列出了微电影宣传模式和其他宣传模式的优劣对比，如表 3-2、表 3-3 所示。

表 3-2 微电影的 SWOT 分析法

优 势	劣 势
互动网络传播速度快、范围广 播放不受时段限制、长期有效 定位更准确、直达有效客户群 便于提升企业品牌形象	内容质量较低 制作团队参差不齐 版权问题
机 会	威 胁
微电影成功传播有助于提升客户的知名度和影响力 拥有新的发展空间并能将客户公司以前的状况进行梳理和宣传 可吸引项目投资	政策的不确定性，影响项目和相关产业 存在技术上的局限性或制作标准的不统一带来的不利影响，阻碍项目的推进 市场因素或业务本身的一些不可操作性影响业务的发展

表 3-3　微电影与其他宣传形态的优劣势比较

宣传形态	优　势	劣　势
传统广告 15~30 min	短小、宣传语易记 形象刺激强烈 覆盖受众广泛	生硬、信息单一 互动性差 粗放投放，受众模糊 "限广令"增加投放负担
电视栏目专题片 10~30 min	重点推介，内容丰富翔实 内容感性，直观 形式多样，纪实、游览、MTV 等 覆盖受众广泛	不易传播 娱乐性不足 互动性差
微电影 5~20 min	故事性强，符合"自媒体"时代营销 群体细分，精准投放受众 成本低、风险小、周期短、目的性强 媒体适用度高、互动性强 贴近大众生活，全天候覆盖 更具有娱乐性、创意性和广告价值	依赖精良制作，需要创意 依赖推广播出平台 需要投放前后持续推广，促进传播

在对市场进行详细调查分析后，凯文和客户一起确定了微电影的内容为以讲述两代人如何让曹妃甸精神星火相传的故事，达到宣传城市形象的目的。

2. 微电影项目的剧本创意

剧本创意是微电影项目启动阶段非常重要的一个部分，在这个创意的过程中，需要考虑到多方面的需求。

案例中，项目主要是对曹妃甸新区做宣传，项目策划团队需要考虑到以下几个方面在微电影当中展现的需求：曹妃甸新区的变化、精神、人们的生活变化等宣传需求，以及微电影时长、人物等因素。在这些需求之下，策划团队量身打造了项目的剧本创意（表 3-4）。

表 3-4　微电影剧本创意

《彼岸》　（暂定）
剧本梗概 引言： 　　一首《致橡树》，两代人的祈愿。父辈的感召，自身的使命，究竟是什么让曹妃甸精神星火相传？ 　　自幼生活在曹妃甸农场渔村边的小男孩唐家一从未出过远门，却一心向往外面的世界。他渴望跟随父亲的渔船出海，渴望探掘那海的另一边…… 　　曹妃甸游子唐俊海外留学归来，选择留在家乡固守热土。他利用所学成为了当地一家著名企业的总工程师，为曹妃甸新区建设添瓦加砖…… 　　在唐家一眼中，父亲是高大的伟岸…… 　　在唐俊心里，父爱是领路的明灯…… 故事梗概 　　今天，曹妃甸新区奠基的重大日子，也是唐俊父亲的祭日，采访结束后，作为曹妃甸新区建设总工程师的唐俊回到自幼成长的那片海滩边——他想去看看父亲，顺带为父亲带去他最爱喝的那口小酒。 　　是宿命也是机缘——唐俊在海边看到了同样在等着父亲出海归来的男孩，唐家一。看着眼前的唐家一，唐俊仿佛看到了曾经的自己。听着唐家一背诵学校学习的课文《致橡树》，唐俊感概，这写的不就是自己对父亲的爱，对曹妃甸家乡热土的爱吗？孩子天真无邪的笑脸让他动容，孩子自由笃定的眼神让他震撼。

续表

唐家一说,他向往出海,渴望看看外面的世界。于是,唐俊决定满足孩子的小小渴望。他载他上路,他要带孩子看看曹妃甸最新的发展,那激动人心的、富含希望和力量的曹妃甸新景。他们一路穿行,穿越湿地、穿过油田、穿越钢厂、来到海港……

在气势恢宏的曹妃甸海港前,海面壮阔,霞光漫天。看着雄伟的海港,望向大海的彼岸,他们感到了父辈的期望,也意识到作为一名曹妃甸人建设家乡的使命。他们再次诵读起那篇课文《致橡树》,青春嘹亮的声音在海岸边回响,久久不肯散去。这声音与文字中,有传承的力量,也有无私的奉献!

3. 微电影项目的筹备

这个过程主要完成拍摄周期计划和确定影片制作部分的管理人(导演或者制片)。一般情况下,微电影的拍摄周期在 2~4 月,也可以按照客户的要求适当地进行改变。这个周期的计算是从计划阶段到尾声阶段。

本案例中,凯文作为项目经理也是微电影的制片人,他对项目进行整体掌控,并参与到制作管理的全过程中。整体微电影剧组的组织关系如图 3-2 所示:

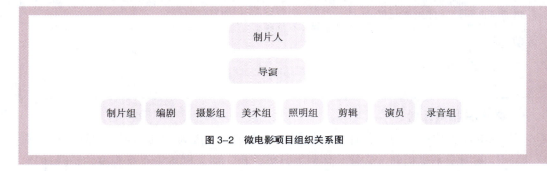

图 3-2　微电影项目组织关系图

凯文积极地同用户一起识别了项目的干系人,确定了项目目标及范围,组建了由相关干系人参与的项目小组并召开项目启动会议,得到了项目干系人的投入和认可;起草了项目章程,获得了签字支持使项目得以顺利推进。

3.2.2　项目计划

微电影的项目计划阶段主要是完成剧本、项目预算,确定演员、工作人员和拍摄场景的过程。

表 3-5 有效地说明这些过程和输出。凯文提供了创建这些输出的说明,以及每项输出的相关文件。虽然每个微电影项目都是独一无二的,但是其剧本、影片拍摄计划、预算表以及演职人员表等文件都是大同小异的。

表 3-5　微电影项目计划知识领域,过程和输出

知　　识	计划过程	输　　出
项目集成管理	剧本创作	剧　　本
项目时间管理	制订影片制作进度表	影片拍摄计划
项目成本管理	拍摄成本核算	影片报价单(预算表)
项目人力资源管理	选定演员、工作人员	演员名单,摄制组人员名单

1. 剧本

表 3-6　微电影剧本（部分）

15 分钟微电影剧本

《爱在曹妃甸——彼岸》
导演：闫梁
编剧：闫梁　阎逸飞

第一场
清晨外农田
　　农场的清晨，天空一片清净明亮，广阔的田地一望无际。
　　农田边竖着的大喇叭放着当地产业建设的广播新闻。
　　麦穗随风飘摆窸窣作响，远处有小拖拉机缓缓经过。

第二场
清晨内农场小学
　　农场小学传来朗朗书声，沿走廊经过，可见教室里晨读的孩子们。
　　走廊尽头的教室，老师在台上领读，孩子们在台下跟读，内容为舒婷的《致橡树》
　　学生们：我如果爱你，绝不像攀援的凌霄花，借你的高枝炫耀自己，我如果爱你，
绝不学痴情的鸟儿，为绿荫重复单调的歌曲；也不止像泉源，常年送来清凉的慰藉；也不止像险峰，
增加你的高度，衬托你的威仪……
　　坐在最后一排的唐家一却趴在桌上在课本后面画画，他画出一艘大渔船。渔船下，是大大起伏
的波浪。
　　出片名
　　爱在曹妃甸——彼岸
　　……

2. 影片拍摄计划

　　微电影影片拍摄的具体计划要根据剧本来确定。因为不同的剧本前期拍摄和后期制作的周期不尽相同，必须具体问题具体分析。如果剧本中有高难度的拍摄部分，或者是特殊场景的拍摄，必须在拍摄计划中进行考虑。以合理的安排来适应影片的整体周期，绝对不能够平均划分各个部分。

　　这个项目中，由于剧本比较简单，相应的拍摄计划（表 3-7）也比较简单。

表 3-7　微电影《爱在曹妃甸——彼岸》拍摄计划

内　容	时间安排
现场拍摄阶段	3 月 5 日—3 月 10 日
后期合成制作阶段	3 月 11 日—3 月 22 日
审片修改	3 月 23 日—3 月 27 日
影片完成	3 月 30 日

3. 影片预算

　　这个部分是微电影拍摄非常重要的一部分。凯文作为制片人必须在计划阶段把影片的预算做好，这样才能够保证他的执行团队在拍摄阶段能够顺利进行。同时，也能够保证客户的投入得到有效的利用。

　　在微电影计划过程中，还包括了制订项目的管理计划、撰写项目范围说明书、进行工作分解结构（WBS）、制订项目进度计划及风险计划、质量规划、沟通计划及采购计划等，由于是共性问题，我们会在后面对应的章节中详细讨论。

　　表 3-8 是凯文给出的本次微电影项目预算单。

表 3-8   微电影《爱在曹妃甸——彼岸》项目的预算单

序　号	职　务	数　量	工作日 / 天	预算 / 元·天$^{-1}$	预算 / 元	备　注
工作人员						
1	导演	1			30 000	
2	编剧				20 000	
3	制片主任	1			10 000	
4	美术指导	1			3 000	
5	场记 / 导演助理	1			3 500	
6	外联制片	1			3 000	
7	生活制片	2	5		2 500	
8	现场制作	1	5		2 500	
9	摄影师	1	5	1 000	5 000	
10	摄影助理（跟机）	3	5	200	3 000	
11	灯光师	1	5	1 000	5 000	
12	灯光助理	3	5	150	2 250	
13	录音师	1			6 000	
14	录音助理	2	5	150	1 500	
15	置景 / 道具组长	1	5	500	2 500	
16	置景 / 道具助理	2	5	100	1 000	
17	服化师	1	5	1 000	5 000	
18	服化助理	2	5	500	5 000	
19	剧务	1	5	150	750	
20	场工	3	5	150	2 250	
	合计	28			113 750	
演　员						
21	男主角（巴赫）	1			10 000	
22	女主角（徐筝筝）	1			10 000	
23	男配角（朱麟）	1			5 000	
24	配角	3			8 000	
25	男主角手替				2 000	
26	女主角手替				2 000	
27	群众	若干			10 000	

续表

序 号	职 务	数 量	工作日/天	预算/元·天⁻¹	预算/元	备 注
	合计				47 000	
前期筹备						
28	选演员				1 000	
29	选景（车马费、住宿费、餐费）					2 000
30	其他（剧本打印、办公费）				1 000	
	合计				4 000	
前期拍摄						
31	数字高清摄影设备	1	5	5 000	25 000	
32	录音设备	1	5	800	4 000	
33	小摇臂		5	150	750	
34	轨道		5	200	1 000	
35	灯光设备				10 000	
36	摄影组耗材费				1 000	
37	化妆耗材费				1 000	
38	服装费				5 000	
39	置景道具费				5 000	
40	场地费				10 000	
41	金杯（包人）	3	5	300	4 500	
42	交通（包括汽油/过路费）				1 000	
43	膳食住宿费	40	5	300	6 000	
44	制片组费				5 000	
45	外联经费				2 000	
46	话费				1 000	
47	其他不可预见费				10 000	
	合计				92 250	
后斯制作						
48	剪辑/特效/包装				25 000	
49	混音/音乐制作/声音剪辑				5 000	
50	后期制作费				2 000	

序 号	职 务	数 量	工作日/天	预算/元·天$^{-1}$	预算/元	备 注
	合计				32 000	
	总预算投资				289 000	

3.2.3 项目实施

在微电影项目的实施过程中，我们需要有严格的拍摄日程表、场记表，这样才能够在复杂的场景拍摄中做到有条不紊。表 3-9 是一个微电影项目的拍摄日程表。

表 3-9 微电影《为幕》拍摄日程表

拍摄第一天——2001 年 6 月 15 日，星期五 场景二内景牢房日期 3/8 页 勤务兵把丹尼尔拖出牢房
演员表道具布景装饰
1. 丹尼尔钥匙墙壁 / 门 9. 勤务兵甲 10. 勤务兵乙
场景三内景走廊日期 3/8 页 勤务兵带丹尼尔、贝丝、欧文、玛丽、保罗沿着走廊出来
演员表道具布景装饰
1. 丹尼尔玛丽的手表跟推机 2. 贝丝 3. 欧文 4. 玛丽怀特 5. 皮埃尔 9. 勤务兵甲
场景三内景走廊日期 3/8 页 勤务兵带丹尼尔、贝丝、欧文、玛丽、保罗沿着走廊出来
演员表
10 勤务兵乙 12 医生贝襄克
附注 医生简画外音 转移场地
场景一内景牢房日期 3/8 页 介绍丹尼尔的背景以及性格
演员表服装特殊设备
1. 丹尼尔　　　1 丹尼尔的牢房狱友的装备移动式摄像机 2. 贝丝　　　　2 肮脏的背心裙 3. 欧文　　　　3 褶皱的外套 4. 玛丽·怀特 5. 皮埃尔 6. 保罗 7. 乔伊 8. 哈里斯 13. 勃布斯

续表

场景二内景牢房日期 3/8 页 勤务兵把丹尼尔拖出牢房
演员表道具
1 丹尼尔钥匙 9 勤务兵甲 10 勤务兵乙 结束第一天的拍报——完成页数：16/8 页 拍摄第二天——。2001 年 6 月 16 日，星期六
场景四内景传讯室内日期 55/8 页 医生简与丹尼尔面谈，另一博士进来
演员表道具布景装饰
1 丹尼尔咖啡　11 白色实验室外套 2 贝丝丹尼尔的档案 3 欧文手铐特殊设备 4 玛丽怀特转动大餐盘 5 皮埃尔 6 保罗 7 乔伊 8 哈里斯 11 医生简 12 医生布莱克 13 勃布斯
附注 将场景分解为小部分 结束第二天的拍摄—完成页数：55/8 页 第三天的拍摄——2001 年 6 月 7 日，星期天
场景四内景传讯室内日期 55/8 页 医生简与丹尼尔面谈，另一博士进来
演员表道具服装
1 丹尼尔咖啡　　11 白色实验室外套 2 贝丝丹尼尔的档案 3 欧文手铐 4 玛丽 怀特 5 皮埃尔 6 保 7 乔伊 8 哈里斯 11 医生简 12 贝莱克博士 13 勃布斯
附注 将场景分解为小部分 结束第三天的拍摄—完成页数 55/8 页

　　在微电影项目的实施过程中，我们还需要进行九大管理知识体系的各种输出管理，包括变更处理、管理计划和文件的更新等，详细内容在后面的相应章节中介绍。

3.2.4 项目监控

监控过程是针对项目目标来衡量进展情况的过程，监控是否与计划有偏离，并采取纠正措施，使项目进展与计划相符合。事实上，从项目管理的角度来讲，微电影的后期制作是项目管理中的监控过程；从艺术的角度来讲，这个过程也是对微电影进行二次创作的过程。它并不是简单地对前期拍摄工作进行监控，它也可以成为导演影片创意的再一次呈现，有时根据需要还会进行补拍甚至重拍，这会对影片产生直接的效果。

因此，现在很多微电影的拍摄，已经是边拍边剪了。这也就意味着监控贯穿整个项目周期，涉及项目整体变更控制、范围监控、进度监控、成本监控、质量监控、风险监控、采购监控等。凯文的微电影项目进行得比较顺利，中间没有产生非常严重的质量问题，因此监控过程也进行得比较顺利。

3.2.5 项目收尾

微电影项目的收尾过程相对来说要简单一些。目前还没有完善的审查制度来对微电影的发行进行审查，正常从点击收视率、满意度、专家评估和微电影的投入产出 4 个方面进行评估。

微电影项目的收尾同样遵循项目干系人和最终客户对影片的认可，项目组向用户交付最终产品、服务或项目所取得的成果，并更新项目文件、经验总结报告等。

凯文的微电影项目除了作为曹妃甸新区的官方宣传片之外，还被投放在网络、手机、户外移动等新媒体平台上进行播出，达到了预期的效果。

3.3 IPTV 和数字电视的管理过程组案例研究

IPTV 即交互式网络电视，是一种利用宽带有线电视网，集互联网、多媒体通讯等多种技术于一体，向家庭用户提供包括数字电视在内的多种交互式服务的新媒体技术。IPTV 与数字电视都是媒体传播分众化和专业化趋势的产物，都是在新的数字技术条件下，个体需求增长的必然产物。

因此，不断变化的媒体传播方式也让其项目管理过程组显得尤为重要。这一节，我们将探讨传统电视媒体与 IPTV、数字电视融合的新媒体案例。

案例：中国教育电视台建立数字早教频道项目的管理过程组

为了适应数字网络技术快速发展趋势，中国教育电视台决定利用其自身节目资源与 IPTV 和数字网络资源结合，开办一个早期教育类的专业化数字频道，部分交互式节目可以同时在 IPTV 平台上进行传播。史蒂夫出任项目管理的负责人。作为一名国内资深的项目经理，史蒂夫认识到这一项目的重要性与复杂性，这将会是传统电视频道与新媒体的亲密接触，也是为传统电视媒体的突围转型的一次大胆尝试。他需要在最大限度地利用传统媒体资源的基础上，建立一套能够适应新媒体传播方式的频道以及节目的管理模式。只有这样，才能够保证数字早教频道项目在不断变化的新媒体传播环境中具有时效性和可扩展性，项目才具有长远的效益。

3.3.1 项目启动

在项目的管理过程组中，启动阶段包括了从认知到开始项目的所有过程。在管理数字电视频道这种大项目时，项目负责人需要深思熟虑，确保项目是为了一个恰当的原因，在一个恰当的时机开始。只有这样，才能够规避风险，事半功倍。史蒂夫和他的团队在项目的启动过程中，进行了长时间的考察，研究了多方环境与资源，为项目的顺利进行做好充足的准备与铺垫。

1. 项目预启动

在正式启动项目之前，为项目奠定良好的基础非常重要，如需完成一些任务，称为预启动任务，包括以下几个方面：

（1）决定项目的范围、时间和成本的制约因素；

（2）识别项目利益相关者；

（3）选择项目经理；

（4）与项目经理开会讨论项目管理过程及预期；

（5）决定项目是否需要被分成两个或更多子项目。

在本节案例中，首先确定了项目经理史蒂夫，然后是由项目经理，也可以是项目发起人，为数字早教频道做一个调研和论证，充分做到知己知彼。就涉及 IPTV 与数字电视项目而言，主要有以下几个问题需要整理：

（1）政策环境问题。至今为止，IPTV 与数字电视都还没有在世界范围内形成一个统一的标准，因此我们对 IPTV 与数字电视的政策分析是必要的，这会让我们在项目计划和实施的过程中不会犯政策性的错误。

（2）行业内部环境问题。IPTV 属于电信行业，数字电视属于广电行业，它们都会在不同的时期根据环境变化调整自己的发展政策和方向，因此项目本身是不是能够适应和满足本行业的发展趋势是我们在考察一个项目时必要的一个部分。

（3）专业受众群问题。虽然 IPTV 与数字电视都是针对家庭用户为收视群体的，但是对于该项目而言，是不是有足够的相关专业制作人员和兴趣受众群体也是保证项目是否能够持续运营的一个必须考虑的环节。这是由 IPTV 与数字电视的互动性决定的。

（4）项目相关产品的产业化问题。IPTV 与数字电视都属于企业自主运营模式，市场的需求是很重要的一个指挥棒。那么 IPTV 与数字电视项目中的相关产业化的分析就极其重要。因为这涉及相应产品在 IPTV 与数字电视中的推广以及配套行业的广告收入等问题。

（5）横向同类型项目的比较问题。对于已有的，或者即将开始的 IPTV 及数字电视项目进行比较分析，研究出自身项目的优势和劣势，由此找好自身定位。

史蒂夫是一个很有经验的项目经理，在项目预启动阶段拿出了针对数字早教频道项目的一个完整的环境分析报告，并将报告发送给总部的领导审定。这份报告是项目经理对整个项目可行性分析的一份重要调研资料（表 3-10）。

表 3-10　数字早教频道的环境分析报告

1. 政策环境分析

我国《教育法》明确规定早期教育是基础教育的第一环，是国家教育的重要组成部分。李长春同志在《深化改革促进文化事业和文化产业繁荣发展》的讲话中指出"要以创新体制、转换机制、面向市场、增强活力为重点，抓好经营性文化产业的改革和发展，推动我国文化事业和文化产业走上良性循环、健康发展的轨道。"早期教育专业频道的设想及运作方式，正体现了对媒体改革要求的总体方向。

2. 行业内部环境分析：广电系统改革

中国加入世界贸易组织后带来的广电传媒领域的变化趋势，广电媒体行业正在实现产业化运作，面临内部和外部两种竞争压力。内部：集团化战略启动初始，网台分营、有线无线合并，广电合流改革措施，引发各个组织重组，资源重新配置，数字电视成为广电发展的重要战略

3. 受众环境分析

在对辽宁、北京、山西、宁夏、上海、江苏、安徽、湖南、重庆、贵州 10 个地区的 24000 多名幼儿及其家庭和所在幼儿园进行了比较全面的调查后发现，就家庭与幼儿园来说，家庭对幼儿认知发展的影响居第一位，幼儿园的影响次之，家庭对幼儿个性发展起着决定性作用。

据 A.C 尼尔森公司为国内几家筹备运营数字电视的广电网络公司进行的用户研究显示：数字电视时代，用户最愿意为电影、教育、体育、专题等几种节目类型进行付费。

数字电视时代用户愿意付费的节目类型	
第一名	电影（最新电影、经典电影点播）
第二名	教育（各类型远程教育、教学节目、教育专题）
第三名	体育（体育赛事、体育报道、体育休闲）
第四名	专题（综艺、娱乐、时尚、健康等）

4. 育儿产品产业环境分析

有资料显示：中国每年城市新生儿为 350 万，以每个孩子每年消费 5 000 元计算，其每年新增市场空间为 175 亿。全国 0 至 6 岁的婴幼儿数量变回 1.08 亿，以每个孩子每年消费 5 000 元进行概算，0 至 6 岁婴幼儿用品市场的远景容量将超过 5 000 亿元。

厦门贝贝乐俱乐部的一份市场调查显示：被访者中愿意花钱接受早期培训的占 17%，其中，愿意花 200 元以下的占 36%，201~400 元的占 30%，401~600 元的占 11%，601~800 元的占 3%，801~1 000 元的占 3%，1 000 元以上的占 1%。以最保守的方式计算，在市场总量 5 000 亿元的空间中，"育"的市场有可能占到 440 亿元。

北京市婴幼儿月消费额中，有 30% 用于教育消费，以此为参照，全国的市场容量每年有 1 500 亿元左右

续表

5. 横向同类型项目的比较分析 • 国内广播电台各类学前教育节目分析 • 国内电视台各类学前教育节目分析 • 国内报纸杂志业各类学前教育节目分析 分析结果： • 寻找儿童节目的真实特征 • 规模经营和专业化程度决定着事业发展的前景 • 民族性是各国国民素质培养的重点 • 跨媒体的运作方式

本次项目环境分析的报告得到了领导的认可，史蒂夫和他的团队将进一步论证项目的可行性，把项目正式推进到启动阶段。

2. 项目启动

项目管理组在启动阶段的主要任务是识别所有项目利益相关者，制订项目章程。根据 PMBOK 指南，表 3-11 说明了这些过程及输出。主要输出项目包括：项目章程、利益相关者登记册和利益相关者管理策略。每个项目组织都是独一无二的，所以其项目章程、利益相关者登记册等文件也不尽相同。在后面的章节，你会看到一些此类文件的样本。

表 3-11　项目启动知识领域、过程和输出

知　识	启动过程	输　出
项目集成管理	制订项目章程	利益相关者管理策略
项目沟通管理	识别利益相关者	利益相关者登记册

史蒂夫和他的团队在项目预启动阶段做了相当全面的分析，因此，启动阶段的可行性论证顺利通过。专家领导一致认为在 IPTV 和数字电视的播放平台上去建立一个数字早教频道是非常合理的，这个频道节目的未来收视市场也比较乐观。

3. 利益相关者

在启动阶段，还有一个重要的内容就是明确项目利益的相关者。这样才能够在项目管理的过程中，人员各司其责，各取其利，保证项目的顺利进行。项目的利益相关者是指参与项目活动和受项目活动影响的人，包括项目发起人、项目团队成员、支持人员、客户、使用者、供应商，甚至项目的反对者。

在史蒂夫的项目中，由于中国广电体制和政策的限制，数字早教频道还是以一个数字频道的形式来进行管理和运营。内容上的资源放在 IPTV 平台上进行互动点播。最具优势的平台即中国网络电视台（CNTV），还可以开发出相应的衍生产品。所以，在数字早教频道项目中，频道管理委员会将是频道各项管理的最高决策机构，对频道的总体运营策略做出决定，从宏观上把握频道的总体走向，对节目的制作、管理等问题制订出纲领性文件，同时负责监督和审查频道节目建设，调整和修改节目建设规划，对日常节目的内容和质量提出指导性改进意见，有权停播不合格栏目，并且负责频道节目的阶段性评估。图3-3、表3-12即是项目组最后确定的数字早教频道项目利益相关者管理策略和利益相关者登记册。

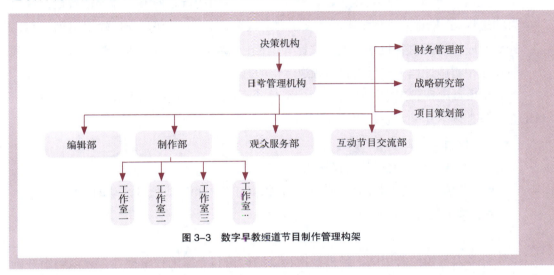

图 3-3　数字早教频道节目制作管理构架

表 3-12　数字早教频道管理机构人员配备情况表

名　称	人员配备	职　能
总监制	1人	对频道管理委员会负责，主持日常工作，总体协调部门间关系，处理频道日常问题
频道副总监	2人	与总监一起，总体协调部门间关系，频道管理制度建设，处理频道日常问题
财务管理部	2人	处理频道日常财务，向总监及管委会递交财务报告
战略研究部	1人	频道的发展战略研究，资料的搜集及向总监及管委会递交研究报告
项目策划部	2人	频道的具体项目策划，向总监和频道主任及管委会递交项目可行性分析报告，跟踪项目进展情况
编播部	2人	频道节目表的编制工作，节目播出带的送审工作，定期向总监递交节目播出情况报告
制作部	2人	频道日常节目制作，开发频道优势，打造频道品牌的主体，协调各工作室工作，向总监及频道管理委员会递交节目制作情况报告
观众服务部	1人	处理观众的来信来访，对观众进行收视后的后续服务，向总监及管委会递交节目收视情况报告
互动节目交流与广告招商部	5人	负责与IPTV平台上的媒体进行节目交流，接受互动节目反馈，记录衍生产品的开发情况，并负责向总监及管委会递交互动节目阶段性情况报告

3.3.2 项目计划

数字早教频道项目进入了计划阶段，这就需要落实整体数字频道的具体内容。史蒂夫需要定期召开项目组会议，讨论项目进行中的待定问题，并保证按期推进项目的进程，在推进的过程中不断地发现和解决项目的具体问题，保证输出，做好记录。计划阶段讨论的内容包括频道的宗旨、定位、风格、logo 等，因为这关系到整个频道项目在实施过程中节目内容和频道运营的确定。

在项目过程管理中，会议是一种很好的沟通和解决问题的方式。一般情况下，会议包含以下几个方面内容：

- 会议目的；
- 议程（根据即将讨论的议题顺序列出）；
- 记录项目活动内容的部分：每个人的责任分配和完成项目活动的时间；
- 记录下次会议召开的日期和时间。

史蒂夫带领他的团队，经过数次会议的讨论和专家的评审推荐，逐渐明晰并确立了数字早教频道的各项具体事宜，如表 3-13 所示。

表 3-13　数字早教频道的项目启动输出

频道宗旨	最大限度地整合国内外"早期教育"的现有资源，充分发挥中国教育电视台在专业教育节目制作领域里多年来积累的经验优势，创造国内规模最大，专业最强，为 0 至 8 岁婴幼儿健康成长提供专业资讯服务的专业电视频道
频道定位	以国内 0 至 8 岁婴幼儿家庭（家长和儿童）为主要传播对象； 系统地传输专业育儿知识； 帮助人们树立科学的育儿理念； 向大众提供及时、丰富的育儿资讯服务
节目定位	立足服务资讯，整合涉及学前教育的节目素材和市场信息，建立容量庞大、特色显著的节目资讯库；因"类"制宜，节目根据自身功能与传播对象进行分类，树立各自侧重的品牌节目，衍生相关子栏目，推出一批人气聚集的主持人；各类节目同时深化"学前教育"与"资讯"两大主题（略）
频道风格	内容完备，体系严谨。活泼温馨，亲和力强。无微不至，及时有效。动感十足，把握时尚
频道标识系列：频道名称	中文：早期教育专业频道 拼音：ZAIQI JIAOYU ZHUANYE PINDAO 英文：The Channel for Preschool Education Information & Service
频道宣传语	A 用我们的专业，铺垫宝宝成长的每一步台阶 B 专业顾问，教你做一个称职的爸爸——早期教育专业频道 C 让妈妈的温柔中渗透出知识的力量——早期教育专业频道 D 领先一步，造就一生——早期教育专业频道
频道平面标识（LOGO）	

续表

频道播出时间	频道计划每天24小时滚动播出。起止时间划分为：早上6：00至次日凌晨6：00。 编播结构以6个时区划分： 19：00至23：00 23：00至03：00 03：00至07：00 07：00至11：00 11：00至15：00 15：00至19：00

对于新媒体环境而言，虽然传播的途径有所不同，可是内容绝对是占首要位置的。内容为主，这是媒体生存之道。对于史蒂夫的早教数字频道项目而言，更是如此。因此，项目计划当中，还应该针对整个频道节目类型、节目形态和节目内容进行计划，如表3-14所示。

表3-14 数字早教频道的节目类型和节目形态

节目资源五大途径	①频道自行创意、投资、制作与"早期教育"有关的节目，形成频道拥有全部自主版权的重点项目； ②整合国内现有的与"早期教育"相关的生活、服务类节目素材，在系统选题指导下改编制作，形成频道的辅助节目源； ③购买国外与"早期教育"相关的各类节目，突出新颖性、时尚性，译制成适合国内观众欣赏趣味的专题节目，以形成频道的新奇亮点； ④与国内外专家学者、著名厂家形成的战略合作，其项目包括网络、平面媒体和广播等领域，力求建立起以频道播出平台为基础的多层次、立体交互式的信息集散平台，有效扩大频道专业知识的传播率和到达率； ⑤与观众间的互动交流所产生的节目资源

利用节目资源的多元化、丰富性，保证节目形式的多样性和对受众的吸引力。同时，还要按照IPTV的传播特点，即互动性、实效性、简短性，按照内容与功能，节目类型大致可分为4类：知识类、服务类、欣赏类、其他，如表3-15所示。

表3-15 节目类型划分图

节目类型	内容概述	节目形态	观众定位	特点与作用	节目示例
知识类	分年龄段的专业育儿知识，启蒙训练等	专题、访谈、演示等	家长、3至8岁少年儿童、准父母等	系统、专业、寓教于乐（频道主体节目）	养育手册、宝宝心理解惑；益智手工时间
服务类	提供相关资讯和互动内容	专题、访谈、演示等	家长、准父母	及时有效，是贯穿板块	天气预报；尿不湿大全
欣赏类	合家欣赏、亲子娱乐内容	综艺、娱乐竞技等	家长、3到8岁少年儿童	新颖轻松，是调剂板块	胎教音乐欣赏，卡通
其他	包括特别报道或专题；前三类节目交叉形成的节目也占一定数量				

上述4类节目所占播出时间比重大致为45%、28%、18%、9%（如图3-4）。

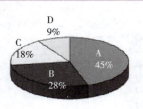

图3-4　4类节目时间比

按照频道节目资源的类型划分,列出各节目形态个案,提供较为直观的节目形态,并根据时段特点提供相应的编排思路,保证最佳收视效果,如表3-16、表3-17所示:

表3-16　节目形态

新闻信息节目	是树立频道品牌的重要板块。在固定时段,集中滚动播报有关婴幼儿保健、早期教育、新型产品等消息,有专人播报、画外音简报、字幕滚动等形式
专业知识类节目	是频道的主体节目。它将由专家组制订选题,由频道专业制作人员完成制作
资讯服务节目	是上述专业知识类节目的有机补充,是频道节目的重要环节。既有知识量较大的专题形式,又有融入娱乐游戏因素的互动形式。特别针对社会流行话题及时制作。可考虑与网络、平面、手机等媒体进行互动合作,扩大受众影响面积
人物访谈节目	邀请刚抚养孩子的名人、明星,讲述他们鲜为人知的感人故事和有趣经历;与学者一道讨论涉及孕、产、抚养、教育、生活起居等新鲜话题;组织家长们共同探讨,在趣味盎然的童言和家长里短中得到成长。
娱乐休闲节目	包括专为幼儿播放的卡通动画,观众互动参与的竞技、益智、综艺节目等。外购节目尽量包装出频道自身特色,纳入统一的主题之下

表3-17　"A0–1岁"重点节目介绍

节目名称	养育大百科（A）
播出形式	知识类:专题节目,演播室讲授 + 外拍
播出时长	50 min
内容创意	在 CETV 原有节目基础上改版、融入半岁婴儿生活训练教程,幽默有趣的片段展示
节目名称	成长同步 365（A）
播出形式	知识类:外拍 + 专家点评
播出时长	30 min
内容创意	权威专家针对育儿过程出现的问题,或观众疑问,系统、生动地讲解,出谋划策,深入浅出,每天一问,具有时效性

3.3.3　项目实施

数字早教频道项目的实施过程,就是要采取一切手段确保完成数字早教频道项目计划中的活动,包括频道节目购买引进、自产节目的录制完成、频道的正常滚动播出等。完成这些任务才代表着数字早教频道项目的产生,而完成这一个过程需要占用最多的项目资源，如图 3-5 及表 3-18 所示。

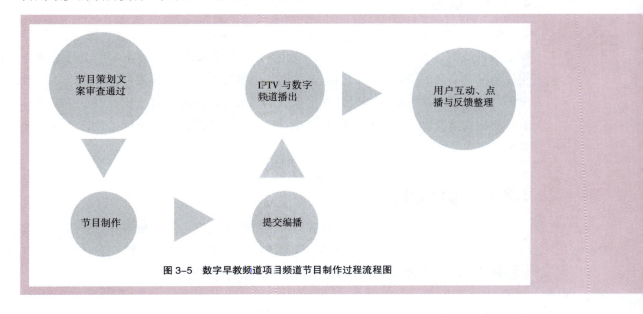

图 3-5 数字早教频道项目频道节目制作过程流程图

表 3-18 数字早教频道项目实施过程和输出

知识领域	实施过程	输　　出
项目集成管理	指导和管理项目实施	频道节目的制作完成 工作绩效信息 节目变更请求 频道项目管理计划（更新） 频道项目文件（更新）
项目质量管理	实施质量保证	频道管理委员会过程资产（更新） 变更请求 项目管理计划（更新） 项目文件（更新）
项目人力资源管理	项目团队组建	频道管理人员配置 数字频道人员组建日历
	项目团队建设	数字频道项目管理计划（更新） 节目质量评估（审片等级制）
	项目团队管理	频道环境因素（更新） 频道组织过程资产（更新） 项目管理计划（更新） 变更请求
项目沟通管理	信息发布 利益相关者 期望管理	组织过程资产（更新） 变更请求 项目管理计划（更新） 项目文件（更新）
项目采购管理	实施采购	选定的节目卖方 采购合同授予 资源日历 变更请求 项目管理计划（更新） 项目文件（更新）
	买方选择	选中的节目买方

3.3.4 项目监控

在数字早教频道管理项目中，需要经常更新频道节目播出计划，以反映在数字频道项目范围、进度和预算上所作的变更。频道管理委员会会根据频道节目整体的收视情况在必要时采取一定的措施来提高频道节目的收视率。例如，在一档节目播出后，通过相关的统计数据来计算出收视的排名顺序，对没有达到频道运行成本的节目应该在适当的时候进行调整和替换，这一过程将贯穿在整个频道运行的各个阶段中。

3.3.5 项目收尾

对于数字早教频道项目管理而言，可以把每年的频道运行报告和财务报告作为一个阶段的收尾。因为对于数字频道而言它是一个不断更新、不断运行的项目，用户的体验和收视是对其播出节目和频道管理的最好证明。

案例新结局

约翰非常认真地考虑了公司不同新媒体项目之间的关联与差异，按照项目管理过程组中的启动过程、计划过程、实施过程、监控过程和收尾过程建立了公司项目管理的规范流程，还建立了在每个过程中相关的书面文件模版和交付输出物的大致时间段。定期对项目经理进行相关项目管理过程组及其相关输出物提交方式的培训。这大大地提高了公司新媒体项目管理的效率，并对每一个项目都有了一个科学的评估和监控。约翰的团队最终得到了公司的认可。

本章小结

新媒体项目管理过程组包括启动活动、计划活动、实施活动、监控活动和收尾活动。

启动过程包括定义和授权一个项目或项目阶段。当启动一个项目时，一定要有人阐明项目的商业需求，发起该项目，并承担项目经理的角色。启动过程发生在一个项目的每一个阶段。

计划过程包括设计并维护一个切实可行的计划，以确保项目专注于组织的需要。计划过程组的输出包括要完成项目范围说明、工作分解结构、项目进度表和其他内容。

实施过程包括协调人员和其他资源，实施项目计划，产生项目产品、服务、项目结果或项目的阶段结果。这一过程的主要结果是项目实际工作的交付物。

监控过程包括定期测量和检查项目进程以确保项目团队能够实现项目的目标。监控过程组针对项目目标衡量进展情况，监控与计划的偏差，并采取纠正措施，以使项目进展与计划相符合。监控过程组的常见输出是绩效报告。

收尾终止过程是对项目或者项目阶段的正式接收，并使之高效率地收尾。在收尾或终止过程组中，项目小组要使其最终产品、服务或成果获得认可，并使项目或项目阶段井然有序地结束。这一过程组的主要成果是正式验收工作和编制收尾文件。

微电影项目的启动阶段，可以看作是一个微电影项目的策划、筹备和剧本创意的阶段。微电影的项目计划阶段主要是完成剧本、项目预算，确定演员、工作人员和拍摄场景的过程。微电影项目的实施阶段，主要就是微电影的拍摄过程。微电影项目的监控过程，可看作是微电影的后期制作合成部分，最后的输出物是完整的影片。微电影项目的收尾同样遵循项目干系人及最终客户对影片的认可，项目组向用户交付最终产品、服务或项目所取得的成果，并更新项目文件、经验总结报告等。

讨论题

1. 论述新媒体项目管理过程组的组成部分及其各部分定义。
2. 论述新媒体项目管理过程组各个组成部分与九大知识领域对照的输出物。
3. 利用本书或其他的案例，描述一个新媒体项目管理过程组的各个部分及其产生的输出物。
4. 论述微电影项目管理过程组。
5. 论述 IPTV 和数字电视的管理过程组。

案例分析

×× 现在是一位演艺界的大腕儿，但他也是一名孤儿，×× 的成长和成功离不开养父母对他无私的爱。×× 想创办一家慈善机构，专门来帮助那些想要求学，但又无力支付学费的孤儿。现在，他要为自己的慈善机构做一部面向大众媒体的公益宣传片，通过这个宣传片让大家知道这个慈善机构，同时也是要寻求更多的关注。

练习题

1. 为这个慈善机构做一份完整的宣传策划案。
2. 如果你是这部公益宣传片的项目负责人，请模拟出整个项目管理过程组，并提供相应的项目过程输出物。

4 新媒体项目的集成管理

知识要点

项目集成管理的概念、整体框架和特点；战略计划流程的设计和选择新媒体项目的方法；制订项目章程对正式发起新媒体项目的重要性；新媒体项目管理计划的内容和制订方法；新媒体项目执行和项目计划的关系、成功输出的相关因素，以及有助于项目执行的技术和工具；新媒体项目监控工作的过程；集成变更控制过程、新媒体项目集成变更过程以及变更控制系统的开发与使用；建立和遵循新媒体项目收尾程序的重要性；利用软件做好新媒体项目集成管理。

学习目标

（1）描述项目集成管理的概念、整体框架和特点。

（2）解释战略计划流程，并用不同的方法选择新媒体项目。

（3）解释制订项目章程对正式发起新媒体项目的重要性。

（4）描述新媒体项目管理计划的制订方法，理解计划的内容。

（5）解释新媒体项目执行和项目计划的关系、成功输出的相关因素，以及有助于项目执行的技术和工具。

（6）描述新媒体项目监控工作的过程。

（7）了解集成变更控制过程，了解如何计划并管理新媒体项目的变更，开发并使用变更控制系统。

（8）解释建立和遵循新媒体项目收尾程序的重要性。

（9）描述如何利用软件做好新媒体项目集成管理。

4.1　项目集成管理的整体框架

4.1.1　集成管理的概念

　　在项目管理的九大知识体系当中，集成管理是最难定义和最难把握的概念之一，学术界的观点也各不相同。一些学者把集成管理看成九大知识领域的大门，首先进行介绍，使读者能够从全局的高度通览并进入项目管理的其他领域；而另外一些学者则认为集成管理是九大知识领域的压轴戏，应该放在最后论述，以便读者能够对其他各领域进行总结性的概括。不管怎样，我们首先要弄明白集成管理的概念。

　　从行为主义的观点来看问题，整个项目管理的过程仅仅体现为集成管理，而没有管理领域之分。但项目管理知识体系之所以要分解成九大知识领域，其主要目的是为了在学习的时候便于理解和沟通。弄懂这一点，对项目管理的培训者和学习者都很重要。我们的目的是培养出项目经理，而不是教条主义者。希望每一个成功的项目经理，自己本身就要成为一个集成者，具备自我集成管理体系的能力。

　　由此看来，集成管理其实并不是一套约定俗成的概念和知识，而是体现为一种观察问题的观念和解决问题的方法，最终体现为一种理解和实施的能力。在目前所有涉及项目管理的读物当中，很少有能够把集成管理描述得很透彻的，道理也就在于此。这说明集成管理本身就不是一个可以清晰定义的概念。

4.1.2　框架式横观纵览

　　从表 3-2 中，我们可以纵览整个项目管理知识体系的完整框架，可以看到九大知识领域与 5 个管理过程之间的交错关系。

　　（1）项目启动阶段

　　该阶段的主要任务就是决策立项，涉及的领域首先是项目的范围。而范围的核心问题是决定项目做什么、不做什么，这是项目立项最基本的决策。做什么的决策取决于对项目效益的评估，这离不开与项目利益相关者的沟通协调，使他们的共同利益达到最大化。而不做什么的决策则取决于对项目风险的评估，一个项目尽管会产生效益，但是如果它的风险大于效益或者超出项目利益相关者的承受能力，则宁

65

愿放弃不做。因此，范围的取舍是通过效益与风险的对比来完成的。而整个权衡利弊的综合分析过程，则是集成管理的重要内容。

（2）项目计划阶段

该阶段贯穿整个九大知识领域，它是整个项目管理中最重要的环节。在项目管理知识体系当中，只有计划可以通过理论学习来掌握，而其他不管是决策还是控制，都需要在实践中感悟，仅凭理论知识是远远不够的。该阶段最能体现集成管理的特点，评价项目成功与否的满意值，体现的是一个综合性指标，而不是任意一个最优化的独立指标，这就需要我们从宏观的角度综合考虑问题，将各领域的独立计划相互衔接，最终集成为一个综合性的满意计划。

（3）项目实施阶段

该阶段虽然在项目实际进展中占用最长的时间和最多的资源，但是这个阶段的知识含量却相对较低。它具体体现为对团队成员的授权和激励，保障质量和保障供应，涉及人力资源管理、信息沟通管理、质量管理及采购供应管理四大领域。集成管理的作用是在实施过程中协调四者之间的关系。

（4）项目控制阶段

该阶段在时间坐标上与实施阶段同步。控制是针对计划进行的，控制的对象就是实际绩效相对于计划的偏差，因此控制涵盖了计划所涉及的所有领域。控制如同计划的影子，只要有计划的地方，就会有控制的必要。同理，集成管理在控制阶段同样发挥着非常关键的作用，任何局部的变更调整都会引起其他领域的连锁反应，因此必须从宏观的角度去把握其操作，使局部调整服从整体目标，达到综合控制的目的。

（5）项目收尾阶段

该阶段主要体现在合同的收尾。项目的合同基本上可分为两类：一类是与供应商和分包商之间的合同，收尾工作包括支付质量保证款和处理合同纠纷等，涉及采购供应管理；而另一类是与项目客户之间的合同，涉及该项目的验收，属于集成管理。项目收尾还涉及一项重要内容，那就是整理项目文档，建立检索系统，为今后的项目留下历史信息（本书第3章有详细描述）。

4.1.3　用动态的眼光看待问题

从宏观上讲，集成管理意味着用动态的眼光看待问题。

一项计划在初定时也许比较粗糙，经过实施校正、控制反馈之后，提出变更需求，再将变更之后的计划再次输入实施过程，在进一步的控制反馈后，再一次提出变更完善的需求……这个循环往复的过程有可能会贯穿整个项目始终。

项目计划由粗到细的滚动模式，经常会用在范围说明书、工作分解结构、活动定义、项目预算的编制流程当中。

俗话说：计划赶不上变化。这句话揭示了管理者所处的两难境地。因为前景不确定因素太多，迫使计划不得不编得很粗，以便留下变更的弹性空间；然而计划太粗又为实施过程制造了大量新的不确定因素，迫使计划不得不反复修改。这个顾此失彼的被动局面最后导致了一个灾难性的后果：计划变成了毫无威信的文字游戏，谁也不认真对待了。计划的滚动完善模式，能把计划失控的被动变更，变成可控的主动变更，能够有效地解决上述矛盾。计划随着不确定因素的逐步明朗而由粗变细，循序展开，可以同时兼顾计划的刚性和弹性、前瞻性和反馈性、精确性和准确性等诸多要求。

4.1.4　关注各领域间的互动关系

从宏观上讲，集成管理还意味着关注各领域之间的互动关系。

在整个项目的进展过程中，不可避免地渗透着诸多要素之间的互动影响。工期的变化会影响到成本和质量，成本预算的变化也会影响到质量和工期；质量标准的变化会影响工期和成本。三条约束边界的变动置换，可能是被动的，也可以能主动的；更重要的是不同要素的相互影响力之比在不同情况下是不同的，这一切构成了项目管理知识体系中最具挑战性的内容。

假如你只能够看到项目各要素之间的互动关系，那说明你只是一个三流的项目经理；如果你能够区别互动要素中的主动与被动关系，那么你可以成为一个二流的项目经理；如果你还能够判断出各类要素在不同时间段的主要和次要关系的转化，那你就是当之无愧的一流项目经理。

三流的项目经理是算术级，能够发现变化的产生；二流的项目经理是代数级，能够发现变化之间的因果关系；一流的项目经理是导数级，能够发现变化中的变化趋势。

4.1.5　角色的准确定位和灵活转换

从宏观上讲，集成管理还意味着角色的准确定位和灵活转换。

项目经理只是一个职务，这个职务扮演的角色是经常发生变化的。面对项目发起人（老板），你是决策的执行者；面对团队员工，你又是决策的决定者；面对客户，你是供应商或服务提供者，把他们当上帝供着；可是转身对你的供应商，你又变成了客户，被他们当上帝供着；面对发包商，你是投标者；可是面对分包商，你又变成了发包者。如果你的项目来自高层领导的指令，也许你只代表一个临时的团队；如果你的项目来自与客户签的协议，你就代表一个法人组织。

准确地把握角色的转换太重要了，立场的变化会使你用不同的视角去看待管理中的要素。同样一份投入产出的数字账，当你作为投标者把它交给发包商时，它就是成本估算，构成你整个项目的成本约束；可是你转身面对分包商的时候，它切出的部分就变成了你的内部预算，成为对方的成本约束。上级领导给你规定的期限，就是你项目的时间约束，而你给供应商规定的交货期限，是你工期计划中的模块，构成了他的时间约束。同一份范围说明书，把它交给客户，是你的服务建议书或产品说明书；换个格式改一下，交给供应商，就是你的采购需求说明书；把它交给发包商，是你的标书；换个语气改一下，交给分包商，是你的招标说明书。

4.1.6　时空的两维优化

项目就像棋局，下一盘棋就是一个完整的项目管理实战演习。一盘棋的输赢，取决于对弈的双方在时间和空间这个两维坐标上的运筹优化水平。两个棋手对弈，双方拥有的资源相等，机会也均等。可是为什么还会分出胜负呢？赢者赢在哪里？

- 首先赢在资源供应的时间步骤上，先拱卒还是先出车，后果大相径庭，赢得主动的先机就在挪子的先后顺序；
- 其次赢在资源配置的空间布局上，当头炮还是卧槽马，作用天壤之别，占据优势的奥妙全凭摆棋的组合定位。

项目管理的道理亦然。项目管理有两个轮子，一个是系统工程，另一个是优选程序。系统工程关注的是资源在空间上的优化配置问题，优选程序关注的是时间上达到目标的优化步骤，空间上的优化达到经济目标，时间上的优化追求效率目标，经济加上效率，结果是效益的最优化。项目管理的所有精华，无不体现于此。

在后面的章节中，我们会反复涉及时间和空间的优化问题。例如，时间管理中的关键路径，就是资源在时间和空间上的最佳结合点；成本管理理论在空间上的扩展与时间上的延伸，追求项目整个生命周期的最低成本；成本预算中切段分配法与切块分配法的结合，可以提高资金的使用效率；采购供应管理中的零库存概念，是订购批量比例与交货准点及时相结合的目标结果……

如果读者能够在本章节就使自己站到一个可以从宏观上把握时空优化理念的高度，那么当你进入后面章节的具体细节中去的时候，就会觉得心有灵犀，游刃有余了。

4.1.7　管理科学的思路

西方人倾向于把管理当作科学，中国人倾向于把管理当作艺术。不论管理是科学还是艺术，我们首先需要明确管理科学的基本思路：

- 复杂事情简单化。简化的最有效手段就是分解，把一个复杂的东西分解为最基本的单元，进行单独研究。在管理中就是把一个复杂的项目或工程分解到最基本的工作，再把这个最基本的工作研究透彻。
- 简化事情数量化。量化意味着用全世界通用的数学语言建立统一的标准，它带来的最大好处就是易于比较，便于沟通。量化在管理中还有一个好处，就是可以设置临界值，以便对事物变化的性质和趋势做出判断。建立在量化尺度上的临界值，就能判断一个计划是完成了还是没完成。

• 量化的事情专业化。量化的手段为抽象事物的共性和规律性提供了方便，而一旦事物的规律性被认识到了，就可以成为专业化的程序。专业化的最大好处就是可以简单重复，简单重复的工作可以统统交给机器或电脑去干。

• 专业的事情模块化。把专业的程序固化为模块，用集成模块的方法增强对付复杂事情的能力，把复杂的决策变成了简单的选择。你第一次起草一份采购合同也许颇费周折，但是第二次就省事多了，你只要把上次的合同文本找出来，在上面略微改动即可完成。另外，模块化还体现为一种管理思维方法，就是我们在后面提到的框架式思维。例如刘易斯决策模型、3W+3H 提问法、SWOT 分析法等，我们也可以把这种框架式思维模式称为思维模块。

了解了管理科学的思路，我们可以总结出管理科学的好处：它易于沟通、便于学习、长于计划，可以大批量生产标准化的管理者。因此我们需要用科学态度去学习项目管理，用专业量化的术语进行沟通，用科学的方法去制订计划。但需要提醒读者的是，在决策、实施、控制阶段，在集成管理、人力资源管理和风险管理这类高度灵活的领域，如果你完全按照科学的教条去办事，一定会饱尝挫折。管理毕竟是一门人文学科，在这些领域里，往往需要艺术手段的补充。

科学追求共性化的抽象，艺术讲究个性化的具体，科学的手段是分解，艺术的手段是集成。我们在学习项目管理知识的时候，不妨把它分解为九大知识领域，用科学的态度去独立研究，抽象规律；但是在具体的实践中，你必须把整个项目当成一个集成的系统，用艺术的态度去综合考察，具体分析。

学习和实践是两种完全不同性质的活动，因而使用的手段截然不同。学习最好用科学手段：分解、量化、模块化；而实践得讲究艺术方法：集成、综合、具体化。艺术观念靠领悟，如果光靠摸着石头过河来领悟项目管理知识，会大大降低学习效率；可是如果教条地用科学的方法去实践，把项目当成分解的模块对待，那么就是纸上谈兵。

本书以介绍科学的观念和方法为主，至于管理中的艺术，只能由读者在实践中自己领悟了。

4.1.8 项目的环境因素

项目的环境因素（也叫事业环境因素）是一个新概念，是指在项目计划编制之前就已经形成的背景因素，它们是客观存在的，不以项目经理和项目团队的意志为转移。因此，在项目规划中，它们常常被作为前提条件输入项目的计划编制流程。

环境因素的涵盖面包罗万象，绝大部分来自项目组织外部，也有少部分会来自组织内部。经常对项目规划和实施产生影响的环境因素有：

• 自然环境，如地理位置、自然资源、自然灾害、季节、气候、污染等；

- 市场行情，如价格水平波动趋势、供应商的背景、供求关系状况等；
- 法规和标准，如国家法律和政策、行业规范、通用的产品质量标准等；
- 社会文化背景，如语言、信仰、文化、消费习俗、信誉环境、社会秩序等；
- 基础设施条件，如交通、通信、能源、教育、卫生、安全等设施的现状；
- 技术发展程度，如项目的技术定位，可持续开发的潜力，替代技术的情况；
- 现行管理体制，如项目团队所属企业的所有制、组织架构、权益结构、指挥序列；
- 外部信息资料，即项目组织可以从外部获得的数据资料，其可以是前人留下的历史信息，也可以是标杆企业的经验及教训，或竞争对手的情报及动态。
- 刚性约束条件，例如某项群众性活动的预定日期（刚性期限）、客户提出的质量标准、政府或领导批准的预算等。

编制项目计划的核心技术就是准确地设定假设前提和约束条件。例如在一个投入产出的预算模型中，所有因变量的函数值都是在假定某些变量的基础上获得的。在诸多的假设前提和约束条件中，只要有一个估计错误，就足以让投资者血本无归了。

4.1.9　组织的过程资产

组织过程资产（organizational process assets）的含义是指一个学习型组织在项目操作过程中所积累的无形资产，其包括但不限于以下内容：

- 项目组织在项目管理过程中制订的各种规章制度、指导方针、规范标准、操作程序、工作流程、行为准则、工具方法等。
- 项目组织在项目操作过程中获得的经验和教训，既包括已经形成文字的档案，也包括留在团队成员脑子中没有形成文字的思想。
- 项目组织在项目管理过程中形成的所有文档，包括知识资料库、各类文档模版、标准化的表格、风险清单等。
- 项目组织在以往的项目操作过程中留下的历史信息。这些历史信息有两类：外部其他组织留下的历史信息，属于事业环境因素；本组织积累的历史信息，属于组织的过程资产。

在现实中，组织过程资产的积累具体表现为一个循环往复的更新过程，每一轮计划编制和控制过程，组织过程资产都会被更新，然后更新后的过程资产又被再一次输入下一轮计划编制和控制过程，不断作用于项目的实施。

组织过程资产的累积程度，是衡量一个项目组织管理体系成熟度的重要指标。每一个项目组织在实践中都会形成自己独特的过程资产，这些独特的无形资产构成了组织的核心竞争力。

4.2 经营战略与新媒体项目的选择

成功的领导者会通过了解组织的发展蓝图或战略计划来确定什么样的项目能为组织带来更多的价值。有些人可能认为，项目经理不应该在战略计划和项目选择阶段就介入进来，因为这类商业决策由高层管理者负责就可以了。然而对于成功的组织来说，项目经理在项目选择过程中其实有着十分可贵的洞察力。

4.2.1 战略计划

战略计划包括提供分析组织的优劣势，研究在商业环境中的机会和威胁，预测未来的趋势，以及预测对新产品和服务的需求来确定长期的目标。战略计划为组织识别和选择有潜力的项目提供重要信息。

许多人喜欢用 SWOT（即优势、劣势、机会和威胁）分析法分析战略计划。例如，在开篇案例中的北京某公司的 IPTV 业务新媒体项目，他们采用 SWOT 分析法对项目进行分析，分析结果如下：

优势：
- 人员：已组建起专业队伍、配备专业人员；
- 设施和装备：已购买了各类专业器材和软硬件设备；
- 技术：已掌握所需要的各项专业技术；
- 合作情况：北京网通的 SP，有过良好的合作关系；
- 资金情况：资金充足，可满足项目所需的各项投入。

劣势：
- 有关视频业务的运营经验欠缺，还需外部专业人员指导和支持；
- 在业务开通初期，仍存在专业设备不足或相关资源欠缺的问题。

机会：
- 业务成功运营可使公司拓展新的业务、拥有新的发展空间并能将公司以前的合作关系和项目得到更好的延伸；
- 有助于提升公司在业内的知名度和影响力；
- 可吸引项目投资，有利于公司融资及资本运作；
- 三网融合的行业发展趋势，有助于业务发展。

威胁：
- 政策的不确定性，影响项目和相关产业的发展；
- 目前存在技术上的局限性或由于标准的不统一带来的不利影响，阻碍项目的推进；
- 市场因素或业务本身的一些不可操作性影响业务的发展。

经过 SWOT 分析，他们认为该项目的最大风险在于政策影响。即"宽频空间"业务开通后会因为政策因素被停掉。众所周知，IPTV 业务一直存在广电部门与电信部门之间的争执，牌照"问题也一直影响着行业的发展。但经过与该业务负责部门的人员多次交流，对方非常肯定"宽频空间"业务为今年该公司的主要工作之一，已经解决了政策面的问题。

一些人喜欢用心智图法进行 SWOT 分析。心智图是一种结构分解的技术，通过从一种核心理念发散处理的方式将想法和概念结构化。

图 4-1 给出了应用心智图法表示前面提到的 SWOT 分析例子。这个图表是用 MingManger 软件制作的（登录 www.mindjet.com 网站可下载软件试用版）。

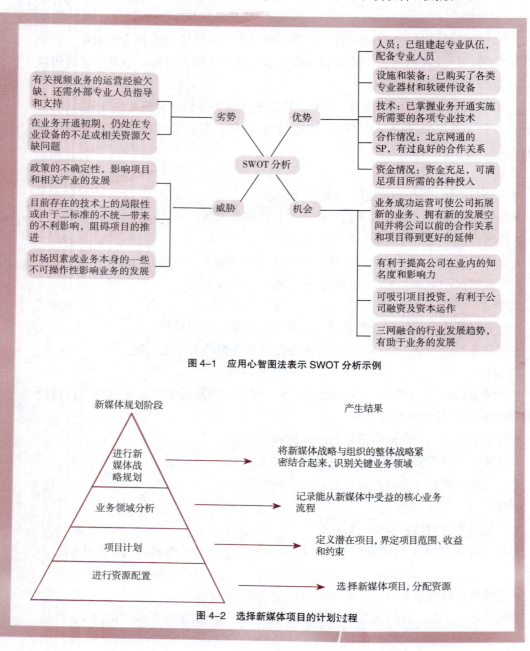

图 4-1　应用心智图法表示 SWOT 分析示例

图 4-2　选择新媒体项目的计划过程

项目管理的首要步骤是决定要做什么项目。因此，项目发起包括：

- 识别有潜力的项目；
- 用可行的方法选择需要做哪些项目；
- 制订项目章程；
- 正式启动项目。

除了使用 SWOT 分析，还遵循项目选择的详细步骤。图 4-2 显示了选择新媒体项目计划过程的 4 个阶段。第一步是明确战略目标，即把新媒体战略计划与组织的整体战略计划结合起来。项目经理来自于新媒体部门外部，对于协助新媒体计划过程非常重要，他们可以帮助新媒体人员了解组织的战略并识别能够支持这些战略的业务领域。第二步是实施某一业务领域的分析工作。这个分析囊括了那些对于实现战略目标非常重要的业务过程，并确定哪些业务过程能从新媒体技术中获利最多。第三步是定义有潜力的新媒体项目，它们的范围、价值和限制条件。最后一步是选择要做的项目，并为这些项目配置资源。

4.2.3　将信息技术和公司战略相结合

组织必须创建一种使用信息技术的战略，以确定信息技术如何支持组织的目标。这个战略必须与组织的战略计划和战略相结合。研究显示，组织投资新媒体项目的第一个原因是支持公司的公开目标。其他投资新媒体项目的标准，排在前面的还包括支持公司的隐含目标和提供财务上的支持，如良好的内部收益率或净现值。

很多信息系统被归类为"战略"，原因就是它们直接支持着公司的核心战略。信息系统可以协助组织提供专业化的产品和服务，以将自己与行业中的竞争对手区分开。

4.2.4　选择新媒体项目的方法

组织将众多有潜力的项目作为战略计划过程的一部分，并且依赖有经验的项目经理来协助做出项目选择上的决策。项目选择是项目管理的一个重要组成部分。目前最常用的技术有以下 5 种：

（1）聚焦于广泛的组织需求

高层管理者在决定何时、在何种水平上实施某个项目时，必须聚焦于广泛的组织需求，代表了广泛的组织需求的项目才更有可能成功。一种根据广泛的组织需求选择项目的方法是，首先确定它们是否符合 3 个重要标准：需求、资金和意愿。在组织中，人们需要实施这个项目吗？组织有决心和能力提供充足的资金来执行项目吗？有没有很强的决心来保证项目的成功？当项目执行时，组织必须重新评估每个项目的需求、资金和意愿，以决定这个项目是否继续做下去。

（2）将新媒体项目分类

另一个选择项目的方法是依据多种分类进行决策。例如项目的动机、时间范围以及一般优先权。项目的动机一般是对问题、机遇或指令的反映。

问题：人们不期望出现的那些造成组织无法实现目标的情况。这些问题可以是当前的，也可以是潜在的。

机遇：改进组织的机会。

指令：管理层、政府或其他一些外在的影响力施加给组织的新要求。

组织可以根据其中任何一个原因选择项目。对于那些针对问题和指令的项目，会非常容易获得批准和资金。因为组织必须对这类项目做出反应以免给公司造成损失。很多问题和指令必须立即加以应对，但是，项目经理必须运用系统的思考方法，找到通过新媒体项目改进组织的机会。

另一种对新媒体项目分类的依据是，完成一个项目所需的时间以及项目必须完成的时间。有些潜在的项目必须在一个特定的时间段内完成，否则它就不是有效的项目了。

许多组织当前的经营环境，分别给予不同的新媒体项目高度、中度或低度的优先权。例如，如果快速减少运营成本非常关键，那么有最大潜力的项目将会给予较高的优先权。即使那些具有中度或低度优先权的项目可以在很短时间内完成，组织也总是优先完成优先权高的项目。通常，组织在面临多个新媒体项目时，首先确定最重要的项目。

（3）进行净现值分析、投资回报分析和回收期分析

财务是项目选择过程中的一个主要方面，尤其是在经济困难时期。在项目开始前，许多组织需要准备一份要得到批准的商业论证，而财务计划正是这个商业论证的主要组成部分。决定项目的预计财务价值的3个最基本方法是净现值分析、投资回报分析和回收期分析。

净现值分析：是计算项目所产生的现金净流量，以资本成本为贴现率折现后与原始投资额现值的差额。如果财务价值作为选择项目的一个关键标准，那么组织应只考虑那些能产生正净现值的项目。因为正净现值意味着项目带来的回报超过了资本成本，即把资金投到别的地方可获得的回报。如果其他因素都相同，具有更高净现值的项目会受到偏爱。

净现值可通过下列步骤计算：

①确定项目周期、生产的产品以及预计的成本和收益。

②确定折现率。折现率是将未来现金流折现的利率。

③计算净现值：

$$NPV = \sum_{t=0\cdots n} A_t / (1+r)^t$$

式中，t 表示现金流的年份；n 表示现金流的最后一年；A 表示每年的现金流；r 表示折现率。

投资回报分析：投资回报是项目的收益减去成本后，再除以成本的结果。例如，你今天投资了 100 元，它明年的价值是 110 元，此时的投资回报是（110-100）/100。投资回报是以百分比的形式出现，它可以是正值，也可以是负值。投资回报当然是越高越好。

许多组织对项目都有必要回报率的要求，必要回报率是最低可接受的投资回报率。

回收期分析：回收期分析是选择项目的另外一种重要的财务工具。回收期是以现金流的方式，将在项目中的总投资全部收回的时间。此时，净累计收益等于净累计成本。

许多组织对投资回收期也有一定要求。例如要求所有的新媒体项目在两年内完成，甚至一年内达到回收期。对于小型公司，做新媒体项目投资决策，应重点关注项目回收期。国际性系统集成咨询公司赛博公司副总裁胡佛说："如果一个项目成本可在一年内回收，特殊利润丰厚，就值得认真考虑。如果回收期超过一年，那最好看看别的项目。"尽管如此，组织的技术投资还必须考虑长远目标，因为很多关键的项目不可能这么快达到回收期，或在这么短时间内完成。

为了帮助选择项目，项目经理理解组织对于项目的财务期望显得十分重要。同样，对于高层管理者，理解财务估算的限制条件也非常重要，尤其是对新媒体项目。因为，对新媒体项目精确地估计预算收益和成本是非常困难的。

（4）使用加权打分模型

加权打分模型是一种根据多项帮助来为项目限制提供系统化过程的工具。这些帮助包括很多因素，如是否满足广泛的组织需求；为了应对问题、机会还是指令；完成项目所需的时间；项目的总体优先权；项目的预计财务表现等。

创建加权打分模型的第一步是确认那些对于项目限制过程非常重要的标准。开发这些标准并达成一致往往会耗费很长时间。新媒体项目的一些可能的标准包括：

- 支持核心的格式目标
- 强大的内部支持
- 强大的用户支持
- 使用显示的技术
- 在短时间内完成
- 具有正净现值
- 在满足范围、时间和成本等目标上风险最低

然后要为每项标准赋予一定的权重，而确定权重同样需要咨询和达成一致。这些权重表明你对每个标准的重视程度以及每个标准的重要性。你也可以基于百分比来分配权重，所有标准的权重之和必须为 100%。之后，你可以针对每项标准用数字

表示的分数（0～100）给项目打分。

你也可以通过打分来建立权重。例如，目前支持公司目标的得10分，一般支持的得5分，一点都不支持的得0分，然后将分数累加来选择最好的项目，而不需要将权重和分数相乘再相加。

你还可以在加权打分模型中为特定的标准设定最小的分数和下限。例如，在百分比中每个标准的分数都没达到50分的，组织就不考虑这个项目。

（5）使用平衡计分卡方法

计分卡是一种方法论，可以将组织的价值驱动因素，如客户服务、创新、运营效率及财务绩效等，转化成一系列界定好的价值维度。平衡计分卡方法包括很多细节性的步骤，你可以登录平衡计分卡协会网站（www.balancedscorecard.org）进一步了解。尽管这种方法很明确地在IT部门内部使用，现在也经常在整个组织中使用，因为它有助于促进项目管理与信息技术的有机结合。

每种方法都有优缺点，由管理层根据本组织的特殊性来决定选择项目的最佳方法。在实践中，通常综合使用这些方法的组合来选择项目。很多项目经理在组织选择实施什么项目中是有发言权的。即使没有，他们也需要理解自己管理的项目的商业战略和目的。

4.2.5　制订项目章程

项目章程是一份正式确认项目存在的文件，它指明了项目的目标和管理方向，授权项目经理利用组织资源去完成项目。项目经理在制订项目章程中担任主要角色。一些组织会使用很长的文件或正式合约来启动项目，而有一些组织则只是依靠简单的共识。项目的关键利益相关者应签署一份项目章程，来启动项目需求和意向上所达成的共识。项目启动阶段的关键标示就是项目章程。

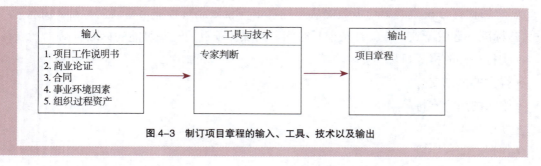

图4-3　制订项目章程的输入、工具、技术以及输出

图4-3显示了制订项目章程的输入、工具和技术以及输出。

很多内部项目并没有项目章程，它们通常只有一份预算和整体指南，但不是正式的、签署过的文件。很多项目因为要求不明确、期望不合理而导致失败。因此，在项目开始阶段创建项目章程很有必要。

创建了项目章程后，项目集成的下一个步骤是制订项目管理计划。

4.3 制订项目管理计划

项目管理计划用来协调实施项目计划文件和引导项目的执行与控制，在其他知识领域制订的计划会被认为是整个项目管理计划的附属部分。项目管理计划同样也包括以下内容：项目计划假设和有关选择的决定；利益相关者直接的快捷沟通；确定关键管理评审内容、程度和时机；确认测量进展和控制项目的基准。项目管理计划应该是动态的、灵活的并随着环境或者项目的改变而改变。这些计划能在领导团队和评估项目限制的过程中助项目经理一臂之力。

项目团队和其他利益相关者都需要了解项目管理计划，这样才能保证项目很好地实施。

图 4-4 显示了创建项目管理计划的输入、工具、技术以及输出。

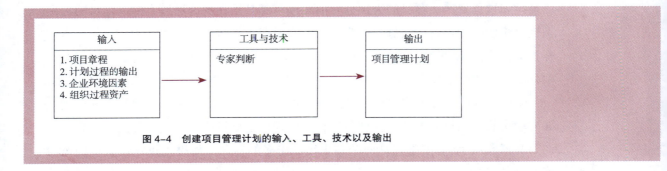

图 4-4 创建项目管理计划的输入、工具、技术以及输出

4.3.1 项目管理计划的内容

项目都是独一无二的，同样项目管理计划也是独一无二的。在一个拥有几个成员和各种事件仅持续几个月的小型项目中，它的项目管理计划往往只包括项目章程、范围说明书和甘特图等。而一个需要 100 名员工、各种事件超过 3 年的大型项目，则需要更详细的项目管理计划。为了保证特定项目的完成，制订一个合适的项目管理计划至关重要。

通常一个项目管理计划包括项目的整体介绍、如何开展项目的描述、项目运营的管理和技术方法、时间进度表和预算等。

4.3.2 根据指南创建项目计划

很多组织都根据一些指南来创建管理计划。一些项目软件能提供一些指南模板。注意不要把项目管理计划与甘特图相混淆，项目管理计划比甘特图包含更多内容。

很多政府机关会提供一些制订项目管理计划的指南。在很多私人企业中，具体的文件标准并不严格，但仍然会有一些常见的制订项目管理计划的指南。遵从这些标准或指南来制订项目管理计划，以促使这些计划的开展和执行，这是非常有用的。

如果组织中所有的项目管理计划都能够按照一种相似的格式制定，那就可以更有效地开展工作。

成功的项目负责人都能够清楚地说出在项目中，哪些工作需要完成，以及由谁、什么时间和怎样完成。为此，他们应用了集成化的工具箱，包括项目管理工具、方法和技术。如果不断地开发和使用进度表模板，就可以提高生产效率和降低不确定因素。

4.4   新媒体项目计划与实施

图 4-5 显示了项目实施的输入、工具、技术以及输出。项目实施的主要内容是管理和实施在项目管理计划中确定的工作，还包括批准的变更请求、企业环境因素以及组织过程资产。项目的大部分时间和预算都是用在实施过程上的。项目的应用领域直接影响到项目的实施，因为项目的成果产生于实施的过程当中。例如，本章开篇案例中的 IPTV 项目和所有相关的软件及文件都要在项目的实施过程中得到。项目团队需要运用其生物学知识、硬件、软件开发以及测试来成功地获得项目成果。

项目经理还需要关注领导项目团队和管理利益相关者关系，使项目管理计划能够成功实施。项目人力资源管理和项目沟通管理是项目成功的决定性因素。我们将在第 9 章和第 10 章中学习这两个知识领域更多的信息。如果项目包括大量的风险或者外部采购，就需要项目经理精通项目风险管理和项目采购管理，第 11 章和第 12 章中会提及这两个方面的细节。在项目执行过程中还会出现很多特殊的情况，所以项目经理在处理这些情况的时候必须具有灵活性和创造性。

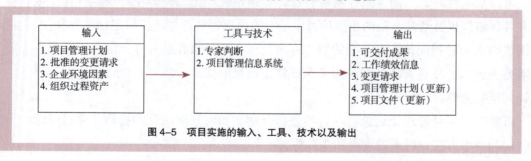

图 4-5   项目实施的输入、工具、技术以及输出

4.4.1   协调计划和实施

项目集成管理把项目计划和实施看作是两个交叉的、密不可分的活动。创建一个项目管理计划的主要职责是指导项目执行。一个出色的计划有助于产生良好的成果或者工作结果，它应该写明良好的工作结果是由什么组成的。计划的更新必须反映出从先前完成的工作中所得到的反馈情况。

有一种方法可以帮助协调编写项目计划和项目实施两者之间的关系，那就是遵循以下这个简单规律：做工作的人应该去计划工作。所有项目成员都需要培养计划和实施的技巧，并在这些领域获取以下经验。在新媒体项目中，对于那些得去编写具体规范，然后要将自己的规范转换为代码的程序员，会更善于编写规范。同样，大部分系统分析员最初就是一名程序员，所以他们了解编写一份好的代码需要哪种类型的分析和文件。项目经理负责制订全局性的项目管理计划，但他们也得依靠那些负责制订各个知识领域计划的项目团队成员提供的信息。

4.4.2　提供强有力的领导和支持性文化

强有力的领导和支持性的组织文化在项目执行过程中是必不可少的。项目经理必须以身作则，证明一个良好的项目计划有多么重要，并在项目实施中予以执行。项目经理通常也应当为自己需要做的事情制订计划。

出色的项目实施同样需要一种支持性的组织文化。例如，组织程序能够有助于或者妨碍项目的执行。如果组织有一个人人都可以遵循的、实用的项目管理指南和模板，那么项目经理在计划并实施他们的工作时就简单多了。如果组织把项目计划当作实施过程中执行和监控的基础，那么组织文化将有助于摆正计划与实施之间的关系。另一方面，如果组织混淆了项目管理指南的真正含义，或者把项目管理指南变得官僚化了，进而有碍于完成工作或者无法按照计划去衡量项目进程，那么项目经理和他的项目注定会遭受挫折。

4.4.3　利用产品、业务和应用领域的知识

除了强有力的领导能力、沟通和政治技巧外，项目经理也需要拥有产品、业务和应用领域的知识来成功实施项目。对于新媒体项目经理来说，拥有优先的技术经验或者新媒体产品相关工作知识是非常有用的。例如，如果项目经理领导一个联合应用设计团队，帮助解决用户的需求，那么团队中有人懂得商业语言和拥有技术专家就非常重要。

大部分新媒体项目都是小项目，所以项目经理往往会被要求负责技术工作或者指导团队成员完成项目。例如，一个为期3个月，仅有3个团队成员来开发基于网络的应用项目，如果项目经理能够完成部分技术工作，那么这个项目将受益匪浅。然而，在大型项目中，项目经理的主要责任是领导项目团队，与关键利益相关者进行沟通，他没有时间去做任何技术工作。在这种情况下，项目经理懂得业务和项目应用领域知识比懂得技术更重要。因此，大型项目的项目经理对业务和项目应用领域知识的了解是非常重要的。

4.4.4　项目实施工具与技术

指挥和管理项目实施需要一些特定的工具与技术。项目经理可以用这些特定的

关键技术开展执行过程中的活动。

● 专家评审法：任何做过复杂项目的人都知道专家评审对做好决策的重要性。当项目经理遇到难题时，应向专家咨询，如使用什么方法论、用什么编程语言、采用什么培训方式等。

● 项目管理信息系统：目前市场上有数以百计的项目管理软件产品，利用这些软件或自行开发项目管理信息系统，有助于项目的管理，如财务系统。即使在小型组织中，项目经理或其他团队成员也能够创建一个与其他计划文件链接的甘特图。

尽管项目管理信息系统能够帮助实施项目，但项目经理还是应该记住，积极的领导和强大的团队协作是项目管理成功的关键所在。项目经理应将这些关键的细节工作委派给其他团队成员，然后抽身专注于领导整个项目，以确保项目的成功。利益相关者通常关注那些对他们最重要的项目实施输出，即可交付成功。

4.5 新媒体项目过程监控

在一个大型项目中，很多项目经理认为 90% 的工作是用于沟通和管理变更。在很多项目中，变更是不可避免的，所以制订并遵循一个流程来监控变更是十分重要的。

监督项目工作包括采集、衡量、发布绩效信息，还包括评估度量数据和分析趋势，以确定可以做哪些过程改进。项目小组应该持续监测项目绩效，评估项目整体状况和估计需要特别注意的地方。

图 4-6 显示了项目监控工作的输入、工具、技术以及输出。

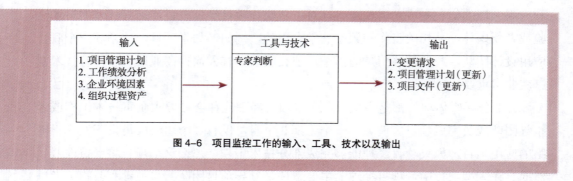

图 4-6　项目监控工作的输入、工具、技术以及输出

项目管理计划为确定和控制项目变更提供了基准。基准（baseline）是批准的项目管理计划加上核准的变更。例如，项目管理计划中有一节描述了完成项目所要做的工作。有关计划的这一节描述了项目的主要成果、产品和质量要求；项目管理计划进度表一节列出了计划完成关键性成果的日期；项目管理计划预算部分提供了完成这些成果的计划成本。项目团队的工作必须按计划进行，如果项目团队或其他人在实施项目时做出了变更，那就必须修改项目管理计划，并由项目发起人予以批

准。很多人提出了不同类型的基准，如成本基准或进度基准，以更加明确地描述不同的项目目标，并努力达到这些目标。

绩效报告使用这些资料来提供项目执行情况的信息。其主要目的是提醒项目经理和项目团队那些导致问题产生或可能引发问题的因素。项目经理和项目团队必须持续监控项目工作，以决定是否需要采取修正或预防措施、最佳行动路线是什么、何时采取行动。

项目监控工作的重要输出是变更请求，包括推荐的纠正措施、预防措施和缺陷补救措施，纠正措施可以改进项目绩效，预防措施可以减少项目风险相关的负面影响。缺陷补救措施指对有缺陷的可交付物进行补救，使其与要求一致。例如，如果项目团队成员没有报告他们的工时，纠正措施可以提醒他们如何输入信息并使他们应该去做。预防措施是可以改进追踪时间、跟踪系统，以避免过去人们常犯的错误。缺陷补救措施可能让某些人将错误的地方重做。很多组织采用正式的变更请求过程和格式来跟踪项目变更。

4.6　新媒体项目集成变更控制过程

集成变更控制涉及整个项目生命周期中识别、估计和管理变更。集成变更控制的主要目的是：

（1）控制可能造成变更的原因，以确保变更都是有益的。要想确保变更都是有益的，而且项目是成功的，项目经理及其团队必须在项目各重点要素中做出权衡，如范围、时间、成本和质量。

（2）确认变更已经发生。要确定一个变更是否发生，项目经理就必须时刻了解项目重点领域的状态。此外，项目经理还必须与高层管理人员和关键利益相关者就重大变更进行沟通。高层管理人员和关键利益相关者是不喜欢变更的，特别是那些意味着项目可能会减少产出、需要更多时间、费用超出计划以及质量低于预期的变更。

（3）管理发生的变更。管理变更是项目经理及其团队一项重要任务。项目经理在项目管理中加强纪律性，以减少变更的发生，这是非常重要的。

图4-7显示了项目集成变更控制的输入、工具、技术以及输出。

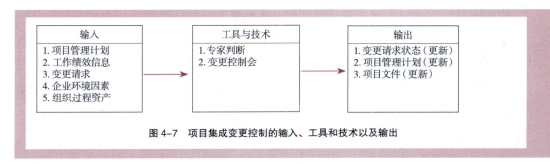

图 4-7　项目集成变更控制的输入、工具和技术以及输出

变更请求在项目中是很普遍的，并且有许多不同的形式。它们可以是口头的或书面的，也可以是正式的或非正式的。例如，负责安装服务器的项目团队成员可能会在进度评审会上询问项目经理，是否可以从同一个供应商那里以同样的成本订购一台比原计划运转速度更快的服务器。由于这种变更是积极的，对项目没有任何负面影响，项目经理可能会在进度评审会上口头予以批准。尽管如此，项目经理将这个变更记录下来仍然很重要，可以避免任何潜在的问题。团队成员中应该有人在范围声明中更新服务器的参数。要记住，有很多变更请求会对项目产生重大影响。例如，客户改变了他们想要的硬件数量，作为项目的一部分，这将肯定会影响项目的范围和成本，而且这种变更也可能影响到项目的进度。项目团队应以书面形式提出这一重大变更，并通过正式的评审程序来分析和决定是否批准这一变更。

变更是不可避免的，并且在很多新媒体项目中肯定会存在，包括技术变更、人事变更、组织优先次序变更等。对于新媒体项目而言，严肃认真地进行变更控制是新媒体项目成功的关键因素。一个良好的变更控制系统对项目的成功起着关键作用。

4.6.1 新媒体项目的变更控制

从 20 世纪 50 年代开始到 80 年代，人们普遍认为项目管理就是项目团队努力在预算内按时完成计划的工作。这种观点的问题是，项目团队很少能达到原来的项目目标，尤其是包含新技术的项目。而利益相关者又很少预先在项目实际范围、最终产品性状上达成一致。在项目早期，时间和成本的估计很少做到精确。

从 20 世纪 90 年代开始，大部分项目经理和高层管理者认识到，项目管理就是一个对项目目标和利益相关者的期望不断进行沟通和谈判的过程。这种观点假定，变更发生在项目的整个生命周期，并且意识到对一些项目而言，变更往往是有利的。例如，如果一个项目团队成员发现一种新的硬件或软件技术，可以以较少的时间和资金来满足客户的需要，项目团队和利益相关者应该接受这种在项目中做出的变更。

所有的项目都将会遇到一些变更，如何应对这些变更是项目管理的一个关键问题，尤其对新媒体项目而言。许多新媒体项目会涉及硬件和软件的使用，而这些会经常更新。例如，在最初计划中，选定服务器的标准可能是当时最先进的，但在实施时同样的成本可以购买一个功能更强大的服务器。这个例子说明有些变化是具有积极意义的。另一方面，项目计划中指定的服务器制造商也可能会破产，这就产生了一种负面的变化。新媒体项目应习惯于面对这些变化，让项目计划和执行过程有一些弹性，新媒体项目的客户也应该能够接受以不同的方式去满足项目目标的完成。

即使项目经理、项目团队和客户都具有灵活性，建立一个正式的变更控制系统对项目而言仍然很重要。这个正式的变更控制系统对规划好变更管理十分重要。

4.6.2 变更控制系统

变更控制系统是一个正式的、文档式的过程，描述了正式的项目文件可能改变的时间和方式。它还说明了有权作出变更的人员、变更所需的文档工作和项目会用得到的自动或手动的跟踪系统。变更控制系统通常包含一个变更控制委员会（CCB）、配置管理和变更控制程序。

变更控制委员会是一个有权批准或拒绝项目变更的组织机构。变更控制委员会的主要职能是为提出变更请求、评估变更请求、管理那些经批准的变更请求的执行过程提供指导方针。一般应安排组织的关键利益相关者参与这个委员会，其他成员可根据每个项目特别的需求轮流担任。通过建立一个正式的委员会和变更管理流程可以更好地进行整体变更控制。

不过，变更控制委员会也可能存在一些弊端。其中之一就是在决定是否批准变更建议上所花费的时间。变更控制委员会每周或每月召开一次会议，并且可能在会议上还做不出什么决定。有一家公司创造了"48 小时决策"法，大型 IT 项目的任务负责人可以在他们的专业能力和授权范围内就主要的决定或变更达成一致。受这个变更或决策影响的领域的工作人员可以在 8 小时内向其上级申请批准。如果因为某种原因，认为项目团队的决定不能实施，接到报告的高管层可以在 48 小时内来更改决定，否则视同接受了项目团队的决定。"48 小时决策"法处理时间紧急的项目的变更非常有效。

配置管理是集成变更控制的另一个重要组成部分。配置管理确保了项目产品的描述是正确而且完备的。这项工作包括识别和控制产品和其支持性稳定在功能和物理上的设计特性。在项目团队中，配置管理专家往往会承担对大型项目进行配置管理。他们的工作包括：确定并记录项目产品的功能和物理设计特性；控制这些特性的变更；记录并报告变更；检查产品以验证是否符合要求等。读者可以访问配置管理协会网站（WWW.icmhq.com）以获得更多的相关信息。

变更控制中另一个关键因素是沟通。项目经理应该书面和口头的绩效报告来帮助识别和管理项目变更。例如，在软件开发项目中，很多程序员必须要编辑数据库中的一个主要文件，这需要程序员"查找"文件来进行编辑。如果两个程序员找出的是同一个文件，那就必须在将文件放回数据库中之前进行协调。除书面或正式的沟通方式外，口头的和非正式的沟通也很重要。有的项目经理会根据项目的进展每周或每天召集例会，大家都站着开会。这种站式会议的目的是迅速沟通项目中哪些是最重要的问题。

为什么良好的沟通是成功的关键？变更时最令人沮丧的是有些人没有得到协调，也不了解最新的项目信息。其次，整合所有的项目变更，使项目按计划运行是项目经理的责任。项目经理和其队员一定要创建一个系统，使每一位受变更影响的人都能够及时得到信息。电子邮件、实时数据库、手机和网络使很多项目的即时信息传播变得更加方便、快捷。我们将在以后的章节中详细学习有关良好沟通的知识。

进行集成变更控制的建议：

- 将项目管理看作不断沟通和谈判的过程；
- 为变更做好准备；
- 建立一个正式的变更控制系统，包括设立一个变更控制委员会（CCB）；
- 使用有效的配置管理；
- 制订一个对微小变更及时做出决定的流程；
- 利用书面和口头形式的绩效报告，帮助识别和管理变更；
- 利用项目管理软件和其他软件，帮助和管理变更；
- 聚焦于领导项目团队和达到项目总体的目标和期望。

综上所述，项目管理是一个不断进行沟通和谈判的过程。项目经理应为变更做出计划，并使用适当的工具和技术。制订一个对微小变更及时做出决定的程序，利用书面和口头形式的绩效报告帮助识别和管理变更，利用软件来协助做好计划、更新和控制项目。

项目经理应该将更多的细节工作下放给项目组的成员，而自己着重为项目提供整体的领导力。记住，项目经理必须着眼于全局，实施良好的项目集成管理，带领其团队和组织取得圆满成功。

4.7　新媒体项目收尾程序

新媒体项目集成管理的最后一步是项目收尾（或项目阶段收尾）。该阶段必须将所有活动收尾，并将已完成或取消的工作移交给适当的人员。

图 4-8 显示了项目收尾的输入、工具、技术以及输出。

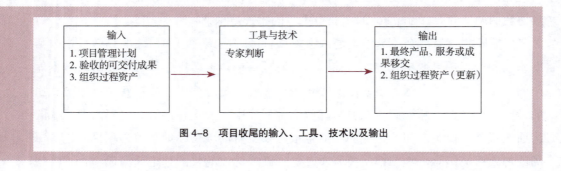

图 4-8　项目收尾的输入、工具、技术以及输出

4.8　使用软件协助进行新媒体项目集成管理

如本章自始至终强调的，项目团队可以使用各种软件来协助进行项目集成管理，如项目团队可以使用文字处理软件来创建文件，用演示软件来进行陈述，使用电子

表格、数据库或其他专门软件来跟踪信息，以及使用各种沟通软件来传递信息。

在开发和整合项目规划文件、实施项目管理和其他相关规划、监管项目活动、实施集成变更控制等方面，项目管理软件也是一种重要工具。小型项目团队可以使用低端或中端的项目管理软件产品，以便于与他们的工作相协调。但对于大型项目，组织可能会更多地从高端工具上获益，它给企业提供更强大的项目管理能力，并从各方面整合项目管理。在协调和沟通项目信息上，所有项目也都可以从使用各种项目管理信息系统上来获益。

另一类软件属于可以有助与将项目与企业战略相匹配的工具，在此称其为业务服务管理工具（BSM tools）。BSM 工具可以追踪业务流程的执行，有助于证明项目对经营成功的贡献。但是，将 BSM 工具成功运用于项目管理，并不是一件容易的事。正如大家所看到的，项目集成管理涉及了大量的工作。项目经理及其团队必须着眼于将项目的所有要素整合到一起来圆满完成项目。

案例新结局

"5·17"开通日，北京的 IPTV 业务如期开通试运营，在位于西单的电报大楼特意设置了由 55 个电视组成的超大电视墙进行开通业务的展示。

当日实际开通了 12 个频道，其中有由新华社、北京市团委、组织部等提供内容的 6 个政策性频道；北京某公司提供的简单生活频道、动漫／游戏频道在内的 6 个生活娱乐性频道。在 55 个电视组成的超大电视墙中，共有 10 个电视循环播出该公司提供的节目内容。由该公司制作的"宽频空间"的片花专门有一台电视反复循环播出。

开通日该公司提供的节目内容，无论节目时长还是节目数量和质量，都远远超过其他任何一家内容提供商。他们为"宽频空间"以及简单生活频道、动漫，游戏频道制作的片花更是得到了许多业内人士的好评，使得"宽频空间"的业务更加专业化、系统化。这标志着该项目顺利完成。

由于该公司较好地对项目进行了集成管理，使得该新媒体项目取得圆满成功。

本章小结

项目集成管理是最重要的项目管理知识领域，因为它将所有的项目管理领域联系在一起。项目经理应首先将重点放在项目的集成管理上。

在选择项目以前，执行战略规划过程对组织而言十分重要。很多组织用 SWOT 分析，即根据对组织的优势、劣势、机会和威胁分析，识别有潜力的项目。选择项目的技术一般包括聚焦于组织的广泛需求、项目分类、进行财务分析、创建加权打分模型，以及使用平衡记分卡方法。

项目集成管理包括以下过程：

（1）制定项目章程：涉及与利益相关者共同创建正式立项的文件。项目章程可以有不同的形式，但都应该包括一些基本的项目信息和关键的利益相关者的签署。

（2）编写初步的项目范围说明书：涉及进一步与利益相关者合作，尤其是与那些项目产品、服务或成果的用户合作来编写高层次的范围要求。一份好的初步项目范围说明书可以防止范围蔓延。

（3）编制项目管理规划：涉及协调各方面的规划工作，并创建一份一致的、连贯的文件——项目管理规划。项目规划的主要目的是为了便于实施。

（4）指导和管理项目执行：涉及实施项目规划中包含的各项活动。执行项目规划构成了项目预算的主体部分。

（5）为满足项目的绩效目标，需要做好项目监控工作：项目团队应持续监督项目的执行情况，以评估项目的整体状况。

（6）集成变更控制：指在项目生命周期中，识别、评估和管理变更。变更控制系统通常包含一个变更控制委员会（CCB）、配置管理和变更沟通程序。

（7）终止项目：涉及对所有的项目活动进行收尾。遵循良好的程序，以确保所有项目活动都已经完成，以及项目发起人接受了交付的项目的最终产品、服务或成果，这一点十分重要。

（8）有众多类型的软件产品可以协助做好项目集成管理。此外，还有几个工具可以协助进行项目选择，以确保项目与经营战略相匹配。

讨论题

1. 简述战略规划过程，包括 SWOT 分析。你认为在评估新媒体项目的实用性时，最常用的项目选择方法是什么？

2. 描述项目集成管理。项目集成管理是如何与项目生命周期、利益相关者及其他项目管理知识领域相联系的？

3. 讨论在新媒体项目中实施良好的集成变更控制的重要性。你怎么看待本章中给出的建议？为新媒体项目的集成变更控制再提出 3 个建议。

4. 总结项目集成管理所包含的 6 个流程各自的重点工作。

5. 通过自己的经验或搜索互联网，描述一个策划和执行得都很好的项目以及一个灾难性的项目，并说明这些项目有哪些主要的不同。

5 项目范围管理

知识要点

　　本章重点是项目范围的概念、新媒体项目范围控制方法、新媒体项目工作分解结构（WBS）以及项目范围变更控制等；难点是新媒体项目范围的不确定性、新媒体项目工作分解结构（WBS）、新媒体项目范围变更控制。其中项目范围的不确定性是目前新媒体项目管理研究的热点。

学习目标

　　（1）充分理解项目范围管理的概念，并明确新媒体项目范围管理的主要工作和意义。

　　（2）讨论新媒体项目需求收集和记录的方法，满足项目干系人的需求和期望。

　　（3）了解运用类比法、自上而下法、自下而上法、心智图法构建工作分解结构的过程。

　　（4）掌握工作分解技术，并学会运用工作分解技术做出新媒体项目工作分解结构（WBS）。

　　（5）掌握新媒体项目范围变更控制的方法和技术，并能进行个人所从事项目范围的管理（如小组设计的制作、一次班级旅游活动等）。

　　（6）理解软件在新媒体项目范围管理中的作用。

聚众传媒信息原本是一家电信增值服务系统集成公司，在新媒体业务开展如火如荼的时候，开始进军网络流媒体行业。该公司接到的第一个网络流媒体项目是腾龙公司与网络运营商合作的网络流媒体内容服务项目。该项目建设内容是在对方流媒体平台正式上线时，为对方提供 3 个频道节目的内容及运维服务。由于项目涉及内容策划、制作、推广、流媒体传输技术选型等多种领域，很多领域是聚众传媒信息公司原来没有接触过的，所以公司非常重视，特地抽调了经验丰富的比尼担任项目经理领导该项目的建设。

比尼在捕获到这个内容繁多的需求后，认为新媒体项目建设与传统信息化项目有很大的不同，有其自身的特殊性，若简单照搬传统信息化项目的方案和经验必定会遭到惨败。因此采用了严格的瀑布模型，并专门招聘了熟悉新媒体业务的技术人员设计解决方案。在项目交付时，虽然系统基本满足了客户业务上的要求，但客户对系统提出了较大的异议，认为不符合新媒体的界面风格，用户体验也不够良好，在客户进行资源文件导出时性能达不到要求，没有跟上新媒体技术发展的步伐，要求彻底更换。由于最初设计的缺陷，系统表现层和逻辑层紧密耦合，导致 70% 的返工。在该版本升级完善时，又出现了可全面提升用户体验的 HTML5、CSS3 等技术，最终重新构架才通过验收。由于系统的反复变更，项目组成员产生了强烈的挫折感，士气低落，项目工期也超出原计划的 100%。

5.1 难以界定的新媒体项目范围

对新媒体项目来说，项目的界定，或者说需求分析与项目的范围管理是一开始就必须深入理解的内容。传统项目一般相对稳定，范围比较具体，而新媒体项目动态性较强，有时组织自己对该类项目的认识不足，导致开始的需求描述与其实际需求往往相去甚远。

在开篇案例中，新媒体项目的范围难以界定直接影响到该项目的成功。在项目实践中，"需求蔓延"是项目失败最常见的原因之一。新媒体项目往往在项目启动、计划、执行，甚至收尾时不断加入新功能，无论是客户的要求还是项目实现人员对新技术、新思路的试验，都可能导致新媒体项目范围的失控，从而使得新媒体项目无论在时间、资源和质量上都受到严重影响。

通过对案例的了解我们发现，这是一个失败的新媒体项目。比尼在项目管理中既有闪光点，也有失败的地方。但项目管理中的任何差错都会影响项目的结果，而范围管理的失误对项目的影响更为明显。模糊的项目范围定义、错误的工作分解、缺失的范围确认和无力的范围控制都将严重影响项目的结果。

我们必须肯定，比尼对该项目范围管理有成功之处。在范围定义中，比尼发现了不同行业间具有不同的特点，新媒体内容服务行业对系统运行环境有着特殊的要求。新媒体的运营模式、展现模式和一般信息系统是完全不同的。比尼捕获到该需求，并对这个需求进行了清晰的定义，根据瀑布模型的要求，对设计和实现都进行了严格的控制，因此在系统交付时基本满足了用户对功能性的要求。在这一点上，比尼是成功的。如果在范围定义时忽略了行业标准，项目肯定会招致更大的失败。

另一方面，比尼缺乏对新媒体项目特征的了解，新媒体项目是典型的用户对象生产模式，界面的风格和操作的便捷性也属于系统范围的一部分。与系统运行环境一样，我们通常称这类需求为隐性需求，这类需求往往不是由用户直接提出，而且被行业特点决定的范围所约束。作为面对公众的开放式系统来讲，并不需要很强的个性化，但富有吸引力的界面风格可以体现新媒体的特征。考虑到全体民众层次差异较大，用户的操作忍耐度非常有限，操作的便捷性也是新媒体系统必须实现的功能之一。很明显，对于这些系统的隐性需求比尼没有充分考虑，从而导致一而再，再而三地变更。对于新媒体项目，所有的需求都必须经过清晰的定义，这些需求都是项目范围的一部分。事实上，比尼仅仅注意了其中的一部分，最终导致项目的失败。

对于这个案例，缺乏良好的设计也是很明显的缺陷。用户界面中耦合了大量的业务逻辑，这必然增加变更的代价，从而导致大部分工作重做。若在项目初期意识到界面变更的风险，随之采用良好的设计，将表现层和业务逻辑彻底分开，系统变更的代价就会小得多。

5.2　新媒体项目范围计划编制和范围说明书

5.2.1　什么是项目范围管理

回顾前面的知识可知，有多种因素影响着新媒体项目能否取得成功。其中用户参与度、清晰的业务目标、一个最小化的或清晰界定的基本需求，都是新媒体项目范围管理的基本要素。凯勒管理研究生院的项目主管威廉曾经做过论证，他认为缺乏适当的项目定义和项目范围是项目失败的主要原因。因此，项目管理中最重要也是最难的问题之一就是定义项目范围。

范围（scope）是指生产项目的产品所牵涉的工作和用来生产产品的过程。

可交付成果（deliverables）是指作为项目阶段或最终交付物。可交付成果可以是与新媒体产品相关的，如一套硬件或一个内容策划；也可以是与项目过程有关的，如一份规划文件或会议记录。项目的项目干系人不仅要在项目究竟要产生什么样的产品上达成共识，还要就如何生产这些产品以提交所有的可交付成果达成共识。

项目范围管理（project scope management）是指界定和控制项目中应包括什么和不包括什么的过程。这个过程确保了项目团队和项目干系人对项目的可交付成果以及生产这些可交付成果所进行的工作达成共识。项目范围管理包含5个主要阶段：

（1）需求收集（collecting requirements）是指定义并记录项目最终产品的特点和功能，以及创造这些产品的过程。需求收集阶段的输出是项目团队编制的项目干系人需求文档和需求跟踪矩阵。

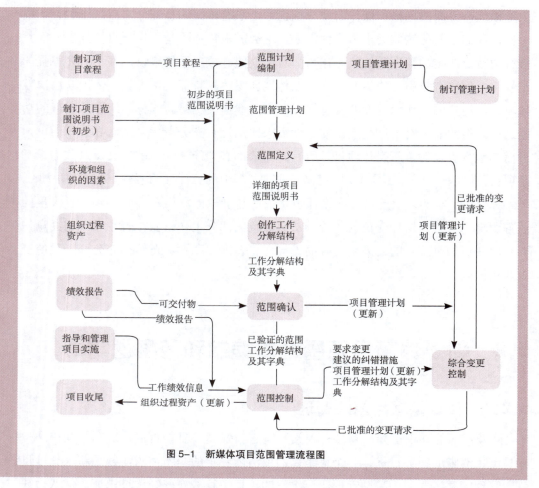

图 5-1　新媒体项目范围管理流程图

（2）范围定义（scope definition）是指评审项目章程、需求文档和组织过程资产来创建范围说明书，并且随着需求的扩展及变更请求得到批准，在规划过程中增加更多的信息。范围定义的主要输出有项目范围说明书以及项目文件的更新。

（3）创建工作分解结构（creating the WBS）就是将主要的项目可交付成果分解成更细小和更易管理的部分。它的主要输出包括工作分解结构（WBS）、WBS 词典、范围基线、项目变更请求，以及项目范围说明书和项目文件的更新。

（4）范围核实（scope verification）是指将项目可交付成果的认可正式化。关键的项目干系人，如项目的客户及项目发起人，在这一过程中进行审查，然后正式接受项目的可交付成果。如果不接受现有的可交付成果，客户或项目发起人通常会请求做些变更。因此，该阶段的主要输出包括被接受的可交付成果及变更请求。

（5）范围控制（scope control）是指对整个项目生命周期内范围的变化进行控制，这对于许多新媒体项目来说是很有挑战性的。范围变更经常影响团队实现项目的时间目标和成本目标。因此，项目经理必须仔细权衡范围变更的成本及收益。这一阶段的主要输出包括变更请求、建议的纠正措施、项目范围说明书、WBS 和 WBS

词典、范围基线、项目管理计划及组织过程资产的更新。

对于新媒体项目来说，范围管理中的需求收集、范围定义、创建工作分解结构是在项目管理过程组中的计划阶段要完成的工作；而在项目管理过程组的监控阶段就要实施范围管理的范围核实、范围控制等工作了。由于很多工作都涉及战略、反馈、评价、信息采集、供应、媒体产品制作、包装等环节，所以范围管理流程尤为重要，不然很容易造成范围蔓延。图 5-1 总结了项目管理的流程，并说明了在项目中各阶段可能发生的节点。

5.2.2　编制新媒体项目范围计划

新媒体项目范围的定义和管理过程将影响到整个项目是否成功。每个项目都必须慎重地权衡工具、数据来源、方法论、过程和程序以及一些其他因素，以确保在管理项目范围时所做的努力与项目的规模、复杂性和重要性相符。例如，关键项目需要做正式的、彻底的范围管理，而常规项目则可以相应地简化。项目管理团队要把这样的决策写入范围管理计划中。

范围计划是一个计划工具，用以描述该团队如何定义项目范围、如何制订详细的范围说明书、如何定义和编制工作分解结构，以及如何验证和控制范围。

项目管理团队在编制计划时，需要联系实际工作，考虑各种主要制约因素。例如，准备采取的行动是否可能违背组织的既定方针，某些活动之间是否存在必然的联系等，图 5-2 说明了新媒体项目范围计划编制的工具和方法。

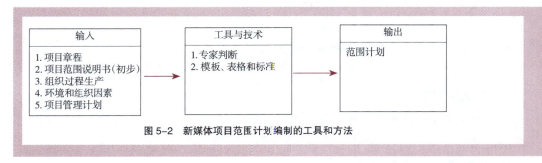
图 5-2　新媒体项目范围计划编制的工具和方法

5.2.3　新媒体项目需求收集

项目范围管理的第一步即需求收集，通常是最困难的。不能准确定义需求的主要后果是项目成本或时间的翻倍和难以结束项目。特别是对于新媒体建设项目，如果在接近收尾时才发现产品的缺陷并加以弥补，其成本比在需求收集阶段就发现并修正的成本要高很多。图 5-3 阐述了弥补项目需求缺陷的阶段对应成本。

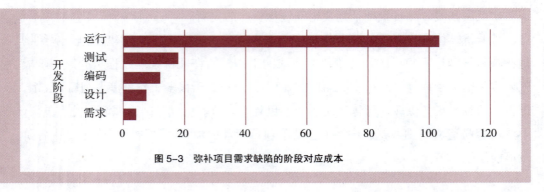

图 5-3 弥补项目需求缺陷的阶段对应成本

由于新媒体行业商业化和个体化的特点，媒体产品必然要求低成本和高效率，以适应非摩擦经济带来的个人化代替效率、个体化代替大规模生产、客户化代替客户支持、特定化代替规模销售的发展规律，这就要求新媒体项目是对象生产而不是传统的工艺生产。正是由于创新、多用户参与及难以预知的产品市场回馈特性，新媒体项目需求收集的一个难点在于，客户一开始往往对需求缺乏一致性的定义，包括具体需要做什么、如何收集需求、如何编制需求文件等，这就要求我们在新媒体项目需求阶段引入科学的方法，图 5-4 阐述了收集新媒体项目需求的工具和方法。

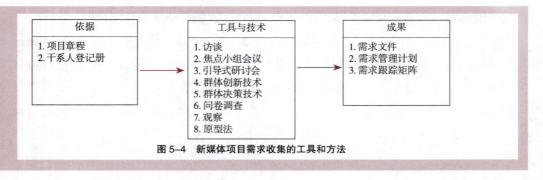

图 5-4 新媒体项目需求收集的工具和方法

1. 什么是需求

对于新媒体项目来说，我们首先可以借鉴 IEEE 软件工程标准词汇表中对软件需求的定义：

• 用户解决问题或达到目标所需的条件或能力。

• 系统或系统部件要满足合同、标准、规范或其他正式规定文档所需具备的条件或能力。

• 一种反映上面两点所描述的条件或能力的文档说明。

需求（requirement）是指根据合同、标准、规格或其他正式的强制性文件，某个系统、产品、服务、成果或部件必须达到的条件或具备的能力。针对新媒体项目而言，需求包括显性需求和隐性需求，其中显性需求有 4 个不同的层次：业务需求、用户需求、功能需求和非功能需求：

（1）业务需求（business requirement）反映了组织机构或客户对系统、产品高层次的目标要求，它们在项目视图与范围文档中予以说明。

（2）用户需求（user requirement）具体描述了用户使用产品必须要完成的任务，这在使用实例（use case）文档或方案脚本（scenario）说明中予以说明。

（3）功能需求（functional requirement）定义了产品开发人员必须实现的各项功能，使得用户能完成他们的任务，从而满足了业务需求。

新媒体项目中有很多的特性需求产生，所谓特性（feature）是指逻辑上相关的功能需求的集合，给用户提供处理能力并满足业务需求。

（4）非功能需求（non-functional requirements）是指依一些条件判断系统运作情形或其特性，而不是针对系统特定行为的需求，包括安全性、可靠性、互操作性、健壮性、易使用性、可维护性、可移植性、可重用性、可扩充性。

在新媒体项目，非功能需求所占比重比较大，它描述了新媒体系统展现给用户的行为和执行的操作等。那么，哪些是非功能需求呢？我们可以简单归纳为"URPS+"，即可用性（usability）、可靠性（reliability）、性能（performance）以及其他（+）。而这四部分我们可以进一步细化：

（1）可用性是一个非常宽泛的概念，它泛指那些能让用户顺利使用系统的指标，包括易用性（易操作、易理解）、准确性、安全性（权限体系、访问限制）、兼容性（服务器、客户端的兼容度）等。

（2）可靠性就是系统可以可靠运行，包括系统成熟度（数据吞吐量、并发用户量、连续不停机性能等）、数据容错度、系统易恢复性等。

（3）性能，很多项目专家认为它是需求分析阶段最主要的分析内容。新媒体用户对性能的要求没有止境，但现实却是残酷的。性能受到许多因素的影响，包括业务需求、软件设计、数据库设计、系统部署方式等。新媒体项目中，业务需求和部署方式，对性能的影响是最大的，我们必须在需求分析阶段就想清楚并做好计划。

例如在开篇案例中，平台客户提出了一个资源数据导出的功能，这看似非常普通的功能，但是经过仔细地分析我们发现，客户在执行数据导出前的查询时，如果选择时间跨度数年，查出的数据量可能达到数十万。要将数十万数据一次性地导入到一个文件中，这无论从运行效率、系统稳定性，还是技术可行性分析都是不可取的。正确的做法是与客户进行协商，规定一次性导出数据最大值，同时在设计上提供分页导出的功能，可以让他们选择导出从第几页到第几页的数据。这样，如果数据量大，客户可以经过多次将数据导出，数据导出的性能得以保证。

（4）隐性需求（implicit demand）是指用户目前没有被满足，或未能表达的属于潜意识下的一种需求，这种需求往往是生产者根据技术的发展，对市场变化的预测等提出的，这种需求是需要引导的。隐性需求有以下几个特点：

①不明显性。隐性需求不是直接显示出来的，而是隐藏在显性需求的背后，必须经过仔细分析和挖掘才能将其显示出来。

②延续性。在很多情况下，隐性需求是显性需求的延续，满足了用户的显性需求，其隐性需求就会提出。

③依赖与互补性。隐性需求不可能独立存在，它必须依赖于显性需求，离开了显性需求，隐性需求也就自然而然地消失了。

④转化性。这是指以用户的显性需求为基础，通过与用户交流，可以启发用户将隐性需求转化为新的显性需求。

由于新媒体项目的信息行为打破了空间、地域的限制，取消了终端客户与企业面对面交流的机会，而且其信息行为更加网络化、知识化、个性化、多元化，致使项目对客户的需求把握处于一种强不对称状态，再加上客户对自身的需求也有着模糊的认识或没有认识，形成了市场空间内巨大的隐性需求。因此，新媒体项目想要获得成功，必须深入发掘客户的隐性需求，并将其贯穿于整个项目过程之中，而同客户进行良好的沟通是激发客户隐性需求转化为显性需求的最佳方法。

2. 如何收集需求

由于新媒体项目的目标、范围模糊性，在收集用户需求的过程中应采用合作性的管理模式。项目团队成员、管理者与公司员工间的信息应该共享，这样可以减少争议与问题，增强合作。促使团队成员了解更多的信息，参与项目管理，推进每一项日常工作，可以采用访谈法进行需求收集。由于需求、流程、程序会在项目进程中发生改进，并且项目后期的更改成本更高，所以还可使用焦点小组会议、引导式研讨会、群体创新和决策技术法来收集需求。对于内容服务的客户群体，辅以问卷调查法和观察法也是一种行之有效的方法，前提是项目干系人能够提供真实而全面的信息。图 5-5 说明了进行访谈时的步骤和方法：

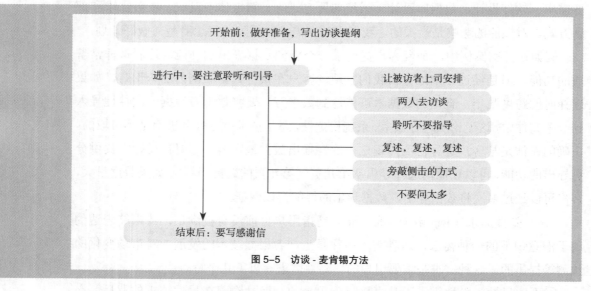

图 5-5 访谈 - 麦肯锡方法

在新媒体项目用户需求收集过程中，最好是有用户高级管理层的直接介入。由于新媒体项目对于企业组织的影响深远，往往会触及组织的结构划分；调整和消费者的连接、沟通和服务方式；改变同上下游合作伙伴的分工。另外，传统项目的开展由于较为具体，效果比较直观而容易得到组织内部相关部门的支持和配合，而新媒体项目则不然，由于该类项目对组织内部产生的诸多冲击，在开展过程中难以得到充分的理解，有时还会受到敌视。这也是一些研究总是强调组织实施新媒体战略，强调实施该类项目需要得到组织高层支持的原因。

3. 新媒体项目收集需求的技巧

顾问式销售：以专业的需求分析人员应对客户的需求盲点，引导客户显性需求及隐性需求。

客户关系管理：通过畅通友善的客户沟通机制，确保客户的需求确定参与度，并做好会商确认工作。虽然顾客和供应商是新媒体的受众，不受项目直接管理，但在管理过程中应注意协调好关系，因为他们的经验、需求和概念会随时影响项目的实施与管理。

4. 如何记录需求

正如收集需求的方法有很多种，记录需求的方法也不少。项目组最先阅读的应该是新媒体项目章程，因为它包含了项目的高层次需求或者其他需求的文件。另外，项目组还应该关注所有项目干系人的评论，以确保所有关键项目干系人在决定需求时都有所表述。

除了将项目干系人需求文件作为需求收集过程的输出外，项目组经常会创建需求管理计划和需求跟踪矩阵。需求管理计划（requirements management plan）是描述如何分析、记录和管理需求的计划。需求跟踪矩阵（requirements traceability matrix，RTM）是描述需求、需求源并对需求状态进行跟踪的表格。

以开篇案例中的网络流媒体内容服务项目为例，引入需求跟踪矩阵，如表5-1所示。需求跟踪矩阵可以包含很多变量。比如，用它记录软件需求时，将每个有关联的需求交叉引用（cross-references），并以具体测试来证明这些需求已被满足。需求跟踪矩阵的主要目的是通过对需求的分解、执行和验证来保持每个需求源的联系。

表 5-1　需求跟踪矩阵样本

需求序号	名　称	种　类	需求源	状　态
R22	购买节目版权	内容制作	项目章程和内容制作栏目说明书	已完成。根据需求订购了3个栏目的节目源版权

5.3　新媒体项目的范围定义

在作好需求记录后，新媒体项目范围管理的下一步是要进一步定义项目所需开展的工作。合理的范围定义对项目成功非常重要，因为项目定义有助于提高时间、成本及资源估计的精确度，定义绩效测量及项目控制的基线，帮助理清和明确工作职责。

范围定义是指将项目主要的可交付成果细分成较小的、更易管理的分组。在范围定义中，使用的主要工具及技术包括专家判断分析、可供选择的工作方法识别和引导式研讨会等。

新媒体项目范围定义最重要的任务就是详细定义项目范围边界，并且输出项目范围说明书和项目文件更新，表5-2说明了范围定义输入和输出的关系。

表 5-2　项目范围定义的输入和输出

输　　入	工具与技术	输　　出
组织过程资产 项目章程 范围说明书（初步） 项目管理计划 批准的变更申请	产品分析 备选方案识别 专家判断 项目干系人分析	范围管理说明书（详细） 变更申请 项目管理计划（更新）

项目范围说明书的关键输入包括：项目章程、需求文件、组织过程资产（如政策、范围说明书的相关程序）、项目文件以及以前做过的类似项目的经验教训。表5-3描述了开篇案例中网络流媒体内容服务项目的项目章程。注意项目章程中的信息是如何为进一步定义项目范围做铺垫的。项目章程描述了为实现项目整体目标的范围、时间和成本目标、项目成功标准、完成项目目标的大致方式以及关键项目干系人的角色和责任。

表 5-3　网络流媒体内容服务项目章程

项目主题：网络流媒体内容服务项目
项目开始日期：3月10日，项目结束日期：5月16日
关键进度里程碑： *3月28日完成腾龙公司项目答辩 *4月1日—4月10日确定合作方案，完成合同签订 *4月30日提交节目内容 *5月17日业务开通试运行
预算信息：设备购买50万元，人工预算10万元，购买版权及片源23万元，其他费用25万元
项目经理：比尼　联系电话：12345678　邮箱：bini@1233344.com
项目目标：在2014年5月17日腾龙公司流媒体平台业务的开放日，为业务提供三个频道的节目内容及相关服务。提交的相关服务包括界面设计、传输及压缩技术、策划、内容制作、内容推广。
方式： * 提供样片、栏目规划技术方案以及确认用户需求 * 进行详细的项目费用估算，并报告给CIO * 发出报价请求，以获取设备及其他资源 * 尽量使用内部员工进行计划、分析及制作

角色及责任		
姓名	角色	责任
凯尼	CEO	项目发起人，监管项目
马克	CIO	监管项目，提供员工
比尼	项目经理	计划并执行项目
百越	信息技术运作负责人	公司的顾问
刘猛	人力资源副总裁	提供员工，向所有员工发布有关项目的备忘录
李梦	采购负责人	协助购买设备及版权

签名：（以上所有利益相关者的签名）

评论：（尽可能请以上利益相关者作出评论，手写或打印均可。）
CIO："这个项目最迟必须在规定的时间内完成。"
信息技术部，jeff Johnson 和 KIM Nguyen，"我们指望有足够的员工并且他们会尽力支持这个项目。为防止工作被打乱，一些工作必须加快完成，因此需要加班加点工作。"

尽管新媒体项目内容各异，但是项目范围说明书至少应该包括：产品范围描述、产品可接受标准、所有可交付成果的详细信息。它还有助于将其他与项目范围相关的信息文档化，如项目界限、项目的限制条件和假设条件。项目范围说明书也应参考一些支持性文件，如产品的具体说明，它会影响到生产或购买什么样的产品，以及经营政策，它可能影响到如何提供产品或服务。许多新媒体项目也需要平台的功能和设计说明，这些都应该在范围说明书中详细阐述。

随着时间的推移，一个项目的范围应该变得更加清晰和具体。例如在表 5-3 中所示的网络流媒体内容服务项目，其项目章程中包括了关于提供内容服务的简短说明。而表 5-4 举例说明了在项目范围说明书的版本 1 和版本 2 中，范围是如何逐步细化的。

表 5-4　进一步定义项目范围

项目章程： 内容制作……（详见项目目标）
项目范围说明书（版本 1）： 内容制作：动漫、游戏频道中的游戏内容，采用购买引进成熟产品，汉化、开发由日本引进的一款棋牌对战类网络游戏。这个计划已经报批 CIO，报批文件附件详细说明了规划方案，包括成本预算。
项目范围说明书（版本 2）； 内容制作：由于目前网络游戏带给青少年的负面影响问题，国家相关部门准备加强对网络游戏的监管，限制其发行和推广。为此，我们必须对原来所有动漫、游戏的策划方案进行修改。经过与腾龙公司沟通，项目组的主要负责人开会研究决定，动漫、游戏频道中暂时不播出与网络游戏相关的节目，前期以播放动画片或与动画相关的节目为主。

从表 5-4 中可见，项目范围说明书通常是指一些相关的文件，如产品规格说明、产品手册或者其他计划。随着与项目范围相关的信息的增加，例如将要购买的具体产品或已批准的变更，项目团队应当不断更新项目范围说明书，可以把范围说明书的不同版本命名为版本 1、版本 2 等。其他项目文件可能也需要随之变更。例如，

如果项目必须从以前从未合作过的供应商那里购买项目所需的产品，那么范围管理计划应该包含与新供应商合作的信息。

拥有一份最新的项目范围说明书对于建立和确认项目范围的一般共识是非常重要的。它具体描述了项目要完成的工作，并且如本章后面所述的，它还是确保顾客满意及预防范围蔓延的一个重要工具。

媒体快照

很多人喜欢看《交换空间》之类的电视节目，其中参与者可用两天时间及10 000元人民币来更新邻居家屋子的一个房间。时间及成本已经设定，那么只有范围有最大的灵活性。节目中，设计者经常会因预算或时间限制不得不变更初期的范围目标。例如，设计者经常返回当地的商店，把照明设施、艺术品或纺织品更换成一些更便宜的物品，来满足预算要求，或者他们可能描述一下新的家具，希望木工能给他们制作甚至自己动手，但是往往为满足时间限制，木工又变更了设计或材料。

关于项目范围管理的另一件重要事情就是满足顾客期望。《交换空间》项目没有项目管理，设计者与户主不会进行密切的合作，户主对这类装修工作几乎没有发言权，并且自始至终不能插手。当户主对已完成的设计不满意时又会怎样？每个申请人参加这个节目的时候，都要签署一份责任免除承诺书，即无论装修的效果如何，申请人都要接受。可惜的是，对于绝大多数的项目，你不可能让项目发起人签署类似的责任免除条款。要是可以的话，那项目范围管理就简单多了。

定义新媒体项目范围的目的，就是把项目的逻辑范围清楚地描述出来并获得认可。范围陈述被用来定义哪些工作是包括在该项目内，哪些工作是在该项目范围之外。如果把项目范围定义得越清楚，我们的项目目标就会越明确。下面的信息整理会有所帮助：

（1）范围内和范围外的数据来源或数据库（账单、总账、薪水明细等）

（2）范围内和范围外的生命周期流程（分析、设计、测试）

（3）范围内和范围外的数据类型（财务、销售、雇员情况等）

（4）范围内和范围外的交付使用类型（商业需求、目前状况评估）

（5）范围内和范围外的组织（人力资源、制造商、供货商等）

（6）范围内和范围外的主要功能（决策支持、数据输入、管理报告）

5.4 新媒体项目工作分解结构

5.4.1 创建新媒体项目工作分解结构

完成范围计划及定义过程之后，新媒体项目范围管理的下一步就是创建工作分解结构，工作分解结构（work breakdown structure，WBS）以可交付成果为中心，将项目中所涉及的工作进行分解，定义出项目的整体范围。

因为新媒体项目涉及很多人，以及很多不同的可交付成果，所以根据工作开展的方式，组织好工作并将其合理地进行分解是非常重要的。WBS 在项目管理中是一个功能性的文件，因为它为计划并管理项目的时间进度、成本、资源及变更提供了基础。WBS 定义了项目的全部范围，由此一些项目管理专家认为，不包括在 WBS 中的工作就不应该去做。所以，创建一个良好的 WBS 是至关重要的。

工作分解结构（WBS）是面向可付物的项目元素的层次分解，详细描述了项目所要完成的工作。WBS 的最低层次元素是能够被评估、安排进度和被跟踪的。它是组织管理工作的主要依据，表 5-5 表述了创建 WBS 时的输入和输出情况。

表 5-5　WBS 输入输出情况

输　入	工具与技术	输　出
组织过程资产 范围说明书 项目范围管理计划 批准的变更申请	WBS 模板 分解技术	范围管理说明书（更新） W BS WBS 词典 范围基线 范围管理计划（更新） 变更申请

常用的工作分解结构表示形式有两种：分级的树形结构，类似于组织结构图；表格形式，类似于分级的图书目录。图 5-6 是开篇案例中的网络流媒体内容服务项目分解图例，是按照可交付成果绘制的树形分解结构图，WBS 上有主要的模块或分组，包括界面设计、内容制作、业务等。

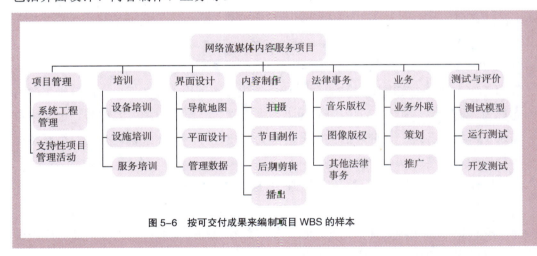

图 5-6　按可交付成果来编制项目 WBS 的样本

与之相对应，同样的网络流媒体内容服务项目的 WBS 也可以围绕项目阶段来组织编制，如图 5-7 所示。项目阶段中的概念、内容设计、内容制作、内容推出及服务支持阶段为组织结构设计提供了基础。

注意图 5-7 中的层级，工作分解结构中的最高层级即层级一，注明了项目名称。下一层级称为层级二，是层级一的主要分支，包含了工作的主要分组。层级的序号是根据项目管理协会（PMI）的《工作分解结构实践标准》编制的。这些分支都可以分解为若干子分支，以体现工作的等级。PMI 用"任务"来表示 WBS 中每一个层

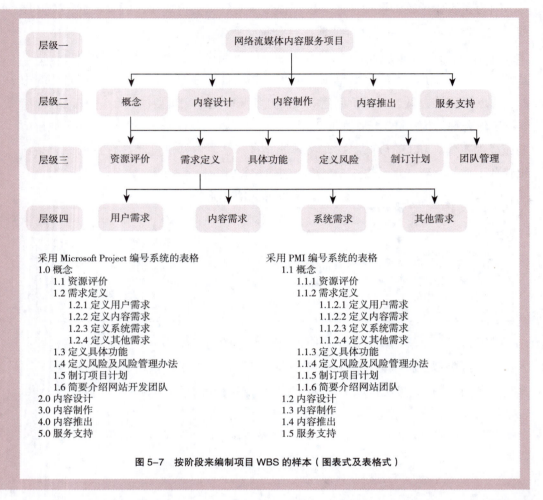

图 5-7   按阶段来编制项目 WBS 的样本（图表式及表格式）

级的工作。例如，在图 5-7 中，以下层级的内容都可用"任务"命名：层级二的内容称为"概念"，层次三的内容称为"需求定义"，层级四的内容称为"定义用户需求"。将任务进一步分解后的部分，称为简要任务，具体来说，开发一个新媒体项目的 WBS 需遵循以下步骤：

步骤 1：识别项目目标。（这将支持步骤 2 和步骤 3）

步骤 2：通过明确的识别，主要输出是产品、服务或是结果来确定项目的类型。

步骤 3A：如果项目的输出是产品，第二级将包括产品名称、次要产品名称和横向关联元素。确保所有的项目输出都与第二级元素有关。（接第 4 步）

步骤 3B：如果项目的输出是服务，第二级将包括不同类型工作的顶级分组以及项目管理元素。识别尽可能多的活动，并将它们按与工作领域相关的逻辑关系进行分类。（自下而上的综合）（接第 5 步）

步骤 3C：如果项目的输出是结果，第二级将包括为实现结果所采取的必要、公认的主要步骤以及项目管理元素。（接第 6 步）

步骤 4：对于产品的 WBS，将产品元素分解为产品的逻辑物理结构。把横向关联元素分解为支持工作。（接第 7 步）

步骤 5：对于服务型 WBS，把第二级 WBS 元素分解为逻辑职能工作领域。（接第 7 步）

步骤 6：对于结果型 WBS，把第二级 WBS 元素分解为要达到元素的目标或输出所采取的特定的标准过程。（接第 7 步）

步骤 7：审查每一级工作元素，以保证确认了全部的工作；加上必要的元素。在产品型 WBS 中，确保加上了必要的集成元素。

步骤 8：继续将元素分解到工作包级。进一步分解可能会违背上述原理，当下一级可能是活动或未知时停止分解，直到完成进一步的分析或计划。

步骤 9：与项目干系人一起审查 WBS，并进行必要的调整，以确保覆盖项目的所有工作。

在图 5-7 中，同样展示了采用表格形式的 WBS 方法，表格中的最低层为层级四。工作包（work package）即为 WBS 最低层的一项任务。图 5-7 中任务 1.2.1，1.2.2，1.2.3 和 1.2.4（基于左侧的编号系统）都是工作包。其他任务很可能将被进一步分解。但是，WBS 的层级二或层级三的一些任务可以保留，其他的可能要分解为层级五或层级六，这要根据工作的复杂程度而定。工作包也代表了项目经理用来监控项目的工作层级。通常也可以把工作包理解为问责制和汇报的实施单元。

这里展示的 WBS 样本看起来比较容易制作，也容易理解。然而，真正创建一个好的 WBS 是很困难的。为制作良好的 WBS，你必须了解项目及其范围，并将项目干系人的需求及支持包括进去予以综合考虑。项目经理及项目团队必须决定，作为一个小组如何组织工作，以及 WBS 中应包括多少层级。项目经理开展工作的重点是将 WBS 最高层次工作做好，而不是陷入更多的细节之中。

在项目过程中，让项目团队及客户参与创建并商讨 WBS 是非常重要的。召开团队会议来创建 WBS 会使每个人都能认识到，要完成整个项目必须要做什么工作，以及如何去做。这也有助于认清在不同的工作包之间有哪些地方需要做好协调工作。由于新媒体项目的多任务特点，一般要涉及大量的资源，涉及许多公司、供应商、承包人等，有时还会有政府部门的高技术设施或资金投入，综合信息和信息沟通的数量往往相当大。因此项目开始时设想的项目环境会随着项目的进展而发生很大的变化，即我们已经多次提到的项目早期阶段的不确定性，这就要求所有的有关组织要有一个共同的信息基础，一种有关组织或用户从项目一开始到最后完成都能用来沟通信息的工具。这些组织包括：业主、供应商、承包人、项目管理人员、设计人员以及政府有关部门，等等。而一个设计合当的工作分解结构将能够使得这些组织或用户有一个较精确的信息沟通连接器，成为一种相互交流的共同基础。利用工作分解结构作为基础来编制预算、进度和描述项目的其他方面，能够使所有的与项目有关的人员或组织都明了为完成项目所需要做的各项工作以及项目的进展情况等。表 5-6 展示了一个项目团队用来评估 WBS 充分性的审查表。

表 5-6　WBS 审查表

> ＊项目小组和其他项目干系人参加 WBS 的开发了吗？有专家参与吗？
> ＊WBS 能反映组织是怎样工作的吗？
> ＊每一个元素的描述都能清楚地表明什么工作将要做吗？
> ＊所有的最终产品或交付都能在 WBS 中被明确识别吗？
> ＊在第二级中所有项目管理元素吗？
> ＊在第二级所有元素代表的工作总和是项目的全部工作吗？
> ＊每一个父级元素下的所有子级元素所代表的工作总和是父级的全＊部工作吗？
> ＊有没有在需要代表"组装"类型的工作的地方加上综合元素呢？
> ＊工作包的大小看上去合理吗
> ＊WBS 元素编码与其他组织编码相关吗？
> ＊有任何父级元素代表组织的吗？如果有，要考虑重新分解那部分 WBS
> ＊如果存在外包或分包，是不是一个具体组织的所有承包的工作都在一个单独的、离散的元素下呢？
> ＊每一个元素的名字是不是都能被理解呢？或者是不是需要一个 WBS 词典呢？

实践经验表明，在进行 WBS 时，最多使用 20 个层次。对于一些较小的项目 4~6 层一般就足够了。WBS 中的支路没有必要全都分解到同一层次，即不必把结构强制作成对称的。在任意支路，当达到一个层次时，可以做出准确性的估算，就可以停止了。鉴于新媒体项目的复杂性，在实施对新媒体项目的管理时，可将一个项目分解成一个大前提下的许多相关小项目来操作，并在实施中通盘考虑。注意在多个项目间共享资源，并在资源的使用中注意优先级，这样会达到事半功倍的效果。

5.4.2　制作工作分解结构（WBS）的方法

WBS 的分解可以采用多种分类方式进行，包括：

①按产品的物理结构分解；

②按产品或项目的功能分解；

③按照实施过程分解；

④按照项目的地域分布分解；

⑤按照项目的各个目标分解；

⑥按部门分解；

⑦按职能分解。

可以使用以下几种方法来制作工作分解结构。

1. 使用指南

鉴于新媒体项目的创新性和复杂性，为了更有效地为特定的项目开发 WBS，项目经理及其团队应重视自己项目的适当信息。例如，在"开篇案例"中，在为制作 WBS 召开团队会议之前及其期间，项目经理及团队成员应该仔细考虑公司的 WBS 创建指南、模板及其新媒体项目的相关特征信息。

2. 类比估算法

构建 WBS 的另一个方法是类比法。类比估算法（analogous estimates），又称自顶向下估算法（top down estimates）。这种方法的操作步骤是：首先，项目的上层管理人员收集以往类似项目的有关历史资料，依据自己的经验和判断，估算当前项目的总成本和各分项目的成本；然后，将估算结果传递给下一层管理人员，并责成他们对组成项目和子项目的任务和子任务的成本进行估算，并继续向下传送其结果，直到项目组的最基层人员。

类比估算法是最简单的成本估算技术，实质上是一种专家判断法。类比估算，顾名思义就是通过同以往类似项目相类比得出估算，为了使这种方法更为可靠和实用，进行类比的以往项目不仅在形式上要和新项目相似，而且在实质上也要非常趋同。这种方法简单易行，花费较少，尤其当项目的资料难以取得时，此方法是估算项目总成本的一种行之有效的方法。用这种方法进行整体估算时比较准确，可以避免过分重视一些任务而忽视另外一些任务。缺点是可能出现下层人员认为分到的估算不足以完成任务，却不进行沟通，导致错误的出现。

在类比估算法中，会使用一个类似项目的 WBS 作为起点。如在"开篇案例"中，比尼可能会获悉，其公司的一个合作伙伴去年做过一个类似的新媒体项目，因此他可以询问一下他们，看看是否可以共享这一项目的 WBS，这样就为自己的项目提供了一个模板。

3. 自上而下法和自下而上法

大多数项目经理认为，自上而下构建 WBS 的方法是较为常用的。在使用自上而下法（top-down approach）时，要从项目最大的条目开始，并将它们分解为低层次的条目。这一过程要将工作精炼为更加具体的层级。例如，图 5-7 展示了网络流媒体内容服务中内联网项目的部分工作是如何被分解到层级四的。在此过程完成之后，所有的资源将被分配到工作包层级。自上而下法对于有技术洞察力及视野广阔的项目经理是最适用的。

在自下而上法（bottom-up approach）中，项目团队成员首先尽可能多地辨清与项目有关的具体任务，然后聚集这些具体任务并将其汇总成总体性的活动或 WBS 中更高的层级活动。例如，如果一个小组负责宴会项目的 WBS，那他们不是先寻找如何制作 WBS 的指南依据，也不是先查阅类似项目的 WBS，而是一开始就列举他们认为完成此宴会需要执行的具体任务。在列举出具体任务后，他们会将任务归类，然后将这些类别再组成更高层级的类别，如图 5-8 所示。

图 5-8 中，WBS 包含第一级和第二级的工作元素以及第三级的活动。注意，食品和饮料可以在第三级中分开，分开后每一项下面的活动应该在第四级。类似的，房间分类可以分在与清洁和宴会环境相关的工作区域。在每一个 WBS 元素下列出的活动都不存在逻辑顺序。

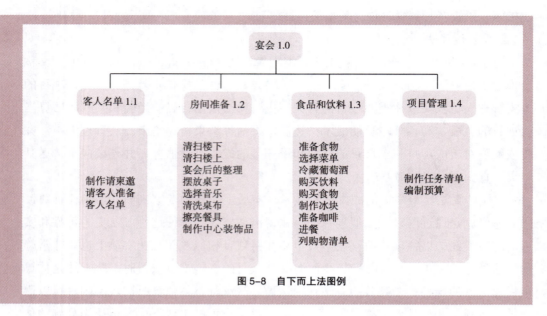

图 5-8　自下而上法图例

4. 心智图法

心智图法（mind mapping）是一种结构分解的技术，通过核心理念发散出结构化思想和想法。心智图法不是将任务列成清单或立即试图构建任务结构，而是让人们写下甚至用非线条方式画出心智图。它是一种更加可视化、结构限制少、先定义后再组织任务的方法，可以发挥个人的创造力并提高团队的参与度和士气。

图 5-9 显示了使用心智图法制作开篇案例中流媒体内容服务项目的 WBS。

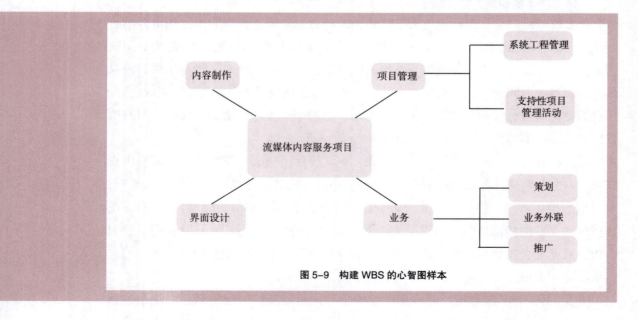

图 5-9　构建 WBS 的心智图样本

5.4.3　WBS 词典及范围基线

正如我们从 WBS 的样本中所看到的，里面列出的许多条目是相当含糊的。例如，

"定义用户需求"确切地说是什么意思？负责此任务的人可能认为这样就可以了，无须再往下分解。然而，对此任务还必须更详尽地予以描述，以便每个人都能对其所包含的内容有相同的理解。如果其他人实施此任务，你要告诉他做什么，完成此任务要花费多少时间，需要更详尽的信息来回答这些问题，这些问题的解答需要借助 WBS 词典。

问题的解答

WBS 词典（WBS dictionary）是用来定义和描述每一个 WBS 元素中将要执行的工作的文档。它提供的信息不必很长，但应该充分地描述所做的工作。许多组织都发现，使用一个表格来集中 WBS 词典的信息是十分有用的。表 5-7 就是这样一个典型的表格，说明了开篇案例中定义用户需求的工作。

表 5-7 WBS 词典格式

WBS 词典表格	
项目名称：网络流媒体内容服务	日期：2014 年 03 月 08 日
WBS 号码：1.2.1	
父级 WBS 号码：1.2	
责任人 / 组织：李工	
工作描述：1. 用户界面设计　2. 用户需求评审　3. 需求修改、修改用户界面 4. 需求规格说明书 5. 编写需求获取方法 6. 编写需求跟踪矩阵	
制定人：比尼　　　　批准人：尼克	日期：2014 年 03 月 08 日
职务：项目经理　　　职务：CEO	

表格中的数据都是词典必须包含的内容。然而在一些项目的实际应用中会收集到更多的数据，诸如预算数据、计划数据、交付数据、挣值管理数据，都可能是特定的 WBS 元素中的一部分。

用来描述每个元素工作的 WBS 词典能够方便地转变为对项目或子项目的综合性工作陈述，词典的作者可以确信 WBS 词典涉及所有要执行的工作。核准的项目范围说明书及其相关的 WBS 和 WBS 词典构成了范围基线。

5.4.4　构建 WBS 及 WBS 词典的建议

如前所述，构建一个好的 WBS 并不是一个简单的任务，一般要遵循几项要求。通常最好是将几种方法结合起来构建项目的 WBS。这里有一些基本原则适用于构建任何良好的 WBS 及 WBS 词典：

- 将主体目标逐步细化分解，最底层的日常活动可直接分派到个人去完成；
- 每个任务原则上要求分解到不能再细分为止；
- 日常活动要对应到人、时间和资金投入；

- 在根据范围说明书进行项目工作内容控制时，WBS 必须是一个能灵活变通的工具，以应对一些不可避免的变更；
- 分解后的活动结构清晰，从树根到树叶，一目了然，尽量避免盘根错节；
- 逻辑上形成一个大的活动，集成了所有的关键因素包含临时的旦程碑和监控点，所有活动全部定义清楚，要细化到人、时间和资金投入；
- WBS 中某项任务的内容是其下所有 WBS 项的总和；
- 一个 WBS 项只能由一个人负责；
- WBS 必须与实际工作中的执行方式一致，某项任务应该在 WBS 中的一个地方且只应该在 WBS 中的一个地方出现。

5.5　新媒体项目范围的核实

新媒体项目团队一开始就知道，范围非常不明确，并且他们必须与项目客户密切合作，共同设计并产出各种可交付成果。在这种情况下，项目团队必须设立详细的步骤确保客户得其所需，保证项目团队有足够的时间和资金来产出所需的产品和服务。

对于新媒体项目而言，项目目标与范围一开始就必须界定清楚。范围可能会随着工作进展而发生变化，但是范围一定要和目标保持一致。

错在哪里

聚众传媒公司和 M 公司签订了一份新的合同，合同的主要内容是对以前为 M 公司开发的新媒体信息系统进行升级。升级后的系统可以满足 M 公司新的业务流程和范围。由于是现有系统的升级，项目经理比尼特意请来了原系统的需求调研人员李工担任该项目的需求调研负责人。在李工的帮助下，很快地完成了需求开发的工作并进入设计与编码阶段。由于 M 公司的业务非常繁忙，M 公司的业务代表没有足够的时间投入到项目中，确认需求的工作一拖再拖。比尼认为，双方已经建立了密切的合作关系，李工也参加了原系统的需求调研，对业务的系统比较熟悉，因此定义的需求是清晰的。故比尼并没有催促业务代表在需求说明书上签字。

进入编码阶段后，李工因故移民加拿大，需要离开项目组。比尼考虑到系统需求已经定义，项目已经进入编码阶段，李工的离职虽然会对项目造成一定的影响，但影响较小，因此很快办理好了李工的离职手续。

在系统交付的时候，M 公司的业务代表认为提出的需求很多没有实现，实现的需求也有很多不能满足业务的要求，必须全部实现这些需求后才能验收。此时李工已经不在项目组，没有人能够清晰地解释需求说明书。最终系统需求发生重大变更，项目延期超过 50%，M 公司的业务代表也对系统的延期表示了强烈的不满。

范围核实（scope verification）是由项目干系人对已界定的项目范围进行的

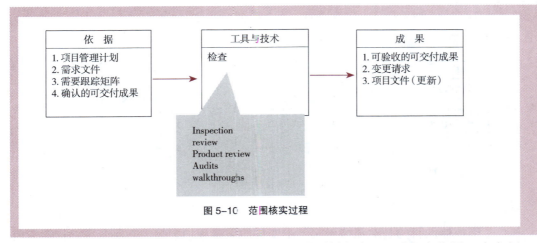

图 5-10　范围核实过程

正式确认。这一确认通常由客户检查完成，然后由关键项目干系人来收尾。本案例错在没有清楚地描述范围核实的问题。为获得项目范围的正式验收，项目团队必须建立项目产品和程序的清晰文档，以评价项目团队在产出产品和遵守程序上是否正确及令人满意。由项目团队及用户共同组成的配置管理专家会确认并将项目产品的功能特性和物理特性存档，记录并报告出现的变更，审核产品并证明其是否与需求一致。要将范围变更可控化，做好配置管理及项目范围核实工作非常关键，图 5-10 描述了范围核实的过程：

项目范围说明书、WBS、WBS 词典、项目范围管理计划及可交付成果是范围验证工作的主要输入。开展范围验证的主要方法是检查，工作结束后由客户、项目发起人或用户进行检查。范围核实的主要输出是验收的可交付成果、变更请求、项目文件更新等。

5.6　严格控制新媒体项目范围

当今新媒体项目正处于一种激烈的竞争环境中，快速演变升级的基本技术、持续竞争和新的工具改变了以前项目运行所必须遵循的逻辑顺序，新媒体项目不再只是一个按部就班的软件生产过程，而是必须以快速应变和充满创造力的开发过程应对市场压力。

一旦一个新媒体项目开始进行，你就到了必须要使用范围变更管理的时候，因为客户会不断要求你完成超出原来范围的工作，或者和原来范围不同的工作。如果你不善于利用这一技巧，你就会因为要完成比原先的工作多上好几倍预算的工作量而疲于奔命，换句话说，你将面临很大的麻烦，这也是导致项目可能失败的主要原因。

范围控制（scope control）是指控制项目范围的变更。用户通常不明确他们想要的系统界面是什么样子，或者他们实际上需要什么功能来改善经营业绩。开发商不能明确是否准确理解了用户需求，而且他们还要面对不断变化的技术及市场环境，图 5-11 说明了项目范围控制过程。

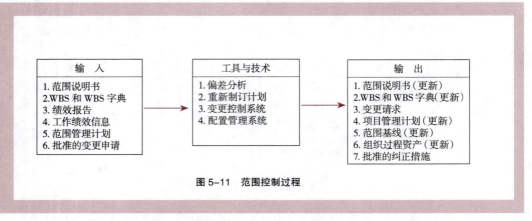

图 5-11　范围控制过程

范围控制的目的是对那些引起范围变化的因素施加影响，确保变更能依据变更控制建立的程序有序进行。如果事先没有做好范围定义和验证工作，就不可能做好范围控制工作。

你需要为探寻并预测项目范围的变更设立一个流程。你应该激励项目干系人针对有益于整个项目的变更提出建议，但不必采纳那些项目不需要的变更建议。

范围控制的主要输入有：项目范围管理计划、工作绩效信息、需求文件、需求跟踪矩阵和组织过程资产。范围控制的主要方法是实施偏差分析。偏差（variance）是指计划与实际绩效的差异。例如，卖方本该提供 10 件衣服，而你只收到了 4 件，那么偏差是 6 件。范围控制的输出包括工作绩效测量结果、组织过程资产更新、变更请求、项目管理计划更新以及项目文件更新。

在新媒体项目中，用户参与、清晰的业务目标、最小化的或清晰定义的范围，以及公司的基本需求是项目成功的关键因素。因此，为避免项目失败，对新媒体项目经理及其团队来说，至关重要的是要共同致力于提高用户投入程度，尽量减少不完整且不断变化的需求及说明书。

从"错在哪里"的案例中可知，该项目实施过程中的主要问题包括：

（1）在范围定义中，比尼没有对李工定义的需求进行评审，造成需求中的质量缺陷没有被及时发现。

（2）在范围确认中，比尼没有主动地要求用户对需求进行确认。

（3）在范围控制中，比尼无法进行有效的范围控制，最终造成了重大的需求变更。

对于本案例，项目经理需要对需求定义的结果进行质量控制，采取评审等方式减少需求中的问题。对已经定义的需求需要与用户进行确认，保证双方理解的一致。在发生需求变更时，也应该采取灵活的手段，在满足用户需求的前提下，尽量减少需求变更的范围。

5.6.1　提高用户投入的建议

新媒体项目中，时常发生由于缺少用户的投入，从而导致范围蔓延及控制的变更。

下面是对提高用户投入的一些建议。

（1）为新媒体项目设立良好的选择过程。要确保所有项目都有来自用户组织的发起人。要确保项目信息，包括项目章程、项目管理计划、项目范围说明书、WBS及WBS词典，在组织中很容易获得。获得基本的项目信息可以帮助避免重复劳动，并保证最重要的项目正是人们在做的项目。

（2）项目团队中有用户参与。一些来自产品部门，一些来自主要的经营部门。对于大的新媒体项目，用户应全职参与项目团队；对于小的新媒体项目，用户可兼职参与项目团队。

（3）在既定日程举行定期会议。很多新媒体项目失败是因为项目团队成员没有与用户定期进行相互沟通，因此常规性会议显然是非常必要的。为促进相互沟通，用户应该在会议上提交的关键可交付成果上签字。

（4）定期向项目的用户和项目发起人交付一些成果。

（5）用户和开发商共处一处办公室，空间距离接近时，人们通常更容易了解对方。

5.6.2 控制不完整的和不断变化的需求

对新媒体项目来说，会发生某些需求变更，但不能出现太多的需求变更，特别是在项目生命周期末期实施变更更为困难。以下建议有助于项目经理进行控制：

（1）设立并遵循一个需求管理过程，这一过程包括确定初步需求的程序。

（2）利用某些技术工具，如原型制作、用况模型创建法及合作应用技术程序设计来全面了解用户需求。原型制作（prototyping）是指设计一个系统或系统某些方面的工作模型。这些工作模型可能是一次性的或者是可交付系统附属的部分。原型制作是为了获得对用户需求的认识，确定需求的可行性及解决用户界面不确定性而使用的一个有效工具。用况模型创建法（use case modeling）是一个辨识业务经营时间并将其建模的过程，例如谁引发这些事件，系统如何处理应对这些事情等。它是了解信息系统需求的有效工具。项目发起人、用户、业务分析师、程序员、内容制作人员等项目干系人聚集在一起，共同定义并建立信息系统。

（3）记录所有用户的需求信息，随时更新，并且随时可获得。要想自动实施此功能，有几种工具可用。例如，一种叫作"需求管理工具"的软件可帮助获取并保存需求信息，还可即时存取信息，并帮助建立需求与其他工具构建的信息之间的必要关系。

（4）为文档化及控制需求构建需求管理数据库。计算机辅助软件工程（CASE）或其他技术可帮助存储项目数据。

（5）进行适当的测试，以证明项目产品能否满足需求。测试要贯穿整个项目生命周期。

（6）从系统角度使用过程方法来审视所要求的需求变更。例如，要确保项目范围变更中有相应的成本及时间进度的变更；要获得适当的项目干系人的同意。对项目经理而言，至关重要的是要领导团队致力完成认可的范围目标，并且不能把重点转到额外的工作上。例如，Andy Crowe 在他的《阿尔法项目经理》中揭示了"最佳的"或"阿尔法"项目经理与其他项目经理做事的区别。其中一位阿尔法项目经理提到了他的经历："在我做过的一些项目接近结束时，经理们真的让其团队工作了太长时间。当这种事情接二连三发生时，我仅仅以为事情本来就是这样的。其后我与另一位经理共事，这位经理把任何事情计划得非常好，始终使团队按节拍运转，并且我们一直遵守时间进度安排。当发现项目如期进行时，客户试图增加范围，但这次我们有一个优秀的经理，没有调整基准，她不会让客户这么做的。那是第一次我所工作的项目的所有事情都按时按预算完成。对她为何如此轻松地完成工作我感到很惊讶。"

5.6.3　为处理变更需求专门分配资源

在实际项目过程中，项目经理和项目小组必须意识到新媒体项目范围变化本身并没有什么不对，也就是说在项目进行过程中修改范围并不是个坏主意。首先，客户通常不能确定其所希望的解决方案具有何种需求和功能。其次，就算客户十分清楚终极目标，商业动态亦随着时间不断变化，因此项目的需求也会发生变化。如果你不能够容纳变化，最终的解决方案就达不到预定的成效，甚至有可能完全无用。因此，你必须在需要时拥有改变项目流程的能力。如果项目经理对于项目变化没有准备，问题将陆续发生。每一个项目都应该有一个流程以有效地管理变化。这个流程应该包括确定变化、评估变化的商业价值、评估对于项目的影响，然后把这些信息提报给项目发起人进行评估。发起人可以决定是否同意该变化。如果同意，发起人还应该考虑变化对项目的影响程度，然后追加预算或延长项目时间。下面是范围变更管理的常见问题：

（1）范围蠕变：是指当一个项目拟进行大量小的变更时所迸发的问题。即当所有的小变更综合在一起时，该项目组会发现它要背负太多的额外工作，预算再也无法控制，并且交付时间也会有所拖延。

（2）未经主办人批准：很多时候，一个项目经理会收到来自最终用户、股东或客户经理们的变更请求。既然所有这些人都属于客户组织，项目组倾向于认为这些请求应该接受。这是大错特错的。最终用户会经常提出范围变更要求，但是他们没有权力去批准进行这些变更，甚至一个客户经理也不能批准范围变更的请求，唯一有权的人是主办人（除非主办人将其权力委托给了其他人）。

（3）项目组的责任：既然项目组成员与客户之间有很多的交流机会，他们就是最常收到范围变更请求的人。因此，整个项目组必须知晓范围变更管理的重要性。

所有的组员都必须察觉到出现的变更并将它们反映给项目经理。如果他们自己接纳了额外的工作，那么他们的任务很有可能要滞后完成，这会影响到整个项目。

新媒体项目小组必须有良好的心态去适应来自外界和内部的变化，能积极地应对问题出现，正如阿里巴巴创始人马云所说"必须拥抱变化"。故而，我们需要在项目团队中有专门的资源来应对变更。虽然为新媒体项目范围管理下一个定义的最好时机是在项目开始前，但如果我们没有在合适的时候做好这件事的话，亡羊补牢也为时未晚，项目经理必须定下一个短期的暂停时间来和客户共同处理范围变更请求的审查和批准，然后每个人必须对新的变更有所认识。如果这么做至少有一个好处的话，那就是该项目组和客户能直接看到：既然此项目已经陷入困境，那么不控制范围会出现怎样的后果。于是他们能更好地理解项目范围管理的目的，并且会更乐意去处理未来更严峻的问题。

5.7 新媒体项目范围管理的软件应用

正如本章的各种图表所示，我们可以使用文字处理软件来编辑与项目范围相关的文件；可以使用电子表格或演示软件来构建范围管理相关的各种图表、曲线图和模型；也可以用心智图软件创建 WBS。项目干系人也利用各种沟通软件，如电子邮件和各种基于网络的应用系统，来传输项目范围管理的信息。

我们可以利用项目管理软件建立 WBS，进而为构建甘特图、分配资源、分担成本等提供基础。我们还可使用各种项目管理软件附带的模板为项目制作 WBS。

还可以使用各种专业化软件来支持项目的范围管理。许多新媒体项目使用特殊软件来进行需求管理，比如原型制作、建模及其他与范围相关的工作。范围是项目管理中至关重要的部分，因此有许多可行的软件产品可以帮助管理项目范围。

项目范围管理非常重要，特别是对于新媒体项目。筛选项目后，组织必须计划要开展的项目工作的内容，将工作分解为便于管理的部分。要与项目干系人共同验证范围，并管理项目范围的变更。应用本章所讲的基本项目范围管理概念、工具及技术可成功地实施新媒体的项目范围管理。

案例新结局

比尼再次审视了由公司及其他渠道获得的构建 WBS 的相关指南。他与 3 位项目团队领导召开了一次会议，着手计划他们可提供的输入。在商讨了几种样本文件后，他们决定根据最新的需求信息，将项目工作分组，包括获取需要的硬件和软件、频道内容制作、内容推广计划、实施项目管理。在确定了基本方法后，比尼与整个项目团队又召开了会议，他回顾了项目章程和项目干系人记录，说明了收集需求和定义项目范围的基本方法，评论了一些 WBS 样本。比尼请大家畅所欲言，提出问题，并非常自信地进行了解答。然后他让每个团队主管与自己的成员一起共同开始撰写详细的范围说明书以及 WBS 和 WBS 词典的相应部分。每个人都参加了会议，分享了个人的专业技能，公开提问。比尼看到项目有了一个良好的开端。

本章小结

新媒体项目范围管理包括确保项目做且只做界定的工作，以成功完成项目的各过程。这些过程主要有：需求收集、范围定义、创建工作分解结构、范围核实及范围控制。

新媒体项目范围管理的第一步是收集需求，这是所有类型项目的关键。收集的需求，应满足项目章程和项目干系人记录中的要求。这一过程的主要输出是需求文件、需求管理计划和需求跟踪矩阵。

新媒体项目范围定义过程中需要制订项目范围说明书。这份文件通常包括项目范围描述，产品用户接收标准，所有项目可交付物的详细信息，项目界定、限制条件及假设条件信息。项目范围说明书通常会有几个版本，以保证范围信息详细且符合现状。

工作分解结构（WBS）是一个项目中以可交付成果为导向的、涉及所有工作的一种分组，它定义了新媒体项目的整体范围。WBS 构成计划和管理项目进度、成本、资源及变更的基础。若不首先构建一个良好的 WBS，就无法使用项目管理软件。WBS 词典是描述每个工作分解结构条目的详细信息的文档。因为项目的复杂性，通常良好的 WBS 很难构建。建立 WBS 通常有几种方法，包括使用指南、类比法、自上而下法、自下而上法及心智图法。

范围核实是指新媒体项目干系人对项目范围的正式接收。范围控制是指控制项目范围的变更。

项目范围管理不得力是项目失败的一个关键原因。对于新媒体项目而言，要实现有效的项目范围管理，重要的是要有用户强有力的参与、清晰的需求范围说明书及建立范围变更管理的流程。

有许多可行的软件产品可用来支持项目的范围管理。WBS 是综合利用项目管理软件的一个关键概念。

讨论题

1. 论述定义新媒体项目范围的过程，从项目章程中的信息到初步的范围说明、项目范围说明书、WBS 及 WBS 词典。

2. 描述建立新媒体项目 WBS 的不同方法，并讨论不同方法的优缺点。

3. 利用本书或其他案例，描述一个陷入范围蔓延中的新媒体项目。范围蔓延可以避免吗？如何避免？范围蔓延是件好事吗？什么时候是？

4. 新媒体项目需求收集包括哪些内容？为什么需求收集困难重重？

5. 范围核实的主要技术是什么？请举出一个新媒体项目范围核实的例子。

6. 项目范围管理包括哪些内容？为什么有效的新媒体项目范围管理对项目如此重要？

6 新媒体项目的时间规划及管理

知识要点

　　本章重点在于掌握新媒体项目时间管理的概念、重要性，了解新媒体子项目集，并将其作为编制项目进度的重要性。难点在于评估现有资源和项目阶段之间的关系，新媒体运营者如何运用网络图和活动时间的依赖关系进行活动排序，各种工具和技术如何帮助项目经理进行活动工期估计。

学习目标

　　（1）掌握进行进度规划的方法。

　　（2）根据工作分解结构（WBS）知识，掌握活动排序的方法。

　　（3）理解合理进行工期和资源估计的方法，进行时间规划。

　　（4）掌握使用进程计划来监控项目进行的各个阶段的方法，并对每个阶段进行有效评估。

　　（5）了解时间规划中的各种图表使用，掌握网络图、关键路径图的画法。

　　（6）利用软件进行新媒体项目的时间管理。

开篇案例

人人网公司第一次进行手机客户端类型软件的开发项目，同类项目的管理经验以及项目开发人员的开发经验都存在不足，在前期对于开发项目的工期估算也有一定的误差。在人人网手机客户端开发项目的实施过程中，遇到的主要问题及补救措施如下：

1. 项目活动中的 UI 需求分析活动超出预期时间

本项目中对客户端 UI 需求分析活动原定的工期为 4 天，但是在项目实施过程中发现 UI 需求分析的难度以及工作量超过之前的预估，因为该活动为非关键活动，不处于关键路径上有 5 天的浮动时间可以支配，在对该活动进行再次评估后，最终确定活动工期为 7 天，在项目时间进度的控制之中，不会影响整体项目的进度，最终该活动在第 7 天完成。

2. 客户端开发活动进行中发现开发进度落后于项目的计划进度

作为本项目的核心活动，客户端开发活动工期最长，且最难把控。在客户端开发活动进行到第 5 天时，进展报告显示该项活动无法按照预计完成时间完成，且会大大延长。为确保项目按时完工，必须采取相应的补救措施，经项目组内部讨论并报管理层批准后，决定增加项目开发人员，在原有 26 名开发人员的基础上，再次从开发部门抽调 8 名开发人员进行开发工作，同时要求所有开发人员延长工作时间，对项目进行赶工。最终该活动在增加开发人员和延长工作时间的基础上，在 26 天完成了客户端开发工作，和原定 30 天相比缩短了整个项目的进度。

3. 项目的二次开发工作量超过预期

在对初步开发完成的客户端进行测试的过程中，由于公司是第一次开发客户端类软件，经测试部门测试，在系统功能上存在较多的问题。同时 UI 部门在用户使用逻辑上也提出了新的问题和需求。经项目组专家测算，在原有开发人员不变的基础上，活动工期将由原来的 8 天增加至 15 天。鉴于客户端开发活动中缩短了 4 天项目工期，为控制项目成本，项目组决定不再增加开发人员，在原有开发人员的基础上采用延长工作时间的补救措施来缩短活动工期。最终该活动在第 11 天完成，比原有项目进度计划延长了 3 天。

6.1 新媒体项目进度的现状分析

数字电视加机顶盒形成的家庭智能化、社交电视、三网合一主流通信技术 IMS 等代表着中国新媒体、新技术的发展前景。社会化媒体在全球信息化浪潮的发展使得新媒体交互性 2.0 时代到来。在中国，三网融合、智能互联的时代背景下，以互联网为基础的多屏分块操作占据了主导地位，不仅激活了新媒体的底盘，而且给创业者提供了大展拳脚的平台。如果说之前的新媒体市场还是一片蓝海，众多创业者摩拳擦掌在搜索、门户、视频、游戏等领域奋勇向前，一夜暴富的奇迹屡屡发生。但是在这个拼概念的科技股市场，而昔日无限风光的企业急速缩水。因此，新媒体项目管理的时间概念再次被提到重要的位置。如果新媒体项目没有及时推出市场，则时不我与；如果新媒体项目没有准确把握用户，则毫无亮点；如果新媒体项目没有高效技术创新，则后劲不足。这些结果的实现，依赖于潜在的时间管理的理念。随着新媒体的发展，时间管理也成为构建科学企业战略规划的关键。

在新媒体宏观业务的管理过程中对于时间计划的控制，能够更好地对变化的市场作出反应。这种反应体现出对于顾客需求的捕捉，而这也就为新媒体产品抢占到了商机。微观业务管理中的时间管理，体现在既定目标下有效率地完成现有工作。如果管理工作的流程没有进行有效地推进，如果随意加速进程或延长进度，则会使得整个管理流程存在时间失控的危险，或者是投资成本的增加，工作流时间管理主要研究工作流执行的时间计划，估计不同的活动执行的时间，避免项目过程出现违反时间约束的情况以及时间执行中的异常处理，以提高过程管理的效率。

新媒体时间管理的内容有别于其他项目的最重要一点是：绝非以项目交验完成作为项目的结束，而是有专门的开发部门针对市场反馈作出及时修复。这就要求新媒体项目管理者既要有对这个行业的感性体悟，又要有对这个行业的理性认知。正如美籍华人、乔布斯早期投资人李宗南在2012年以"融媒体·新技术·新资本·微世界"为主题的亚太新媒体高峰论坛上发表题为《三创合一：创新＋创业＋创投＋创造价值》的演讲，提出由创新、创业和创投组成的"三创合一"理念，创新就是把熟悉的东西从不同的角度思考，但创新必须付诸行动，这就是创业。有了创新想法并具有可行性，综合决心、信心和恒心积极行动就可成功。但要实现价值，特别是无形价值，则需创业投资。判别创业者应注重三个基本条件：激情、人品和专业知识。而其中时间管理的素质成为管理者必备的素质。制订实施时间管理的理念首先强化的是一种探索性意识。这种探索性体现在既对投入节奏保持克制，也要在盈利模式探索中保持审慎。

现今新媒体项目的管理中时间管理的外围环境更为严峻，以BBC的全媒体战略为例，其在互联网冲击、自主研发压力、移动互联发展、组织结构滞后的压力下从1994年开始，一步一个脚印走出了自己的发展道路。时间管理的理念在BBC全媒体战略里从一个狭义的理念迈向更为广义的时间曲线。

● 互联网的冲击：BBC在1994年5月便有了首个网站。当时BBC教育内容部（BBC education）推出了一个名为"BBC联络俱乐部（BBC networking club）"的网站。这是一个非盈利的收费网站，用户可以在其聊天室里交流及分享信息。直到1997年12月，BBC才推出其官方网站bbc.co.uk。在此之前一个月，BBC英语新闻网站已面世。至于BBC粤语广播网则在1997年4月1日启动，并成为BBC首个非英语内容网站。

数字技术先锋BBC早在1990年就开始进行数字电台广播（DAB）的技术测试，并在1995年正式推出数字电台广播服务。BBC也积极参与英国数字电视转换的过程，包括在1998年首先推出数字电视频道，并与其他多家英国电视媒体合作，成立了一家合资机构——数字英国（digital UK），2012年10月，英国成功完成了数字电视转换，完全实现了电视数字化，同时也结束了传统模拟电视的时代。

● 自主研发平台：除了与他人合作之外，BBC也致力于开发自身的传输平台，其中最成功的产品是于2007年圣诞节推出的BBC互动播放器（BBCiPlayer）。截至2012年底已经出现60多个不同平台的版本，其中包括桌面电脑、平板电脑、多款智能手机、数字电视、游戏机平台等。

● "移动为先"战略：2007年，BBC提出"四屏"（four screens，即电视、手机、平板电脑和电脑）的产品发展战略。此外，BBC很早就提出了要把2012年伦敦奥运打造成"数字奥运（digital olympics）"的口号。

●重整组织架构：2006年，为了有效地在内部协调所有视频内容的策划和制作，BBC成立了BBC视频群（BBC vision），把以往分属于不同部门管理的各个视频制作部门，包括电视、网络视频、移动视频等整合在一起，使视频产品从最初策划、制作到最终发布整个过程，都能考虑到各种不同媒体平台的需要，而不是以往那样，电视部门在制作视频节目时只是考虑电视平台的需求，节目制作完成后，再把整个节目交给网络视频或移动视频的同事，网络视频和移动视频的同事往往要花上更多的时间重新剪辑有关节目，再发布在新媒体平台上。

此外，2007年11月，BBC新闻中心进行了重大架构改革，把原来各自独立运作的广播新闻中心、电视新闻中心和网络新闻中心"合三为一"，成立了多媒体新闻中心。

2009年，BBC中文部也根据加强多媒体制作的需要，把原来的广播组和网络组合并，并分别成立了多媒体新闻时事组和多媒体专题内容组，两个组均同时兼顾制作广播和网络内容。

BBC的全媒体战略体现了更为宏观的时间管理的理念。即时间管理对于新媒体项目来说不再仅仅局限于单个项目的开发和调试，更多地反映出随着社会和科技的进步，以及公司内部机构的调整所产生的时间跨度更长的管理理念。新媒体项目的特殊性也在BBC的案例中体现出来，一次性结束的项目管理在虚拟交互的数字化时代是不存在的，随时的调整已不仅出现在项目的测验阶段，也更多出现在项目开发的过程中，这种实时交互的共享是其他形态的项目开发所不具备的。通过对于BBC全媒体战略划分可以看到大多数的新媒体平台的开拓，都还是离不开自身的内容资源的优势，多数通过已有的传统媒体形式来进行局部改革。而且由于整个新媒体竞争的转型还没有呈现体系化的结构，所以新媒体项目管理的时间概念放置全球市场是指怎样圈定两条时间段并行发展的路线图。与自身项目相关的已有媒体形态发展状态图，以及自身媒体项目的发展状态图示。

新媒体项目管理的首要任务是制订一个构思良好的项目计划，以确定项目的范围、进度和费用。在给定的时间完成项目是新媒体项目的重要约束性目标，能否按进度交付是衡量项目是否成功的重要标志。用维恩图来表示时间管理在整个新媒体

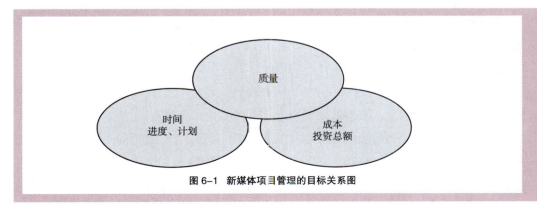

图6-1 新媒体项目管理的目标关系图

项目的相关性。

因此，进度控制是新媒体项目控制的首要内容。由于新媒体项目管理是一个带有创造性的过程，新媒体项目不确定性很大，项目的进度控制是新媒体项目管理中的关键环节。尽管如此，新媒体时间管理强调：一是拥有清晰的项目管理目标；二是积极审慎的管理态度；三是对这个行业日新月异变化的观察。只有先做到这三点才能使项目执行高效、有序地进行。当下，时间管理多用于软件开发、数据库管理、通信工程项目等方面，但是这些学科一般研究的工作流时间管理功能局限于过程仿真（确认流程的瓶颈、分析执行持续时间等）、指定活动的截止期限以及当违反期限时间时触发的异常处理。而在新媒体项目中引入时间管理的概念具有太多不可控的因素，甚至很难进行过程仿真。如何有效地将时间管理应用于子项目集的任务处理是本章学习的重点。

6.2　正确定义新媒体项目的活动排序

项目活动之间的依赖关系和特殊领域的依赖关系、工作顺序是在产品描述、活动清单的基础上找出的。通过对项目进行工作流程分解可以获得完成项目需要执行的具体活动，但是对这些项目活动需要排出先后顺序，因为项目本身是有时限要求的。而对于新媒体项目的管理来说，对先后顺序进行明确合理安排，要先对各项活动和任务关联性和依赖性进行一个总体的梳理。

通常我们为了完成以上的开发计划要先理解以下术语：

活动（activity）：项目所需的一个或一系列特定的任务，需要耗费资源以及占用时间来完成。

事件（event）：表示一个活动的开始时间或结束时间；也可理解为完成一个或多个活动的结果，发生在特定时间的一种可识别的结束状态，事件本身不使用资源。

网络（network）：所有活动和事件按照其逻辑顺序排布，用线条和节点表示出来。它定义了项目和活动的前导关系。

路径（path）：任何两个事件间的一系列相关活动。

关键性（critical）：指特定的活动、事件或路径，如果它们有所延误，就会推迟整个项目的完成进度。一个项目的关键路径可以被看作连接项目的开始事件和终止事件的关键活动（或关键事件）的顺序排列。

项目时间管理（project time management）：简单的定义就是，确保项目按时完成所需的过程。然而，要想按时完成项目绝不是一件容易的事情。回归到项目管理本身去理解，管理体现出的是任务完成的过程，管理者所进行的干预手段。在最典型的术语理解下，新媒体项目的管理在此基础上面临着复杂的行业竞争与紧迫的任务目标。新媒体伴随着新科技的发展，不仅改变着人类获取信息咨询的习惯和方式，甚至影响着整个管理流程的规划。只有更加清醒地认识到项目管理的时间管理理念，才能更加清晰地描绘出项目发展的走向。

比如 iPad 应用"iNotes"的开发者 Anxonli 介绍自己开发 iNotes 全过程心得包括开发周期规划、各阶段注意事项等实用经验。一个 iPad 或 iPhone APP 的开发项目经过工作分解结构（WBS）后分解为以下任务：

① APP 的 idea 形成；

② APP 的主要功能设计；

③ APP 的大概界面构思和设计（使用流程设计）；

④大功能模块代码编写；

⑤大概的界面模块编写；

⑥把大概的界面和功能连接后，APP 的大致 demo 就出来了；

⑦自己试用和体验几遍 demo 后，根据情况修改；

⑧ APP 的 0.8 版本完成后可以加入 production 的图标和部分 UI 图片；

⑨没有大错误后，0.9 版本可以尝试寻找 beta 用户；

⑩ 根据测试用户的反馈，重复 ⑦～⑨的步骤；

⑪APP 完成后，加入 APP icon，iTunesArtwork 等 UI 元素。反复测试无错误后上传 iTunes。如图 6-2 所示。

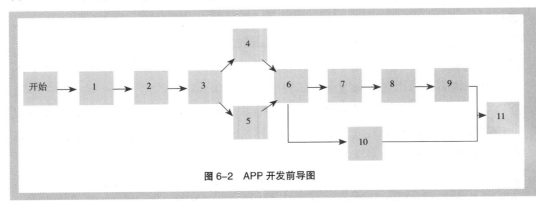

图 6-2　APP 开发前导图

对整个开发项目进行排序后，会让整个任务过程看起来比较直观和清晰。更具体地分析以上的第三步，在界面设计上，编写功能模块可以和设计师同步进行。在第 4 和第 5 步的开发过程中，需要花费 10 天的时间来完成。后来，他在 Twitter 招募了 5~6 名测试用户。最后，APP 提交 iTunes 以后，大概要花 7~14 天来等候审批。利用这个时期还可以进行买域名、架网站、设计网站、配置邮件服务器、反复修改 APP description，还有 Twitter 推广等工作。由此可见，时间管理中排序步骤直接决定了项目进展的情况。在新媒体项目管理中的时间排序有着相对固定的部门分工步骤。因此了解各项目之间的依赖关系成为保质、保量的关键要素。

从这个 APP 开发的时间序列中看，应区分时间约束中的相对时间约束描述和绝对时间约束描述。前者基于某一参考点，而后者用固定时间点来表示。在相对时间约束的设定中包括活动的最小、最大执行时间及两个活动之间流程的最小、最大时间，还包括活动的延迟时间，例如最大执行时间 2 小时，或者延迟 30 分钟等。绝对时间约束通常指流程执行时的动态运行时间，也包括活动的实际执行时间及两个活动之间流程流转的实际消耗时间。如 APP 的调试在 ×× 月 ×× 日上午 10：00 开始，于次日上午 10：00 结束。

根据时间约束的产生，工作流时间约束分为隐式时间约束和显示时间约束。隐式时间约束由工作流控制结构与活动的延迟产生，如一个活动必须在其前序活动执行完毕之后才能启动。隐式时间约束包括活动延迟与截止期限约束。显示时间约束是由组织法规、行规而衍生，常由建模者指定，如事件之间的时序关系、事件与某个日期集绑定等。无论隐式或显示时间约束，在工作流执行时都要转化成工作流活动或过程的时间属性。从这个角度看，时间约束分为 6 类：

（1）基本时间约束（延迟约束）：限制流程模型中某一活动的期望延迟时间，具有强制性。它可用相对时间值精确表示，也可用一个时间表示它的最大／最小期望延迟；

（2）流延迟和时差：在地理分布的流程中，流程延迟包括活动执行延迟和活动执行时的信息流延迟；

（3）有限延迟约束：限制流程模型所表示的流程延迟，适用于流程的所有实例类型；

（4）截止期限（或期限时间）：限制流程实例执行中活动的开始或结束时间，即活动的最大容许执行时间。在流程建模时，相对于流程的开始来指定：在流程实例化时，将所有的相对期限约束转化为绝对时间点；

（5）时间距离约束（或相互依赖时间约束）：限制同一流程模型中两个活动之间的时间距离，用相对时间值表示，即源事件开始或结束和目的事件开始或结束之间的时间间隔，有上／下界两种约束；

（6）固定日期约束：限制活动只能在指定的日期执行，该日期为一绝对时间值。在这些分类中，一般的工作流管理系统都满足基本时间约束和截止期限。

6.3 新媒体项目管理中的依赖关系

制订整体的新媒体项目时间管理顺序要先区分各个任务组之间的依赖关系，内部与外部、外部与外部等各种依赖关系中的先后关联性。优先图示法（PDM）、箭线图示法（ADM）是在新媒体项目的时间管理中经常使用的方法。以此为基础最终形成项目网络图。

所谓优先图示法（precedence diagramming method，PDM），是编制项目网络图的一种方法，利用节点代表活动而用节点间箭头表示活动的相关性。4 种相关的前驱关系为：

（1）结束—开始：某活动必须结束，然后另一活动才能开始。（最常见逻辑关系）

（2）结束—结束：某活动结束前，另一活动必须结束。

（3）开始—开始：某活动必须在另一活动开始前开始。

（4）开始—结束：某活动结束前另一活动必须开始。

在PDM法，如果用开始—开始、结束—结束或开始—结束关系会产生混乱的结果。因此最常见的任务安排顺序见图6-3。

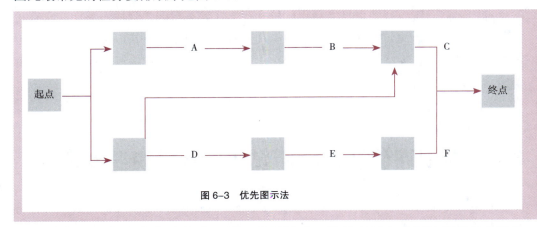

图6-3 优先图示法

由图6-3可知。任务由起点开始，现行活动A的结束时，才开始活动B。但是B活动结束前，同时D活动必须开始。C活动结束时，D、E、F活动同时结束。直到任务完成。

所谓箭线图法（ADM）又称为双代号网络图（AOA），是一种利用箭线代表活动、节点表示活动顺序的项目网络图，仅表示"结果—开始"这一种逻辑关系。在新媒体项目管理中，如果需要表示其他逻辑关系式，则用虚线活动来描述。

上面的箭线图，任务进行的名称在箭线上方，每个项目活动用一条箭线表示，虚拟活动使用虚线来构成箭线表示，项目的具体事件使用圆圈表示。

面对新媒体瞬息变化的市场环境，设立里程碑式排序是工作中的很重要的一环。关键事件和关键目标时间是新媒体项目运作过程中重要的环节。事件排序得以顺利完成的基础。在确定好了里程碑的事件和时间后，项目各个环节操作顺序也围绕着里程碑事件来展开。

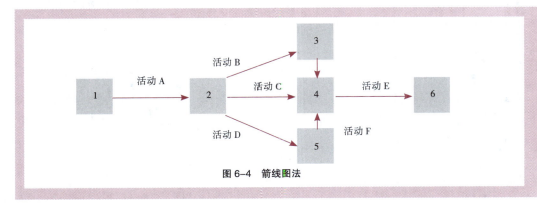

图6-4 箭线图法

一个项目活动之间的关系，一般可以分为以下 3 种：

①强制性依赖关系：也就是活动间固有的依赖关系，通常包括实际的限制。例如在软件开发过程中，在完成系统构架之前不可能进行测试。强制性依赖关系也称为硬逻辑关系。

②可自由决定的依赖关系：这种关系是指由项目团队确定的那些依赖关系，由于这些关系可能限制项目进度编制中的方案选择，所以使用要慎重。对可自由决定的依赖关系的确定通常基于以下知识：某些在专门领域内的"最佳方案"。或者，某些方面非常特殊的一些项目，即使存在其他可接受的排序方式，也希望使用固定的排序方式。可自由决定的依赖关系又称作优选逻辑关系、首选逻辑关系或软逻辑关系。

③依赖关系：项目活动与非项目活动之间的依赖关系。

6.4 客观评价及估计新媒体项目的资源状况

在新媒体项目管理中，资源估算是保障时间计划顺利开展的关键环节。只有对新媒体项目中的人力资源、财力资源、技术资源、社会资源进行合理预测和评估，才能够对新媒体项目的后续管理进行有效的监督和控制。新媒体项目管理中对于资源的估算主要指计划活动中所需资源的种类和数量。当估算计划活动存在不确定时，便需要将其项目范围内的工作任务进一步分解，然后再估算再下一层工作资源将估算按照计划活动所需要的每一种资源汇集出总量。

6.4.1 新媒体项目的人力资源评估

新媒体项目的时间管理环节在进行资源评估时必须要知道最主要的两个影响要素：第一，架构的复杂度；第二，投入的人力和时间。这就决定了新媒体项目相较于其他项目管理在资源配置上的灵活性更大。而到底要进行多么复杂的架构设计，也取决于人力资源的应用水平所能支持的项目开发水平。新媒体项目从立项到开发完成的时间周期较短。项目规模并不大，以中小型创业团队为主，采用的是逐步推广的由点及面的方法策略。在项目团队的构成方面，项目干系人员并不多，主要以技术开发人员为主。

新媒体产品的开发属于知识密集型的项目，需要专业且高效的团队紧密配合。有效进行人力资源的估算是保证新媒体项目顺利完成，调动项目干系人积极性的关键。项目的人力资源管理主要包括：人力资源计划编制，识别项目中的角色，职责与汇报关系，创建人员配备管理计划；项目团队组建，获取所需的人力资源；项目团队建设，提高个人与团队的技能以改善项目绩效；管理项目团队，跟踪个人和团队的执行情况，提供反馈和协调变更；等等。在人力资源评估上，新媒体项目管理中更强调"无边界管理"的概念，此理念由杰克·韦尔奇提出，他认为在企业管理中要打破部门和级别的界限，按照市场的要求，将静态管理变为动态的管理。换句话说就是打破原有企业中森严的等级，以及沟通与交流的各种界限，依靠一种扁平化的组织模式和无边界的沟通方式，走上了灵活主动、不拘一格的发展之路。

6.4.2　新媒体项目的财力资源评估

新媒体项目是以新媒体平台的开发为载体，通常在整个管理过程中考察的是一次性产品开发任务。在资源评估的过程中，在对目标产品充分考量的基础上，需要支付的费用量，需要完成的流程量，需要消耗的时间量都围绕产品开发的质量来展开。尤其是在费用量上所体现出的财力资源的评估，更是项目管理能够顺利进行的关键所在。如果财力资源不到位则会造成整个开发团队工作滞后。明确整体活动的总体预算，根据项目活动对财力资源进行合理分配，在资源调配过程中注重资金的有机控制，实现成本控制与监控进程中的合理配置。不因过度追求项目完成质量而投入太高的成本，不因只是为了控制成本而忽略了新媒体项目中的技术研发和客户体验。如果想合理控制成本必须充分考量关键路径的资源消耗情况，只有围绕关键路径才能够更好地为项目管理者所把控。

财力资源评估的另一个说法即成本的预测。伴随着项目活动的展开，财力资源评估的原则是成本最低化原则。在新媒体项目的开发过程中要注重降低成本的可能性和合理性。在这样的原则的指导下，会使得在时间管理过程的估算测算和计划安排过程挖掘出各种降低成本的能力，也只有对实际财力资源进行充分的评估，才能促使管理人员在主观上控制成本的目的。

在财力资源的评估中，由于新媒体项目管理的特殊性，使得成本资源强调在时间计划的实施过程注意动态控制。在资源评估阶段根据新媒体产品开发的的各个阶段的特点做好成本的控制工作。随着新媒体项目的开展，即使发生了偏差也能够依照前期的资源评估的结果进行有效纠正。准确的财力资源评估更加强调的是目标的概念。正如前面介绍的 APP 开发的案例根据目标实施的不同，其所需财力资源的量也会有所不同：

①只是为了实现想要的功能，不需要考虑界面华丽程度和交互效果，一个计算机大学本科生或研究生即可完成，开发的成本在几千元到 2 万元。

②如果考虑将 APP 应用于 iOS 系统上，那么由于本身用户人群具备一定的消费能力，对设计和交互的要求更高，成本一般在 2 万元 ~6 万元。

③如果考虑将移动终端分为 Android、iOS、Windows Phone，针对这三个系统所开发的 APP 应用，结合上文所提到的人力资源评估，很难一个人完成这个目标任务，投入的资金成本一般在 6 万元 ~20 万元。

④如果有一个非常棒的想法，在一个领域打造一款非常棒的 APP 应用，并且经

过充分考量后愿意为之一搏。财力资源的评估必须要注意，这将会是一个持续的过程。首先在这种情况下，人力组织上所需要的资源即要依靠自己的研发团队来完成，投入资金起码在 500 万元左右，可以考虑部分外包。正如前面章节所介绍的关键路径图，通常的开发需要不断进行设计、开发、测试。

6.4.3　新媒体项目的社会资源评估

新媒体项目的开发过程中需要有力的社会资源作为支撑。这里的社会资源分为公众支持和社会支持。首先，评估潜在的公众认知度，这是新媒体项目实际收益能否获得的关键要素。公众支持的评估离不开前期的用户数据库的建立。为了实现时间管理当中的有效性，受众的准确定位成为新媒体平台搭建的前提条件。公众对于新媒体产品的消费意识成为项目开发能否顺利进行的关键。因此，在用户资源的开拓上其需求容量的变化成为时刻关注的重点。

社会支持主要体现在政府的政策性资源的提供上。2014 年两会召开期间（第十二届全国人民代表大会第二次会议和政协第十二届全国委员会第二次会议）共有 20 场记者会，往常“会外会”与媒体互动的多是官员、学者。本届政协安排了三场记者会，被请到台上的政协委员有 14 人。其中李彦宏的出场代表内地互联网精英第一次在这类场合亮相。2013 年秋，政治局集体学习搬出中南海，移至中关村。马云、马化腾曾两进中南海，被总理奉为座上宾，这都体现出中央高层重视新兴产业。这对于新媒体市场都是利好信息，这些新媒体企业在经济竞争中的话语权有所提高。在新媒体开发的过程中，为了提高整体产能效益，新媒体项目的管理者必须要时刻把握政策性变化的趋势，捕捉到社会资源的宏观变化。

6.5　客观进行新媒体项目的工期估算

曾经被默多克称为“令人兴奋不已的杰作”、专为 iPad 打造的内容产品“The Daily”，于 2012 年 12 月 15 日停止更新。一个曾经被视为革命性的移动终端创新产品，只拥有不到两年的寿命。

2011 年 1 月，新闻集团与苹果公司合作开发的这款 iPad 付费新闻阅读产品，曾经被期待为苹果公司与新闻集团带来双赢，以一种新的形式复制苹果公司软硬结合、体验取胜的优势，在新媒体领域延伸新闻集团在电视、娱乐领域的品牌影响并有所拓展。有报道说，到 2012 年 11 月，默多克至少已向“The Daily”投入了 3 000 万美元。而连续两年的亏损，让新闻集团对“The Daily”失去了信心，甚至没有耐心让“The Daily”活到一般商业计划书常常设定的转入收支平衡或赢利的第 3 年。

“The Daily”反映出，这种新媒体产品并不是人们核心需求的移动终端内容产品。对于这种内容型的新媒体产品，在制订出好的商业策划之前还应该清楚，此项目相关任务展开的顺序问题。这其中提前评估好该产品要影响什么样的人、如何影响人和影响价值如何兑现。这三点成为新媒体产品能否顺利推向市场的关键。通过分析可以看出，"The Daily"对现有资源存在评估上的误区直接导致了产品推出后的失败。例如针对 iPad 使用者的"The Daily"，显然对受众市场的分析不够，iPad 推出后的几年间，对于其使用方式和使用目的是多样的，其中，获取新闻资讯并不是第一位的。另外，其他品牌相继推出安卓系统平板电脑，这无疑使得"The Daily"的市场空间更加狭窄。另外，"The Daily"的内容需要付费，这与人们的信息消费并不吻合，免费模式现在依然是移动终端上的主流。

"The Daily"的失败除了本身市场定位的不准确外，还有一个极为重要的问题是，在产品的开发阶段没有对现有资源进行有效评估并制定相应的时间管理体系。这个项目的实施计划、行动都是具备的，但是在产品开发后面对市场的未曾预测到的限制发生于可能的风险因素，没有做到重新调整或改进。在项目推出市场后，没有及时根据用户反馈来做出调整。

项目工期估算是列出项目活动所需要的工期，是根据项目范围、资源状况计划而得出的。不同于一般项目管理的工期估算概念。新媒体项目由于处于高不确定性、高风险的市场环境中，项目范围、资源状况都处于动态变化中。尽管市场环境的变动性是恒定的，但是影响实际项目的因素又具有相对稳定性：第一，发生项目意外的时间段；第二，能力和团队成员的效率工作时间状况；第三是人力、物力、财力对于工作的可用性。

过程估算是新媒体项目规划的核心，不是新媒体项目开始和结束两个时间节点，而是整个项目的过程长短。最常见的项目活动时间估算方法为：

1. 类比估算法

类比估算法指的是，以之前类似活动的实际历时为基本依据来估算未来活动的历时，这叫作自上而下的估算，一般用在项目详细、信息有限的情况下。在新媒体早期的创意策划阶段多用此方法。

这种类比估算法是一种专家评定，如果一个新媒体项目和以前任务在本质上而非表面相似，而且负责项目的人员具备新媒体技术操作的专业素养，使用类比估算法比较具有现实意义。

2. 专家评估法

有经验有能力的专家技术人员进行分析和评估的方法，是对新媒体项目的总体时间作出估计和评价的方法。由项目时间管理专家，依照其本身的项目管理经验和专业技术方面的特长来完成的。这个方法体现出依靠专业技术人员的经验来进行推理。对于新媒体项目来说由于现在应用分屏操作特性明显，所以专家建议也存在着一定类别划分，那么对于新媒体项目经验的获得渠道可分为：

（1）执行组织内的其他部门；

（2）业务相关的咨询公司；

（3）项目干系人，包括客户；

（4）专业团体或者技术协会；

（5）行业团体。

3. 模拟估算法

以以前类似的活动作为未来某项活动工期的估算基础，来计算评估工期，基于一定的假设和数据使用的模拟方法，以一个项目活动持续时间估计的一个先决条件，这种三点估算法和蒙特卡罗模拟相似，如图 6-5 所示。

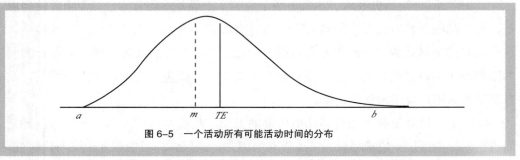

图 6-5　一个活动所有可能活动时间的分布

相对另外一种方法来说，比较简单。具体做法如下：

TE（期望时间）＝$(a+4m+b)/6$

a——乐观地估计

b——最悲观的估计

m——最有可能的估计

假定所有可能的时间都可以用一个统计分布来表示，如上图的非对称分布图。对该活动来说，"最有可能的估计"m 就是这种分布的众数（mode）。"乐观地估计"和"悲观地估计"用下面的方式来选择：项目经理或者任何试图估计 a 和 b 的人，会被要求选择 a，就是让活动所需的实际时间是 a，或者大约 99% 的可能性会长于这个时间。类似的，b 也是这样估计的，大约 99% 的可能性活动所需的时间就是 b 或者比之更短一些。

4. 保留时间

新媒体项目因为人员调配、资金流动等问题，项目工期作为冗余时间以应付项目风险。当然如果项目推动一切顺利的话，冗余时间也会随项目进展而逐步减少。

回到"The Daily"的失败中，其中在产品推出市场之初，就应该注意时间约束的基准转化。在这里对于学习者来说就是指，能转换的相对时间约束描述都以绝对时间表示，在新媒体产品初始化管理中多时区的时间需要时差转换。执行项目时负荷量和供应量的不同，以及随着时间推移，项目的工作流流程会动态的调整，也就可能产生不同的时间计划表。即使是产生不同的时间表，也必须要预先制订最小、最大执行持续时间的区间。执行者可以计算出执行时长的最小、最大或平均时长。

6.6 对新媒体项目进行科学的进度安排及控制

6.6.1 新媒体项目进度安排概述

对于新媒体项目的进度计划编制工作，尽管项目的推动工作面临着很多变量，但是归根到底还是在估算资源的基础上，确定出项目的开始时间和完工日期。首先需要制订进度表。进度表包括以下内容：分析活动顺序、活动持续时间、资源要求，以及进度制约因素。

项目进度表的设置绝非是固定不变的，而是根据项目推动环节中的节点，而进行实时的调整。但是对于新媒体这样竞争激烈的市场，项目时间管理中的开始和完成的时间要确定，即时间轴的两端必须固定，这样才能将项目进程保质、保量地完成。在启动和完成时间段内，制订具体实施方案与措施的项目进度计划，这样的整体才称为新媒体项目进度计划。

新媒体项目虽说是一场抢时间的战役，但是时间并不是项目时间管理的唯一要求，对于新媒体项目来说充分的前期设计以及用户评估是避免产品失败的关键要素。进度控制、成本控制、质量控制三者统一于项目管理进程之中。进度加快往往需要更多资金投入，虽提高预算并不是项目管理者所乐于看到的，但是如果能尽快让新媒体项目投入使用也可以提高投资回报的速度。质量上的严格把控是新媒体产品推出市场的前提，实时质量监控也可以控制因产品不过关而造成的返工。统筹考量这三个要素，寓于整个项目管理当中。在新媒体项目时间控制中对现有资源的各个部分的合理调配，成为管理者所必须牢固树立的意识。

6.6.2 进度安排的组成和应用

新媒体项目的时间管理的具体做法有很多，大多数计划充满灵活性，为环境的变化制订出可以调控的浮动时间区间。因此，如果想要统筹好项目的效率和效益，必须要了解几种计划编制的方法。新媒体项目计划方法可供参考的有以下几种：

1. 关键路径法 CPM

关键路径法（critical path method，CPM）指在许多复杂的现实背景影响下，以最短的时间和最低的成本完成整个项目，通过项目实施，解决冲突，产生关键路径法这一规划法。对于一个项目，该项目的时间消耗，取决于这个项目的最长或最耗时的活动网络，以结束该项目完成后，这项规定的活动。我们用"关键路径"这一名词来称呼这条最长的活动路线。关键活动指的是组成关键路径的活动。

项目计划方法的使用，依赖于确定出每个项目活动的最早启动和最早结束的时间，还有最晚开始和最晚结束的时间；每个活动步骤的最晚时间和最早时间相减以得出每个活动的浮动时间。浮动时间大小与项目的紧迫性及重要性有关，而浮动时间为零即称为关键路径。

- 最早开始时间（early start）：活动最早开始时间由所有前置活动中最后一个最早结束时间确定。
- 最早结束时间（early finish）：活动的最早结束时间由活动的最早开始时间加上其工期确定。
- 最迟结束时间（late finish）：一个活动在不耽误整个项目的结束时间的情况下能够最迟结束的时间。它等于所有紧后工作中最早的一个最晚开始时间。
- 最迟开始时间（late start）：一个活动在不耽误整个项目的结束时间的情况下能够最迟开始的时间。它等于活动的最迟结束时间减去活动的工期。
- 总时差（total float）：指一项活动在不影响整体计划工期的情况下最大的浮动时间。
- 自由时差（free float）：指活动在不影响其紧后工作的最早开始时间的情况下可以浮动的时间。

关键路径的活动称为关键节动。其通常做法是：

（1）各项活动视为独立时间节点，从项目起点到终点进行排列。

（2）用有方向的线段标出各节点的紧前活动和紧后活动的关系。完成方向性的网络图设计。

用前推法和逆推法计算各个活动的最早开始时间、最晚开始时间；最早完工时间和最迟完工时间，并计算时间差值。

前推法来计算最早时间

某一活动的最早开始时间（ES）＝指向它的所有紧前活动的最早结束时间的最大值

某一活动的最早结束时间（EF）＝$ES+T$（作业时间）

逆推法来计算最迟时间

某一活动的最迟结束时间（LF）＝指向它的所有紧后活动的最迟开始时间的最小值

某一活动的最迟开始时间（LS）＝$LF-T$（作业时间）

（3）找出所有时差为零的任务所组成的路线，此为关键路径。

（4）标注关键路径，使之成为整体项目管理的约束条件。

综合来看计算关键路径的步骤如下：

①用有方向的线段标出各结点的紧前活动和紧后活动的关系，使之成为一个有方向的网络图（PDM）。

②用正推和逆推法计算出各个活动的 ES,LS,EF,LF，并计算出各个活动的自由时差。找出所有总时差为零或为负的活动，就是关键活动。

③关键路径上的活动持续时间决定了项目的工期，总和就是项目工期。

下面就对关键路径法的具体运用进行节点绘图来讲述。结合上文中 APP 开发的实例，引用项目网络图的关键路径法显示任务模块如图 6-6 所示。

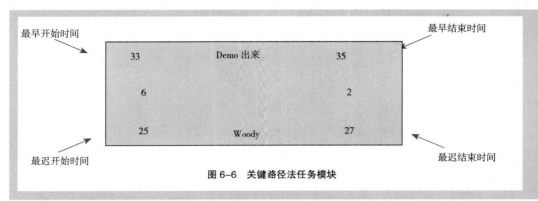

图 6-6　关键路径法任务模块

按照关键路径图的方法，对 APP 开发设计的关键路径（网络图）如图 6-7 所示：

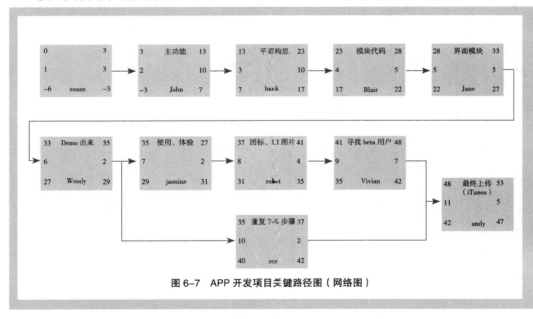

图 6-7　APP 开发项目关键路径图（网络图）

把最关键的路径用图示法表达出来。在此图当中开发一个 APP 从创意之初到最终上传到 iTunes 最早完成的总时长为 53 天，而最迟完成的总时长为 47 天（要按时完成项目，必须提前 6 天开始项目工作）

2. 图形评审法 GERT

图形评审法与关键路径法相比，除工作延续时间的不确定性外，还允许工作存在概率分支。某些工作有不被执行的可能，或只能执行一部分，而有些工作可能被执行很多次。这些情况发生的概率也要在工期计划过程中考虑在内。

美国学者柯兹纳在其著作《项目管理——计划、进度和控制的系统方法（第7版）》

中提出"时间抢夺者"的概念，就是指那些在整个项目进展中发挥着蚕食效应的诸多因素，这些因素或显而易见，或潜伏很深，或让管理者心疼不已，或已让管理者习以为常。这些诸多因素成为影响进程的不可控因素。

3. 甘特图 (Gantt Chart) / 里程碑

此计划编制方法是亨特·甘特在 1961 年发明的，它被广泛用于确定项目中各项工作的时间。其基本特点是依据日历画出每项活动所需的时间范围，对于计划进行形象地描绘各项活动的进度与监督项目的进程，但是不能表现事件与活动间的相互关系，而在现代新媒体项目中必须识别任务之间的相互依赖关系。

项目里程碑核心基本上都是围绕事件 (event)、项目活动 (activity)、检查点 (checkpoint) 或决策点，以及可交付成果 (deliverable) 这些概念来展开的。里程碑在整个新媒体项目中是重大事件，不占资源，是重要的时间节点。里程碑作为阶段性的计划指导，目标必须要明确。通过集体协作方式使得里程碑在整体计划中获得广泛支持，如图 6-8 所示。

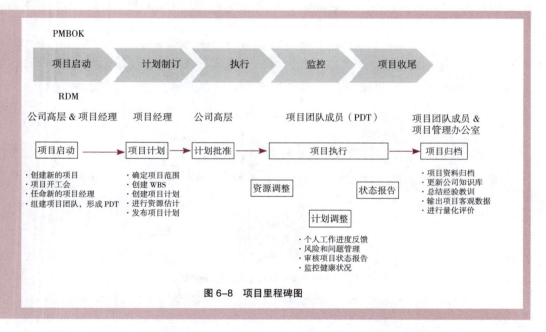

图 6-8　项目里程碑图

附注：RDM（remote deployment manager）软件是 IBM 公司提供给 IBM 大客户的一个重要的系统管理工具。

4. 计划评审技术 PERT

PERT 最早应用于美国海军特别计划办公室的北极星武器系统项目。由于该系统使用大量新技术，技术上的不完善性增加了项目的风险程度。研究人员使用的PERT—计划评审技术基于特定限制的时间内进行尽可能估算项目使用的时间。对于难以估计精确时间的项目，PERT 可以提高项目管理的效率。网络是一种类似流程图的箭线图，描绘项目进行的先后顺序。PERT 需要明确的 4 个概念：事件、活动、松弛时间和关键路线，如图 6-9 所示。

- 事件（events）：表示主要活动结束的那一点；
- 活动（activities）：表示从一个事件到另一个事件之间的过程；
- 松弛时间（slack time）：不影响完工前提下可能被推迟完成的最大时间；
- 关键路线（critical path）：是 PERT 流程中花费时间最长的时间和活动的序列。

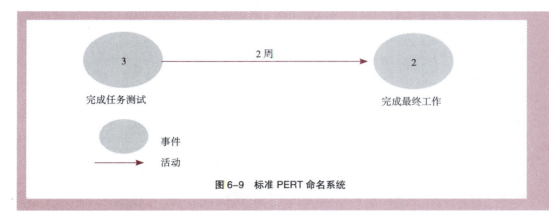

图 6-9　标准 PERT 命名系统

上面标准 PERT 命名系统，圆圈表示事件，箭头表示活动。数字表示特定事件，不表示所遵循的顺序，但因为箭头从事件 3 指向事件 2，意味着事件 3 必须在事件 2 之前完成。箭头上的数字表示任务完成的时间（小时、天数、月份）。综合起来看 PERT 的内容包含管理循环三步骤：计划（planning）、执行（doing）和考核（controlling）。

为了更方便理解 PERT 图，相较于甘特图和里程碑图，PERT 像一幅详细的项目编制地图，并且能更具体详尽地去表现出各种元素之间的关系，如图 6-10 所示。

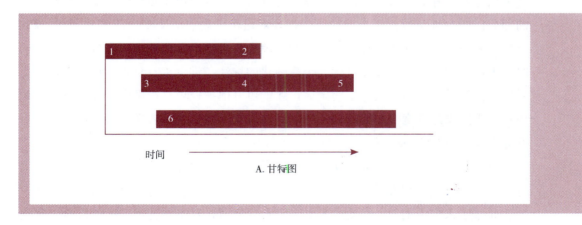

A. 甘特图

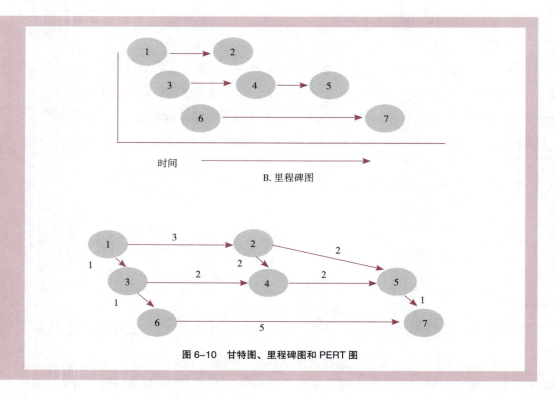

B. 里程碑图

图6-10　甘特图、里程碑图和 PERT 图

6.6.3　进度编制的控制和考察

　　投资、进度和质量是进度表控制的三大要素。新媒体项目不管其有多么创意十足，都要做到以高效的速度投入市场。在《读者文摘》（reader's digest，march 1998，p.49）中，彼得·德鲁克这样描述计划："除非立即转化为辛勤的工作，否则计划只能是美好的愿望。"在对工作分解以后，进度的控制必须体现出组织和智能的划分，即由谁负责？一个好的进度必须对这个问题有着明确而清晰的回答。WBS分解出来的每一个任务，在实际的时间管理中，必须由专门的部门来进行负责，同时对于每个部门的工作要点进行一个清晰化的标注。谁牵头及负责，谁批准，谁提供信息，这最基本的三项分工明确后，才能更好地把控项目进展中的责任体系。列出责任矩阵表是进度控制很重要的一步。也有利于项目管理者在一些关键环节，更好地完成资源的控制和考察，对意外的事故也好及时作出反应。

　　2011年1月，浙江工业大学毕业的丁懿、陈丞、冯泽龙等几个人，把创业方向定位于手机游戏。在大学期间，他们曾开发了校内网上很流行的"抢床位"游戏，并凭此赚了人生中的第一桶金。3个年轻人注册100万成立公司——每日给力科技公司，投入25万元开发了一款名为"文明复兴"的手机游戏。2011年6月，一家风投找到这家公司谈入股，给出的估值是1000万元。2012年7月，又一家风投找到了这家公司，这次给出的估值是5000万元。"文明复兴"是一款免费游戏，取材于中世纪，玩家可以建设自己的帝国，打造军队，排兵布阵，征服世界，采取道具收费的方式盈利。"文明复兴"给我们的启示是：更加明确的分工合作，是产品能以最短时间获得市场的关键。责任矩阵表，如表 6-1 所示。

表 6-1　责任矩阵表（I- 牵头 / 负责；A- 批准；P- 提供信息）

活　动	商务代表	项目经理	产品经理	UI 设计师	开发工程师	测试工程师	项目总监
签订合同	I	P					A
项目启动		P	P	P	P		
产品原型		P	I				
视觉图		P		I			
研发		P			I		
测试		P			I		
验收		I			P		
上线		I					A

责任矩阵的制订体现出一个项目管理的思维。尤其是在新媒体项目创业过程中，由于多数项目的参与者并不多，很容易出现分工不明确的问题。在项目进程中，如果遇到不可控的风险问题，则会出现责任分管的漏洞。相关的个人和部门也能准确囊括于其中，使计划完成得更完善。

案例：网页设计的计划进程图，如图 6-11 所示采用传统的标注里程碑计划。但是在下图的新媒体项目管理中却没有标注出完成任务的时间。这样的设置会造成阶段性任务分配不明确。

当然，在实际应用当中难免有些需要资源调配的问题。将资源从非关键路径上调拨到相对更关键的路径上去，是缩短项目工期的一种方法，还有其他方法：

- 删除项目的某些部分
- 追加更多的资源
- 替换耗时间的部分或活动
- 并行执行活动
- 缩短关键路径上活动的时间
- 缩短早期互动的时间
- 缩短最长活动的时间
- 缩短最简单活动的时间
- 缩短加速会增加最少费用的活动的时间
- 缩短资源富余的活动的时间
- 增加每天的工时数

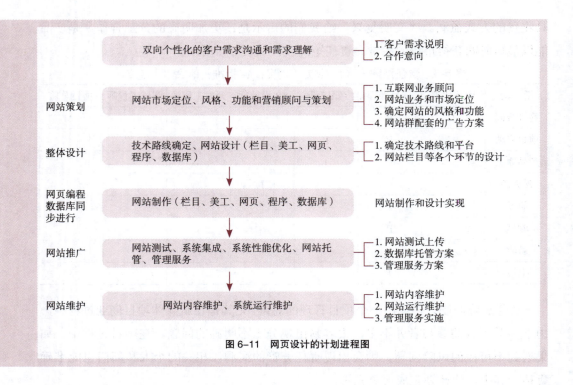

图 6–11 网页设计的计划进程图

6.7 软件辅助时间管理

在使用 project 或其他软件绘制复杂的网络图或甘特图之前，要先明确一个任务目标的草稿，只有把生成的计划图所要达到的目标了然于胸，才能更好地用软件生图。软件本身不能确定和矫正项目管理中的任何相关任务问题，但能帮助我们提前把控好任务分工的构成及风险。软件性能的具体例子：

- 项目数据一览表，如支出、时间安排和活动数据
- 项目管理和商务图形性能
- 数据管理和报告性能
- 关键路径分析
- 客户化以及标准化、报告格式
- 多项目跟踪
- 子网络
- 影响分析（如果……将会怎么样）
- 尽早警示系统
- 替代方案的在线分析
- 成本、时间和活动数据的图形表示
- 资源计划和分析
- 成本分析和方差分析

- 多个日历
- 资源平衡

案例新结局

回顾人人网手机客户端的开发工作可以发现，时间管理的准确性和科学性成为项目能够顺利完成的保障。对于新媒体项目管理者来说，人人网手机客户端应该立足于自身已有的资源的基础上，进行活动的任务分类，并根据任务之间的依赖关系程度进行活动的排序。从这方面来看，人人网的开发还是能够客观、理性评估已有资源并予以排序。但正如开篇案例中所提到的，工期估算以及关键路径的评估成为项目时间拖延的重要因素。客户端开发过程中，没有对于最早开始时间、最迟开始时间、最早结束时间、最迟结束时间 4 个变量进行一个弹性时间的控制，导致一个环节出现问题，整个工期都被影响且超出可控范围。另外，在进度的及时监控方面，没有责任矩阵图的提前编制导致在客户端二次调试期间，发生对原有开发人员调配上的不合理，这个方面也直接影响项目的顺利进行。总之，人人网客户端的开发再次证明时间管理的必要性和重要性。

本章小结

新媒体项目时间管理的主要过程包括：活动定义、活动排序、活动资源估计、活动工期估计、进度安排和进度控制。活动定义是指识别为完成项目而必须开展的具体活动。这一过程通常能够使工作分解结构变得更加详细具体。

活动排序是指确定活动间的关系或依赖关系。活动间的关系有 3 种来源，分别是：基于工作特征的强制关系、基于项目团队经验的自由关系、基于非项目活动的外部关系。在使用关键路径分析法之前必须完成项目活动排序。

网络图是显示活动排序的有效技术。绘制网络图有两种方法：箭线图法和前导图法。任务间存在 4 种关系：完成—开始、完成—完成、开始—开始和开始—完成。

活动资源估计是指确定将要分配给每项活动的资源（人、设备和原材料）的质量和类型。项目和组织的特征将会影响资源的估计。

活动工期估计是指估计完成每项活动所需的时间。这些时间估计包括实际工作时间加占用时间。进度安排就是依据项目时间管理前几个过程的结果来确定项目的开始日期和结束日期。项目经理常常使用甘特图来显示项目进度。追踪甘特图显示了计划和实际的进度信息。

关键路径法可用于预测项目的总工期。一个项目的关键路径是决定项目最早完成日期的一系列活动。关键路径是网络图中最长的路径。如果关键路径上任何活动的开展出现了延误，那整个项目都会出现延误，除非项目经理采取纠偏措施。

讨论题

1. 讨论并且定义新媒体项目时间管理的特殊性，以及在指定活动排序时的风险因素有多少。

2. 怎样在有效的 WBS 工作分解以后先进行一个责任矩阵图的确认？可以使用哪些其他种类的软件支持新媒体项目的时间管理？

3. 描述甘特图法在新媒体项目中应用的特殊性，并谈论这些特殊性的难度。

4. 利用本书或网上的案例，试提出一些更行之有效的方法。

5. 新媒体项目的子项目集包括哪些内容？

6. 新媒体项目的时间管理包括哪些内容？你认为怎样算是有效的时间管理？

7 项目成本管理

知识要点

　　在本章学习中首先应该理解项目成本管理的重要性，即为使项目成本控制在计划目标之内所作的预测、计划、控制、调整、核算、分析和考核等管理工作。项目成本管理就是要确保在批准的预算内完成项目，具体项目要依靠制定成本管理计划、成本估算、成本预算、成本控制 4 个过程来完　成。项目成本管理是在整个项目的实施过程中，为确保项目在所批准的成本预算内，尽可能好地完成而对所需的各个过程进行管理。与此同时，结合新媒体这个领域，了解在为新媒体项目进行成本预算以及准备成本估计时所涉及的过程。

学习目标

（1）理解新媒体项目成本管理的重要性。

（2）解释基本的项目成本管理准则、概念、术语。

（3）讨论在新媒体成本估计时，不同的成本估计类型和方法。

（4）了解在为新媒体项目进行成本预算以及准备成本估计时所涉及的过程。

（5）了解挣值管理的优点。

开篇案例

JT 是芝加哥一个知名企业的新媒体设计师，有一次参加了一个知名组织大型项目的重要评审会，其中也包括了 JT 感兴趣的新媒体项目。但是，会议的大多数时间都花费在讨论与成本相关的问题时，JT 感到十分惊讶。在投资很多新的项目之前，组织人员都要评审许多已经开发、成长或者成熟的项目，估计他们现有进度和预算的潜在影响。JT 不明白报告人讲述的许多术语和图表。他们经常会谈及的术语"挣值"是什么意思？他们如何估计将花费多少成本和时间来完成项目？JT 原本以为他此番能学到一下新媒体设计研发方面的知识，但他发现会议中组织领导更为关心的是成本的估计和项目的收益。似乎在设计和技术工作的最初，更重要的是将时间花费在研究财政细节上。JT 认为他只有学习一些关于会计和财务的课程，才能明白他们讨论中频繁提到的缩写和概念。尽管 JT 是新媒体方面的半个专家，但是财务方面却没有进行过系统的学习培训，没有任何经验。会上的种种疑问 JT 都一一记录下来，他知道要成为一名合格的项目经理，财务知识是必不可少的。

7.1 成本管理的目的和作用

充分动员和组织企业全体人员，在保证产品质量的前提下，对企业生产经营过程的各个环节进行科学合理的管理，力求以最少生产耗费取得最大的生产成果。

成本管理是企业管理的一个重要组成部分，它要求系统全面、科学合理，它对于促进增产节支、加强经济核算，改进企业管理，提高企业整体成本管理水平具有重大意义。

7.2 成本管理过程

要搞好成本管理和提高成本管理水平，首先要认真开展成本预测工作，规划一定时期的成本水平和成本目标，对比分析实现成本目标的各项方案，进行最有效的成本决策。然后应根据成本决策的具体内容，编制成本计划，并以此作为成本控制的依据。加强日常的成本审核监督，随时发现并克服生产过程中的损失浪费情况，在平时要认真组织成本核算工作，建立健全成本核算制度和各项基本工作，严格执行成本开支范围，采用适当的成本核算方法，正确计算产品成本。同时安排好成本的考核和分析工作，正确评价各部门的成本管理业绩，促进企业不断改善成本管理措施，提高企业的成本管理水平。要定期积极地开展成本分析，找出成本升降变动的原因，挖掘降低生产耗费和节约成本开支的潜力。

某些项目，特别是小项目，成本估算、成本预算和成本控制三者紧密相连，可把这些过程视为一个过程处理（例如，当这些过程可由一个人在短时间内完成时）。在下面的讨论中我们还是把这些过程分开讨论，不同的过程使用的工具和方法是不同的。

7.3　新媒体经营模式下的项目成本特征

新媒体项目成本是指新媒体组织对于实施某项目的成本，包括设备设施成本、人力资源成本和项目实施成本。

新媒体项目成本管理具有以下的特点：

（1）新媒体项目属于单件式、一次性投入的特殊产品，每一项目的策划和实施条件都不一样，各个项目的实施过程和成本形成都将千差万别，很难用统一的模式来评价和预测其成本，必须"一事一议"。相对来说，新媒体项目的前期成本相当高，后期成本较低。数字信息的产品，一般来说主要的成本都是发生在销售以前的生产环节上，以及产品在推广阶段的费用，即产品的研发、制造以及推广。一般的新媒体项目从研发到生产出第一个产品之前的成本，都可以算作沉没成本，一旦产品无法形成，则之前的众多投入大部分都不可挽回。

（2）一般来说，新媒体项目都是尽量运用低成本战略，但其项目前期大部分都是沉没成本，项目成本是随项目进度而逐渐投入的，如果项目没有形成就停止投入或者停止研发，那么前期的一切投入将无法挽回。这就需要实施团队及管理部门对项目成本进行事先控制和动态控制。

（3）新媒体项目是典型的人力资源密集型产业，人员主要需要处理信息的搜集、加工等，这些都属于高级的脑力劳动过程，并且新媒体属于高新技术领域，从业人员还需要掌握一定的技术，这些技术以及技能是需要人们通过长期的学习、培训和积累才能达到从业的要求。人们因此付出的成本是有别于传统工程项目中的劳动者成本，在这里被称作人力资本。因此相对来说，新媒体项目的人力成本较高。

由于新媒体项目具有特殊的成本特征，因此，我们应该对症下药，要提高新媒体项目的生产力，就要保护和促进前期资源的有效利用，高效率地引导资金、人力资源的投入，并且由于其沉没成本很高，不同于工业制造行业，其产品也呈现出非实体的特征，投资风险在新媒体行业是普遍问题，由于其产品的非实体性，导致所有的新媒体项目需要较高的开拓成本，且消费者难以感知，所以对新媒体项目来说，对成本的有效计划和控制把握尤为重要。

7.4　新媒体项目成本管理基本准则

许多的新媒体项目只计划却一直未实施，是因为新媒体专家没有理解基本会计和财务准则的重要性，例如净现值分析、投资收益和回收期分析等。同样，许多项目启动了却没有结项也是因为成本管理问题。新媒体项目经理应该具备专业技能以及财务基本技能，能用专业技术术语和财务术语来讨论项目信息。项目经理还必须了解成本管理的准则、特征等，才能更好地进行项目管理。本节再介绍几个相关的术语，如利润、生命周期成本、现金流分析、有形及无形成本和收益、直接成本、沉没成本、储备等。另一个重要的术语即开篇案例中提及到的——挣值管理，也是控制项目成本的一个关键工具和技术。

（1）利润：指企业在一定会计期间的经营成果，包括收入减去费用后的净额、直接计入当期利润的利得和损失。对企业利润进行核算，可以及时反映企业一定会计期间经营业绩和获利能力，反映企业的投入与产出效率和经济效益，有利于投资者和财务报告使用者等了解企业经营状况，做出正确的经济决策。

（2）利润率：利润与收入的比率。如果1000美元的收入，产生了50美元的收益，那么利润率就是5%；反过来说如果公司亏损了50美元，那么利润率就是-5%。

（3）生命周期成本（life cycle cost, LCC）：指在产品经济有效使用期间所发生的与该产品有关的所有成本，包括开发（计划、设计和测试）、生产（加工作业）以及后勤支持（广告、销售和保证等）。具体而言包括产品设计成本、制造成本、使用成本、废弃处置成本、环境保护成本等。例如，一个公司利用一年时间完成一个项目，开发和实施一个户外媒体，但是这个媒体项目可能会使用10年。在组织专业人员帮助下，项目经理应该针对整个项目的生命周期，进行项目成本和收益的估计，而审视项目的净现值分析将包括整个10年期间的成本和收益。

（4）新媒体项目如果在前期没有支出足够的费用，将影响到组织的整体成本。例如：在定义用户需求和进行新媒体项目的前期测试上舍得花费，要比等实施完成后解决问题更加划算。回顾一下第五章项目范围管理中的内容，在项目后期发现缺陷并进行修复的花费比早期修复费用要高出很多倍。

（5）直接成本：指直接用于生产过程的各项费用。某一时期（如一年）的直接成本总额随产量的变化而变化，且随产量的增加大体上成正比增加，故直接成本又称为可变成本。虽然直接成本的总额随产量变化，但在一定的产量范围内单位产品的直接成本基本上是常数。因此直接成本常常以元/吨产品为单位。

（6）间接成本（indirect cost）：指与生产产品和服务难以形成直接量化关系的资源投入成本，主要包括固定资产折旧成本、管理费用、营销费用等。

（7）沉没成本（sunk cost）：指由于过去的决策已经发生了的，而不能由现在或将来的任何决策改变的成本。人们在决定是否去做一件事情的时候，不仅是看这件事对自己有没有好处，而且也看过去是不是已经在这件事情上有过投入。我们把这些已经发生不可收回的支出，如时间、金钱、精力等称为"沉没成本"（sunk cost）。在经济学和商业决策制定过程中会用到"沉没成本"（sunk cost）的概念，代指已经付出且不可收回的成本。沉没成本常用来和可变成本作比较，可变成本可以被改变，而沉没成本则不能被改变。

（8）储备（reserves）：指包含成本估算中为未来难以预测的情况留出余地、减轻成本风险而设立的资金。

（9）应急储备（contingency reserves）考虑的是可以部分预测到的未来情况

（有时成为已知的未知，known unknown），并且应包括在成本的基线当中，例如，如果一个组织指导它的信息技术人员有 20% 的人员会更替，它应该包括应急储备来为信息技术人员制定雇用和培训成本。

（10）管理储备（management reserves）考虑的是不确定的未来情况（也成为未知的未知，unknown un-known）。

7.5 从项目成本估算到成本预算

如果想在规定的预算内完成项目，项目经理就必须认真估算成本。列出一个合适的资源需求清单后，项目经理和项目团队应该对这些资源的成本进行多次估算。在第六章项目时间管理中，其中一个重要的过程便是活动资源估计，它提供出一个活动所需的资源的清单。例如，如果新媒体项目的一个活动是去完成一个特定类型的测试，活动资源需求清单将描述需要完成该测试的人员的水平、完成这一活动的建议人数、建议时间、所需的特定软件及设备等。一个好的成本预算需要囊括所有以上信息。接下来的章节将介绍成本预算的不同类型、进行成本估计的工具和技术、新媒体项目成本估计会遇到的典型问题，以及一个新媒体项目成本估计的详细案例。

7.5.1 项目成本估计的类型

项目成本管理的主要输出之一就是成本估算。通常包括 3 种估算方式：

1. 数量级估算（rough order of magnitude（ROM）estimate）

提供项目成本的粗略估算 ROM 估算也可称为近似估算、猜算、虚估或泛算。它在项目早期甚至在项目正式开始之前进行。项目经理和高层管理使用该估算帮助项目决策。进行这种类型估算的通常是在项目完成之前的 3 年或更长时间。粗数量级估算的精确度一般是 -25%～+75%，意思是项目的实际成本可能低于粗数量级估算的 25%，或高于粗数量级估算的 75%。对于新媒体项目而言，该精确范围经常更广。许多新媒体专业人员为项目开发成本估算自动增加一倍，因为相类似的 IT 项目有成本超支的历史。

2. 预算估算（budgetary estimate）

预算估算用来将资金分配到组织的预算中。许多组织建立至少两年的预算。预算估算在项目完成前一到两年做出，其精确度一般是 -10%～+25%，就是说实际成本可以比预算估算低 10% 或高 25%。例如，一个预算为 1 000 000 美元的项目实际成本会是 900 000 美元～1 250 000 美元。

3. 确定性估算（definitive estimate）

提供准确的项目成本估算，常用于许多采购决策的制定，因为这些决策需要准确的预算，同时它也常用于估算最终项目成本。例如，如果一个项目在 3 个月内需要从外部供应商购买 100 台个人计算机，那么需要进行确定性估算，以帮助评估供应商的投标建议书并划拨资金给选中的供应商管理。确定性估算通常在项目完成前一年或更短时间进行。它是 3 种估算类型中最精确的，通常精确度为 -5%～ +10%，意思是实际成本可能比确定性估算值低 5% 或高 10%。例如，一个确定下估计 1 000 000 美元的项目，实际成本是 950 000 美元～ 1 100 000 美元。表 7-1 显示了 3 种基本的成本估计类型。

表 7-1 成本估计类型

估计类型	什么时候做	为什么做	精度多少
粗数量级	项目生命周期前期，经常是项目完成前的 3~5 年	提供选择决策的成本估计	−50%~100%
预算	早期，1~2 年	把钱分配到预算计划	−10%~25%
确定性	项目后期，少于 1 年	为采购提供详细内容，估计实际费用	−5%~10%

应用领域不同，成本估算的数量和类型也不同。例如，国际工程造价协会将建筑项目的成本估算分为 5 种类型：数量级、概念、初步估算、确定性估算和控制。成本估算通常在项目的不同阶段施行，而且随着项目的推进越来越精确。

除了给出成本估算，对成本估算提供支持性的细节也是非常重要的。支持性的细节包括基本规则和估算所用的假设、用作估算基础的项目描述（范围说明书、工作分解结构 WBS 等）、详细的成本估算工具和技术。当需要时，这些支持性的细节可以使估算更新变得简单易行。

成本管理计划（cost management plan）是描述组织如何管理项目成本变化的文档。例如，如果确定性成本估计为评估供应商全部或部分成本申请提供了基础，那么成本管理计划则描述了组织对这些比估计值或高或低的申请作出怎样的反应。一些组织假定，成本申请在估计的 10% 以内就是可以接受的，并且仅对比估计成本高 10% 或低 20% 的项目进行协商。成本管理计划是项目集成管理的总体项目管理计划的一部分。

成本估计的一个重要因素是劳动力成本，因为其占总项目成本的一个很大比例。许多组织都按部门或是技能估计整个项目生命周期内他们所需的人、小时数或技术。

7.5.2 成本估算的技术路线和方法

正如大家所想象，完成一个良好的成本估计是很困难的。值得庆幸的是，有几种好的工具和技术能帮助我们进行成本估计。通常使用的成本估计的方法是：类比成本估算法、自下而上估算法、参数模型法和 WBS 全面详细估算法。

1. 类比估算法 (analogous estimates)

类比估算法也称为自上而下估算法，它是使用以前相似项目的实际成本作为目前项目成本估算的根据。它需要非常专业的判断能力，较其他方法更节省，但却不很精确。有两种情况可以使用这种方法，其一是以前完成的项目与新项目非常相似，其二是项目成本估算专家或小组具有必需的专业技能。

2. 自下而上估算法 (bottom-up estimating)

自下而上估算法也称为工料清单法，是估算各个工作项或活动，并将单个工作项汇总成整体项目估算的一种方法，有时称为基于活动成本法（ABC 法）。这种方法首先要给出项目所需的工料清单，然后再对工料清单中各项物料和作业的成本进行估算，最后向上滚动加总得到项目总成本。这种方法通常十分详细而且耗时但是估算精度较高，它可对每个工作包进行详细分析并估算其成本，然后统计得出整个项目的成本。

3. 参数模型法 (parametric modeling)

参数模型法也称为参数估计法，是在数学模型中应用项目特征（参数）估算项目成本。它是一种建模统计技术，利用项目特性计算项目费用，模型可以简单（商业住宅以居住空间的平方米的金额估算），也可复杂（一个软件开发费用模型要用十几个因素，每个因素都有五六个方面）。参数估计法使用一组项目费用的估算关系式，通过这些关系式对整个项目或其中大部分的费用进行一定精度的估算。参数估计法重点集中在成本动因（即影响成本最重要因素）的确定上，这种方法并不考虑众多的项目成本细节，因为是项目成本动因决定了项目成本总量的主要变化。参数估计法能针对不同项目成本元素分别进行计算。

4. WBS（Work Breakdown Structure）全面详细估算法

WBS 全面详细估算法即利用 WBS 方法（WBS：工作分解结构），先把项目任务进行合理的细分，分到可以确认的程度，如某种材料、某种设备、某一活动单元等。然后估算每个 WBS 要素的费用。采用这一方法的前提条件或先决步骤是：

（1）对项目需求做出一个完整的限定；

（2）制定完成任务所必需的逻辑步骤；

（3）编制 WBS 表。

项目需求的完整限定应包括工作报告书、规格书以及总进度表。工作报告书是指实施项目所需的各项工作的叙述性说明，它应确认必须达到的目标。如果有资金等限制，该信息也应包括在内。规格书是对工时、设备以及材料标价的根据。它应该能使项目人员和用户了解工时、设备以及材料估价的依据。总进度表应明确项目实施的主要阶段和分界点，其中应包括长期定货、原型试验、设计评审会议以及其他任何关键的决策点。

7.5.3　项目成本估算的基本结果

项目成本估算的基本结果有以下几个方面：

1. 项目的成本估算

描述完成项目所需的各种资源的成本，其结果通常用劳动工时、工日、材料消耗量等表示。

2. 详细说明

成本估算的详细说明应该包括：成本估算的范围描述、成本估计的实施方法、成本估算信赖的各种假设、估算结果的有效范围。

3. 请求的变更

成本估算过程可能产生影响资源计划、费用管理计划和项目管理计划的其他组成部分的变更请求，请求的变更应通过整体变更控制过程进行处理和审查。

7.6　项目成本预算

项目成本预算是在项目成本估算的基础上，更精确地估算项目总成本，并将其分摊到项目的各项具体活动和各个具体项目阶段上，为项目成本控制制订基准计划的项目成本管理活动，它又称为项目成本计划。

成本估算和成本预算既有区别，又有联系。

成本估算的目的是估计项目的总成本和误差范围，而成本预算是将项目的总成本分配到各工作项和各阶段上。成本估算的输出结果是成本预算的基础与依据，成本预算则是将已批准的估算（有时因为资金的原因需要砍掉一些工作来满足总预算要求，或因为追求经济利益而缩减成本额）进行分摊。

尽管成本估算与成本预算的目的和任务不同，但两者都以工作分解结构为依据，所运用的工具与方法相同，两者均是项目成本管理中不可或缺的组成部分。

7.6.1　成本预算的特征及编制原则

项目预算具有计划性、约束性、控制性三大特征。

计划性是指在项目计划中，根据工作分解结构项目被分解为多个工作包，形成一种系统结构，项目成本预算就是将成本估算总费用尽量精确地分配到 WBS 的每一个组成部分，从而形成与 WBS 相同的系统结构。因此预算是另一种形式的项目计划。

约束性是指因为项目高级管理人员在制定预算的时候均希望能够尽可能"正确"地为相关活动确定预算，既不过分慷慨，以避免浪费和管理松散，也不过于吝啬，以免项目任务无法完成或者质量低下，故项目成本预算是一种分配资源的计划，预算分配的结果可能并不能满足所涉及的管理人员的利益要求，而表现为一种约束，所涉及人员只能在这种约束的范围内行动。

控制性是指项目预算的实质就是一种控制机制。管理者的任务不仅是完成预定的目标，而且也必须使得目标的完成具有效率，即尽可能地在完成目标的前提下节省资源，这才能获得最大的经济效益。所以，管理者必须小心谨慎地控制资源的使用，不断根据项目进度检查所使用的资源量，如果出现了对预算的偏离，就需要进行修改，因此，预算可以作为一种度量资源实际使用量和计划量之间差异的基线标准而使用。

此外，项目成本预算在整个计划和实施过程中起着重要的作用。成本预算和项目进展中资源的使用相联系，根据成本预算，项目管理者可以实时掌握项目的进度。如果成本预算和项目进度没有联系，那么管理者就可能会忽视一些危险情况，比如费用已经超过了项目进度所对应的成本预算但没有突破总预算约束的情形。在项目的实施中，应该不断收集和报告有关进度和费用的数据，以及对未来问题和相应费用的预计，管理者从而可以对比预算进行控制，必要时对预算进行修正。

为了使成本预算能够发挥它的积极作用，在编制成本预算时应掌握以下一些原则：

1. 项目成本预算要与项目目标相联系

项目成本预算要与项目目标相联系，包括项目质量目标、进度目标。成本与质量、进度之间关系密切，三者之间既统一又对立，所以，在进行成本预算确定成本控制目标时，必须同时考虑到项目质量目标和进度目标。项目质量目标要求越高，成本预算也越高；项目进度越快，项目成本越高。因此，编制成本预算，要与项目的质量计划、进度计划密切结合，保持平衡，防止顾此失彼，相互脱节。

2. 项目成本预算要以项目需求为基础

项目成本预算同项目需求直接相关，项目需求是项目成本预算的基石。项目范围的存在为项目预算提供了充足的细节信息。如果以非常模糊的项目需求为基础进行预算，则成本预算不具有现实性，容易发生成本的超支。

3. 项目成本预算要切实可行

编制成本预算过低，经过努力也难达到，实际作用很低；预算过高，便失去作为成本控制基准的意义。故编制项目成本预算，要根据有关的财经法律、方针政策，从项目的实际情况出发，充分挖掘项目组织的内部潜力，使成本指标既积极可靠，又切实可行。

4. 项目成本预算应当有一定的弹性

项目在执行的过程中，可能会有预料之外的事情发生，包括国际、国内政治经济形势变化和自然灾害等，这些变化可能对项目成本预算的实现产生一定影响。因此，编制成本预算要留有充分的余地，使预算具有一定的适应条件变化的能力，即预算应具有一定的弹性。通常可以在整个项目预算中留出 10% ～ 15% 的不可预见费，以应付项目进行过程中可能出现的意外情况。

7.6.2　成本预算的依据和技术方法

项目成本预算的依据主要有：成本估算、工作分解结构、项目进度计划等。其中项目成本估算提供成本预算所需的各项工作与活动的预算定额；工作分解结构提供需要分配成本的项目组成部分；项目进度计划提供需要分配成本的项目组成部分的计划开始和预期完成日期，以便将成本分配到发生成本的各时段上。

项目成本预算的方法与费用估算相同。但由于项目成本预算的目的不同于成本估算的目的，所以在具体运用时存在差异。项目成本预算的两种基本方法是自上而下的预算和自下而上的预算。采用哪一种方法，这和项目组织的决策系统有很大关系。

1. 自上而下的项目预算

自上而下的预算方法主要是依据上层、中层项目管理人员的管理经验和判断。首先由上层和中层管理人员对构成项目整体成本的子项目成本进行估计，并把这些估计的结果传递给低一层的管理人员。在此基础上由这一层的管理人员对组成项目的任务和子项目的任务的成本进行估计，然后继续向下一层传递他们的成本估计，直到传递到最低一层。

这种预算方法的优点是总体预算往往比较准确，上中层管理人员的丰富经验往往使得他们能够比较准确地把握项目整体的资源需要，从而保证项目预算能够控制在比较准确的水平上。这种方法的另一个优点是，由于在预算过程中总是将既定的预算在一系列任务之间进行分配，这就避免有些任务被过分重视而获得过多资源。

但是这种预算方法也存在不可避免的缺点。可能会出现下层人员认为不足以完成相应任务，但很难提出与上层管理者不一致的看法，而只能沉默地等待上层管理者自行发现其中的问题而进行纠正，这样就会导致项目在生产进行过程中出现困难，甚至于失败。

2. 自下而上的预算方法

自下而上的预算方法，是管理人员对所有工作的时间和需求进行仔细的考查，以尽可能精确地加以确定。首先预算是针对资源而进行的。意见上的差异可以通过上层和中层管理人员之间的协商来解决，形成了项目整体成本的直接估计。项目经理在此之上加以适当的间接成本。

与自上而下的预算方法相比，自下而上的预算方法对任务档次的要求更高、更为准确，关键在于要保证把所涉及的所有工作任务都考虑到，为此，这种方法比自上而下的预算方法更为困难。

自下而上预算的优点是，由于预算出自日后要参与实际工作的人员手中，所以可以避免引发上下层管理人员发生争执和不满情况的出现。

　　为了建立项目的预算，我们必须预测项目需要耗费何种资源，各种资源需要的使用量、何时需要以及相应形成的成本，其中要考虑到未来通货膨胀的影响。任何预测都带有不确定性，不过不确定性随着所涉及内容的不同而不同。有时，可以作出相当准确的预测。例如，一个建筑师只要知道砖墙的长、宽、高就可以得到所需砖的数目，加上一定的其他消耗，结果的误差可能在1%以下。有时预测也不准确，例如在估计某种特别软件项目所需要的人、时数。有经验的工作人员可以对此进行估计，但结果可能就具有相当大的误差。而有些时候，预测可能会非常困难。例如，进行一种全新技术的开发项目，开发结果事前难以确定，更不用说项目进展的具体过程了。

7.6.3　项目成本预算的编制

　　项目成本预算计划的编制工作包括确定项目的总预算、分解确定项目各项活动的预算、项目成本预算调整。

　　• 成本预算总额的确定：这是将批准的项目成本估算进一步精确化，具体到各成本要素中去，并为每一个工作包建立预算成本，进而确定项目总成本的过程。

　　• 项目各项活动预算的确定：这是依据项目各工作包的各项活动的进度，将项目预算成本分配到工作包及项目整个工期中各阶段去的过程。

　　• 项目成本预算调整：这是对已编制的预算成本进行调整，使成本预算既先进又合理的过程。

　　项目成本预算的调整分为初步调整、综合调整和提案调整。

　　• 初步调整：这是借助工作任务一览表、工作分析结构、项目进度计划、成本估算在内的预算依据，在项目成本预算后对某些工作任务的遗漏和不足，某些工作活动等出现的偏差进行调整。对一些可能不够准确的地方进行再调查，并根据实际情况进行修正。

　　• 综合调整：进行综合调整是因为项目总是处在变化当中，项目预算也会发生相应的变化，这就迫使对预算做出相应的综合调整，但是这种综合调整不像初步调整那样确定和明了，在这里更多的是依靠对政治经济形势的敏感，凭借的是管理者的直觉和经验。

　　• 提案调整：这是当财务、技术人员编制的项目预算已经接近尾声，并认为合理可行时，就可以把它写进项目预算，提交审议。这是一个非常关键的阶段，需要说服项目经理、项目团队和主管单位，最后还要求得客户的肯定，使多数人认为该预算是适当的和周密的。

7.6.4　成本预算的结果

　　项目成本预算的主要结果是获得基准预算，具体体现在以下几个方面：

1. 基准预算

项目基准预算又称费用基准，它由时段估算成本进一步精确、细化编制而成，通常以 S 曲线的形式表示，是按时间分段的项目成本预算，是项目管理计划的重要组成部分。许多项目，特别是大项目，可能有多个费用基准或资源基准或消耗品生产基准，来度量项目绩效的不同方面。

成本基准计划对项目成本按时间进行分解，并在此基础上编制成本基准计划，是利用时间—成本累计曲线（S 形曲线）表示。

2. 成本预算表和成本预算单

在编制项目成本预算时要填写预算单，完成成本预算。预算单上需要包括下列内容：人员、设备、材料等。

以上仅是预算单中所包括的部分内容，实际中还需要考虑更多的因素。为了防止遗漏，可以编制项目预算表，如表 7-2 所示。

表 7-2 项目预算表

项目名称：	日期： 自	至		制表人：
项目	时间		数量（单位）	预算成本
	开始	结束		
1. 人员 （1）项目团队成员 （2） （3） ……				
2. 研发与测试备 （1） （2） （3） ……				
3. 租用 / 自有设备 （1） （2） （3） ……				
4. 原材料 （1） （2） （3） ……				

例：某公司设计研发新媒体项目，项目成本估算的结果是 100 万元，要求：编制该项目的成本预算。

分析：项目成本预算的编制首先要对成本估算进一步精确、细化并按项目分解结构分配到项目各组织部分直至各工作包，以最终确定项目成本预算；其次还要将预算成本按项目进度计划分解到项目的各个阶段，建立每一时段的项目预算成本，以便在项目实施阶段利用其进行成本控制。故项目成本预算的编制包括两个步骤：一是确定并分摊预算总成本；二是制定累计预算成本。具体操作如下：

（1）分摊预算总成本

分摊预算总成本就是将预算总成本分摊到各成本要素中去，并为每一个阶段建立预算总成本。其具体方法有两种，一种是自上而下法，即在总项目成本（即人工、原材料等）之内按照每个阶段的工作范围，以总项目成本的一定比例分摊到各个阶段中；另一种方法是自下而上法，它是依据与每一阶段有关的具体活动而做成本估计的方法。每一阶段的总预算成本就是组成各阶段的所有活动的成本总和。

某公司新媒体项目预算总成本分解，如图 7-1 所示。

图 7-1 表明了把 100 万元的项目成本分摊到设计、研发、推广、反馈各个阶段的情况。

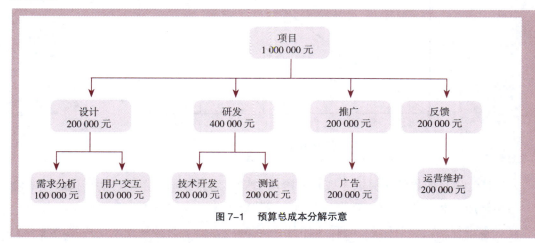

图 7-1 预算总成本分解示意

那么，分摊到各阶段的数字表示为完成所有与各阶段有关的活动的总预算成本。无论是自上而下法还是自下而上法，都被用来建立每一阶段的总预算成本，所以各阶段的预算总和不能超过项目总预算成本。

（2）制订累计预算成本

我们为每一阶段建立了总预算成本，就要把总预算成本分配到各阶段的整个工期中去，每期的成本估计是根据组成该阶段的各个活动进度确定的。当每一阶段的总预算成本分摊到工期的各个区间，就能确定在这一时间内用了多少预算。这个数字用截止到某期的每期预算成本总和表示。这一合计数，称作累计预算成本，将作为分析项目成本绩效的基准。

在制订累计预算成本时，要编制新媒体项目每期预算成本表，如表 7-3 所示。

表 7-3　新媒体项目每期预算成本表　　　　　　　单位：万元

	合计	1	2	3	4	5	6	7	8	9	10	11	12
设计	20	5	5	10									
研发	40				8	8	8	8	8				
推广	20									10	5	5	
反馈	20												20
合计	100												
累计		5	10	20	28	36	44	52	60	70	75	80	100

对于新媒体项目，表 7-3 表示了估计工期如何分摊每一阶段的预算总成本到各工期，也表示出了整个项目的每期预算成本及其累计预算成本。

根据表 7-3 的数据，可以给出时间—成本累计曲线，如图 7-2 所示。

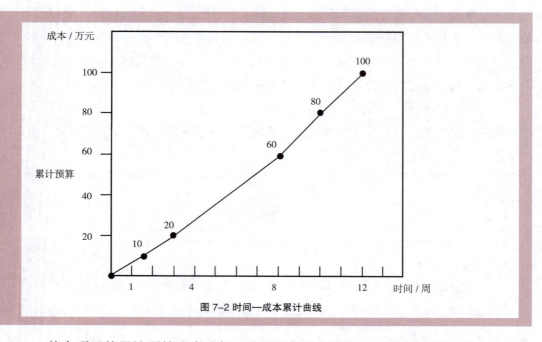

图 7-2 时间—成本累计曲线

整个项目的累计预算成本或每一阶段的累计预算成本，在项目的任何时期都能与实际成本和工作绩效作对比。对项目或阶段来说，仅仅将消耗的实际成本与总预算成本进行比较容易引起误解，因为只要实际成本低于总预算成本，成本绩效看起来总是好的。在新媒体项目的例子中，我们会认为只要实际总成本低于 100 万元，项目成本就得到了控制。但当某一天实际总成本超过了总预算成本 100 万元，而项目还没有完成，那该怎么办呢？到了项目预算已经超出而仍有剩余工作要做的时候，要完成项目就必须增加费用，此时再打算进行成本控制就太晚了。为了避免这样的事情发生，就要利用累计预算成本而不是总预算成本作为标准来与实际成本作比较。如果实际成本超过累计预算成本时，就可以在不算太晚的情况下及时采取改正措施。

7.7　项目成本的控制

在管理学中，控制通常是指管理人员按计划标准来衡量所取得的成果，纠正所发生的偏差，以保证计划目标得以实现的管理活动。管理首先开始于制订计划，继而进行组织和人员配备，并实施有效的领导，一旦计划实施，就必须进行控制，以检查计划实施情况，找出偏离计划的误差，确定应采取的纠正措施，并采取纠正行动。

项目成本控制是在项目实施过程中，根据项目实际发生的成本情况，修正初始的成本预算，尽量使项目的实际成本控制在计划和预算范围内的一项项目管理工作。

项目成本控制的主要目的是控制项目成本的变更，涉及项目成本的事前、事中、事后控制。项目成本的事前控制指对可能引起项目成本变化因素的控制；事中控制指在项目实施过程中的成本控制；事后控制指当项目成本变动实际发生时对项目成本变化的控制。

控制项目成本有几种辅助软件工具。例如，project2013，可帮助输入预算成本、设定基线、输入实际数值、计算变量和运行各种成本报告。除了使用软件，还必须建立一些变更控制系统来界定更改成本基线的过程。因为许多项目不能精确进行，所以需要新的或修改后的成本估计，就像在评价几套备选行动方案时所做的估计那样。绩效评审是帮助控制项目成本的一个有力的工具。当人们知道需要报告自己的工作进展时，通常工作就能表现得更好一些。另一个重要的成本控制工具是绩效评价。尽管可以使用一般的计算方法衡量成本绩效，但是挣值管理（EVM）是一个强有力的成本控制技术，它在项目管理领域是独一无二的。

7.7.1 项目成本控制的原则

项目实施过程中进行成本控制，必须遵循如下原则：

（1）节约原则

节约就是项目人力、物力和财力的节省，是成本控制的基本原则。节约绝对不是消极的限制与监督，而是要积极创造条件，要着眼于成本的事前预测、过程控制，在实施过程中经常检查是否出偏差，以优化项目实施方案、提高项目的科学管理水平实现项目费用的节约。

（2）经济原则

经济原则是指因推行成本控制而发生的成本不应超过因缺少控制而丧失的收益。任何管理活动都是有成本的，为建立一项控制所花费的人力物力财力不能超过这项控制所能节约的成本。这项原则在很大程度上决定了项目只能在重要领域选择关键因素加以控制，只要求在成本控制中对列外情况加以特别关注，而对次要的日常开支采取简化的控制措施，如对超出预算的费用支出进行严格审批等。

（3）责任权利相结合的原则

要使成本控制真正发挥效益，必须贯彻责权利想结合的原则。它要求赋予成本控制人员应有的权力，并定期对他们的工作业绩进行考评奖惩，以调动他们的工作积极性和主动性，从而更好地履行成本控制的职责。

（4）全面控制原则

全面控制原则包括两个含义，即全员控制和全过程控制。

项目成本费用的发生涉及到项目组织中的所有成员，因此应充分调动他们的积极性、树立起全员控制的观念，从而形成人人、事事、时时都要按照目标成本来约束自己行为的良好局面。项目成本的发生涉及到项目的整个生命周期，成本控制工作要伴随项目实施的每一阶段，才能使项目成本自始至终处于有效控制之下。

（5）按例外管理的原则

成本控制的日常工作就是归集各项目单元的资源耗费，然后与预算数进行比较，分析差异存在的原因，找出解决问题的途径。按照例外管理原则，为提高的工作效率，成本差异的分析和处理要求把重点放在不正常、不符合常规的关键性差异，即"例外"差异分析上。确定"例外"的标准，通常有如下 4 条：

• 重要性：一般情况下，我们将成本差异额或差异率大的或对项目有重大不利影响的差异作为重要差异给予重点控制。但差异分为有利差异和不利差异，项目成本控制不应只注意不利差异，还需注意有利差异中隐藏的不利因素。例如，采购部门为降低采购成本而采购劣质材料，它不但会造成材料用量的大幅增加，还导致项目成本增加，而且会带来项目成果质量低下，故应引起高度重视。

• 可控性：有些成本差异是项目管理人员无法控制的，即使发生重大的差异，也不应视为"例外"。例如，由于国家税率或公用事业收费标准的变更而带来的重大金额差异，项目管理人员对它无能为力，就不能视为"例外"，也无须采取措施。

• 一贯性：尽管有些成本差异从未超过规定的金额或百分率，但一直在控制线的上下限附近徘徊，亦应视为"例外"。它意味着原来的成本预测可能不准确，需要及时进行调整；或意味着成本控制不严，必须严格控制，予以纠正。

• 特殊性：凡对项目施工全过程都有影响的成本项目，即使差异没有达到"重要性"的标准，也应受到成本控制的密切注意。如机械维修费的片面强调节约，在短期内虽可降低成本，但因设备维修不足可能造成机械"带病运转"，甚至停工修理，从而影响项目进度并最终导致项目成本超支。

7.7.2 成本控制的内容和依据

成本控制主要关心的是影响改变费用线的各种因素、确定费用线是否改变以及管理和调整实际的改变。成本控制的内容包括：监控成本预算执行情况以确定与计划的偏差，对造成费用基准变更的因素施加影响；确认所有发生的变化都被准确记录在费用线上；避免不正确的、不合适的或者无效的变更反映在费用线上；确保合理变更请求获得同意，当变更发生时，管理这些实际的变更；保证潜在的费用超支不超过授权的项目阶段成本和项目成本总预算。

成本控制还应包括寻找成本向正反两方面变化的原因，同时还必须考虑与其他控制过程如项目范围控制、进度控制、质量控制等相协调，以防止不合适的费用变更导致质量、进度方面的问题或者导致不可接受的项目风险。

成本控制的依据主要有：

①项目成本基准。项目成本基准又称费用线，是按时间分段的项目成本预算，是度量和监控项目实施过程中项目成本费用支出的最基本的依据。

②项目执行报告。项目执行报告提供项目范围、进度、成本、质量等信息，是实施项目成本分析和控制必不可少的依据。

③项目变更申请。很少有项目能够准确地按照期望的成本预算计划执行，不可

预见的各种情况要求在项目实施过程中重新对项目的费用做出新的估算和修改，形成项目变更请求。只有当这些变更请求经各类变更控制程序得到妥善的处理，或增加项目预算，或减少项目预算，项目成本才能更加科学、合理，符合项目实际并使项目成本真正处于控制之中。

④项目成本管理计划。项目成本管理计划确定了当项目实际成本与计划成本发生差异时如何进行管理，是对整个成本控制过程的有序安排，是项目成本控制的有力保证。

7.7.3   挣值管理

项目的挣值管理（earned value management, EVM），是进行项目绩效评价的一种工具，是用与进度计划、成本预算和实际成本相联系的 3 个独立的变量，进行项目绩效测量的一种方法。它综合考虑了范围、时间、成本等数据。它比较计划工作量、WBS 的实际完成量（挣得）与实际成本花费，以决定成本和进度绩效是否符合原定计划。它实际上是一种综合的绩效度量技术，既可用于评估项目成本变化的大小、程度及原因，又可用于对项目的范围、进度进行控制，将项目范围、费用、进度整合在一起，帮助项目管理团队评估项目绩效。该方法在项目成本控制中的运用，可确定偏差产生的原因、偏差的量级和决定是否需要采取行动纠正偏差。

过去挣值管理法主要用在政府的大型项目上，但今天，越来越多的公司认识到使用这种工具控制成本的重要性。

挣值管理法包括为项目的 WBS 中的每个活动或总结性活动计算 3 个数值。

- 计划值（planned value, pv）也称为预算
- 实际成本（actual cost, ac）
- 挣值（earned value, ev）

表 7-4 中的挣值计算是按如下公式进行的：

EV=10 000×50%=5 000

CV=5 000-15 000=-10 000

SV=5 000-10 000=-5000

CPI=5 000/15 000=33%

SPI=5 000/10 000=50%

表 7-4   一个活动一周后的挣值计算

活 动	一 周
净值 EV	5 000
计划值 PV	10 000
实际费用 AC	15 000
成本偏差 CV	-10 000
进度偏差 SV	-5 000
成本绩效偏差 CPI	33%
进度绩效偏差 SPI	50%

表 7-5 显示了挣值管理使用的几个公式。注意，关于偏差和指数的公式都是以 EV-挣值为准的。通过从挣值中减去实际费用或计划值来计算偏差，用 EV 除以实际费用或计划来计算指数。在合计完一个项目素有活动的 EV、AC 和 PV 后，你就可以基于当前的绩效使用 CPI 和 SPI 来预计将会花费多少成本和时间来完成这个项目。给定了完工预算和最初的时间估计，你可以利用适当的指数来计算完工估计成本（EAC）和完工估计时间，并假设绩效水平不变。

表7-5　挣值公式

术　语	公　式
净值 EV	EA＝当前 PV×RP
成本偏差 CV	CV＝EV-AC
进度偏差 SV	SV＝EV-PV
成本绩效指数 CPI	CPI＝EV/AC
进度绩效指数 SPI	SPI＝EV/PV
完工估计 EAC	EAC＝BAC/CPI
完工估计时间	开始时间估计 /SPI

成本偏差（cost variance, CV）是指一项活动的预算成本与该活动的实际成本之间的差额，在挣值中，成本偏差（CV）＝挣值（EV）-实际成本（AC）。

其含义是：当 CV 为正值时，表示实际消耗的人工（或费用）低于预算值，即有结余或效率高；当 CV 等于零时，表示实际消耗的人工（或费用）等预算值；当 CV 为负值时，表示实际消耗的人工（或费用）超出预算值或超支。

成本偏差分为局部成本偏差和累计成本偏差。

局部成本偏差包括项目的月度（或周、天等）核算成本偏差，专业核算成本偏差以及分部分项作业成本偏差等。

累计成本偏差是指已完工程在某一时间点上实际总成本与相应的计划总成本的差异。

分析成本偏差的原因，应采取定性和定量相结合的方法。

进度偏差（schedule variance, SV）是用挣值减去计划值。负的进度偏差意味着完成工作花费了比原计划更多的时间，而正的进度偏差意味着完成工作花费的时间比原计划少。

成本绩效指数（cost performance index, CPI）是挣值与实际费用的比率，可用来估计完成项目的预计成本。如果成本绩效指数等于1，那意味着成本和预算是一致的；如果成本绩效指数小于1或者100%，那项目到此就超出了预算；如果成本绩效指数大于1或100%，那项目到此的花费也就低于预算。

进度绩效指数（schedule performance index, SPI）是挣值与计划值的比，可用来估算预计完成项目的时间。和成本绩效指数相似，当进度绩效指数 SPI＜1时，表示进度延误，即实际进度比计划进度拖后；当进度绩效指数 SPI＞1时，表示进度提前，即实际进度比计划进度快。

我们常常会看到这样一种状况，就是成本和进度偏差为负数，这意味着出现了问题，也意味着项目在计算挣值的这个时间点比预期花费了更多的费用和时间。同样，进度绩效指数可以用来估算完成项目的时间。

成本绩效指数可以用来估算完工估计（estimate at completion，EAC）——基于当前的绩效水平对完成项目所做的成本估计。同样，进度绩效指数可以用来估算完成项目的时间。

可以通过绘制项目挣值曲线示意图来有形化和视觉化你的项目进展情况，如图7-3所示。

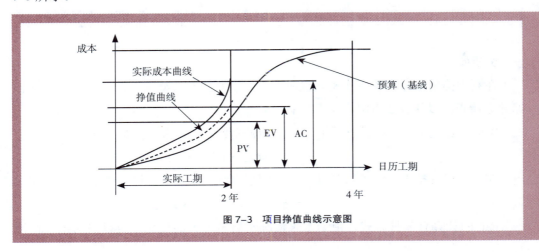

图7-3　项目挣值曲线示意图

新媒体项目成本控制分析案例

某新媒体项目共有 10 项任务，在第 20 周结束时有一个检查点。项目经理在该点对项目实施检查时发现，一些任务已经完成，一些任务正在实施，另外一些任务还没有开工，如表 7-6 所示（图中的百分数表示任务的完成程度）。各项任务已完成工作量的实际耗费成本在表 7-7 中给出，假设项目未来情况不会有大的变化，请计算该检查点的 BCWP、BCWS 和 EAC，并判断项目在此费用使用和进度情况。

表 7-6　新媒体项目在第 20 周时的进度示意图

/	1–8	9–18	19	20	21–24	25–36	37	38	39	40	41	42	43–48
1	100%												
2		80%											
3			20%										
4					10%								
5					10%								
6					10%								
7					0								
8					0								
9					0								
10													0

表 7-7　新媒体项目跟踪表（未完成）

序号	成本预算 / 万元	ACWP/ 万元	BCWP/ 万元	任务完成时的预测成本 EAC/ 万元	BCWS/ 万元
1	25	22			
2	45	40			
3	30	6			
4	80	7			

续表

序号	成本预算 / 万元	ACWP/ 万元	BCWP/ 万元	任务完成时的预测成本 EAC/ 万元	BCWS/ 万元
5	75	0			
6	170	0			
7	40	0			
8	80	0			
9	25	0			
10	30	0			
合计	600	75			

分析如下：

在利用挣值法分析项目实施状况时，一定要紧扣有关概念。概念清楚，计算思路才会清晰。以任务 2 为例，计算如下：

BCWP（已完成工作的预算费用）= 工作预算费用 × 当前已完成工作量

=45 万元 ×80%=36 万元

BCWS（已安排工作的预算费用）= 工作预算费用 × 当前预计完成工作量

=45 万元 ×100%=45 万元

EAC 的计算有多种方式，由于未来情况不会发生大的变化，所以采用第一种计算方式。

EAC=40 万元 /80%=50 万元

其余任务的有关指标可同理计算，结果如表 7-8 所示。

表 7-8　项目跟踪表（已完成）

序号	成本预算 / 万元	ACWP/ 万元	BCWP/ 万元	任务完成时的预测成本 EAC/ 万元	BCWS/ 万元
1	25	22	25	22	25
2	45	40	36	50	45
3	30	6	6	30	10
4	80	7	8	70	0
5	75	0	0	75	0
6	170	0	0	170	0
7	40	0	0	40	0
8	80	0	0	80	0
9	25	0	0	25	0
10	30	0	0	30	0
合计	600	75	75	592	80

CV=BCWP-ACWP=75-75=0，故项目既没有超支也没有节约。

SV=BCWP-BCWS=75-80=-5 < 0，故项目进度落后了。

7.7.4　项目成本控制的结果

项目成本控制的结果是实施成本控制后的项目所发生的变化，包括修正成本估算、预算更新、纠正措施和经验教训。

1. 成本估算更新

更新成本估算是为了管理项目的需要而修改成本信息，成本计划的更新可以不必调整整个项目计划的其他方向。更新后的项目计划活动成本估算是指对用于项目管理的费用资料所做的修改。如果需要，成本估算更新应通知项目的利害关系者。

2. 成本预算更新

在某些情况下，费用偏差可能极其严重，以至于需要修改费用基准，才能对绩效提供一个现实的衡量基础，此时预算更新是非常必要的。预算更新是对批准的费用基准所做的变更，是一个特殊的修订成本估计的工作，一般仅在进行项目范围变更的情况下才进行修改。

3. 纠正措施

纠正措施是为了使项目将来的预期绩效与项目管理计划一致所采取的所有行动，是指任何使项目实现原有计划目标的努力。费用管理领域的纠正措施经常涉及调整计划活动的成本预算，比如采取特殊的行动来平衡费用偏差。

4. 经验教训

成本控制中所涉及的各种情况，如导致费用变化的各种原因，各种纠正工作的方法等，对以后项目实施与执行是一个非常好的案例，应该以数据库的形式保存下来，供以后参考。

在市场经济中，项目的成本控制不仅在项目控制中，而且在整个项目管理以至于整个企业管理中都有着重要的地位，企业的成就通常通过项目来实现，而项目的成就通过盈利的最大化和成本的最小化来实现。

由于成本、进度和资源三者密不可分，项目成本管理系统决不能脱离资源管理和进度管理而独立存在，相反要在成本、资源、进度三者之间进行综合平衡。要实现这种全过程控制（事前、事中、事后）和全方位控制（成本、进度、资源），离不开及时、准确的动态信息的反馈系统对成本、进度和资源进行跟踪报告，以便于进行项目经费管理和成本控制。

7.8 使用项目管理软件来辅助项目成本管理

大多数组织使用软件来辅助与项目成本管理相关的各类活动。电子表格是成本估计、成本预算、成本控制中使用最普遍的工具。许多组织也使用更高级的和集成化的财务应用软件，为会计和财务部门提供重要的成本相关信息。本节将给大家介绍如何在成本管理中使用项目管理软件。

在每一个项目成本管理过程中，项目成本管理软件都是十分有用的工具，能够帮助你研究整个项目的信息或关注有成本限制的任务。你可以使用软件为资源和任务分配成本、准备成本估计、制订成本预算、监督成本绩效。Project 有几个标准的成本报告：现金流、预算、超支任务、超预算资源和挣值报告。对于这几个报告，其中有一些你必须输入百分比式的完成信息和实际费用，就像当手工计算挣值或做其他分析时你需要的信息一样。

案例实战

北京网通 IPTV 业务的项目成本分析

在项目管理的知识体系中，项目计划具有十分重要的地位。20 世纪 70 和 80 年代，许多公共部门的项目均告失败，其主要原因就是计划不足，50％质量问题都出自设计阶段。而众多的项目管理案例表明：在 IT 行业，一个在设计阶段改正错误的成本相当于执行阶段费用的十分之一，相当于产品进入市场后费用的百分之一。项目计划编制的输出主要包括：

- 项目章程
- 项目管理方法或策略的描述（来自其他知识体系的各个管理计划的总述）
- 范围说明，包括项目可交付成果和项目目标
- 执行控制层面上的工作分解结构 (WBS)，作为一个基准范围文件
- 在技术范围、进度和成本的绩效测量基准计划
- 主要的里程碑和每个里程碑的视线日期
- 关键和所需工作人员的预期成本和工作量

结合本项目，所采用的方法有 5M 分析法、工作及人员 WBS 关系表、进度计划及时间管理表（条形图）、里程碑图、资金计划，如表 7-9 所示。

表 7-9

范围	问题 / 解决方法
设备	·非线主机 3 台，离线主机 5 台，存储主机 1 台（已购置） ·服务器 2 台；（现有设备） ·摄像机器材一套；（已购置） ·灯具器材一套；（已购置） ·监视器、采集卡、DVD 机各两套；（已购置） ·移动硬盘两个；（现有或已购置） ·刻录设备两台；（现有或已购置） ·其他配件器材。（已购置或正准备购置）
人力	频道、栏目总监（北京电视台资深人员兼职） 频道编导、策划人员（现有兼职人员，专职人员一周后到位） 摄像人员（现有兼职人员，专职人员一周后到位） 栏目后期制作、编辑人员（现有兼职人员，现有技术人员经过专业培训后可成为专职人员） 节目包装制作人员（现有兼职人员，现有技术人员经过专业培训后可成为专职人员） 广告宣传、策划人员（公司已聘请北京电视台广告公司的专业人员作为顾问）
其他需求	影视剧、动画片、各类专题片等近千部影视节目的播出版权（已购买） 文化部颁发的《网络文化经营许可证》（已申请办理） 营业执照上的相关经营范围（已办理增项）

续表

范围	问题 / 解决方法
方法	工作任务通过每周一次例会，不定期会议的方式向项目团队的成员进行传达 项目团队成员每日写工作日志，每周两次通过电子邮件的方式上传给主管领导
经费	项目启动资金需要约 50 万元 (资金已到位) 项目实施资金需要 80 万元 ~100 万元（资金已到位） 尽可能使用公司现有资源（包括人员及设备） 该项目的实施不影响公司目前的资金周转状况

1. 工作及人员 WBS 关系表

确定工作分工及人员职责是在决策层确定做这个项目后，一天在当时来看，公司已经将此项目列为公司拓展新业务的一个重要项目，因此公司全力以赴将人员和设备投入到项目中来，具体安排如图 7-4 所示。

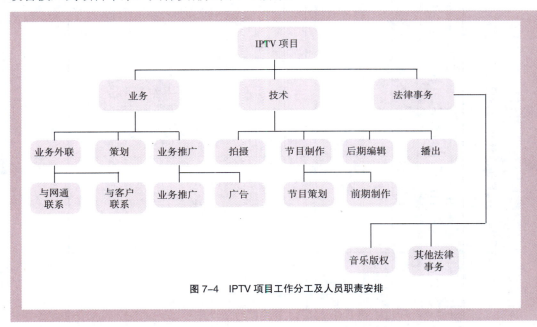

图 7-4　IPTV 项目工作分工及人员职责安排

2. 进度计划及时间管理表

①进度计划、时间管理表（条形图）表 7-10

②里程碑图

表 7-10 WBS 进度计算、时间管理表

工作日／工作内容	三月						四月						五月		
	10-15 日	16-25 日	26 日	27 日	28 日	29-31 日	1-10 日	11 日	12 日	13-29 日	30 日	5-12 日	13-16 日	17 日
初步确定合作内容	■													
市场调研 / 分析		■	■	■										
制作业务策划书				■										
提交业务策划书					■									
网络答辩														
办理相关资质														
购买节目调查 / 谈判														
购买片源														
与网通确定最后合作方案							■							
节目制作								■	■	■	■	■		
提交最后节目内容														
配合网通测试													■	
节目开通试营														■

表7-11　里程碑图

事件/时间	3月27—28日	4月1—10日	4月30日	5月17日
网通答辩	★			
与网通确定合作方案		★		
提交节目内容			★	
业务开通试运行				★

③资金计划

表7-12　资金计划

资金用途	资金金额	资金投入时间
购买相关设备	30万元~50万元	3~4月
引进专业人员增加工资费用	8万元~10万元	3~5月
购买节目版权	10万元~20万元	3月
购买片源（前期）	1万元~3万元	3月
办理相关资质	10万元~20万元	3~4月
各项消耗品开支	5万元	3~5月
合计	64万元~103万元	3~5月

案例新结局

在和同事讨论完这次会议以后，JT进一步了解了项目成本管理的重要性。他明白了在新项目作出开支之前进行详细调研的重要性，特别是知道了项目后期再修改错误需要支付高昂的代价。他也了解到制订一个好的成本估计和成本跟踪的重要性。

在这次会议上，当项目经理介绍说项目进展很差，并且承认在项目前期没做太多的计划和分析时，组织领导取消了几个项目。JT知道，如果他想在职场上有所发展，他就不能仅仅关注于项目的技术方面，成本管理问题给JT的项目管理工作增加了一个新的维度。

本章小结

项目成本管理是新媒体项目管理中的弱项。新媒体项目经理必须承认成本管理的重要性和理解基本的成本概念、成本估计、预算和成本控制。

为了有效地管理项目成本，项目经理一定要了解几个基本的成本管理准则。重要的概念包括利润、利润率、生命周期成本、现金流分析、沉没成本和学习曲线理论。

成本估计是项目成本管理的一个主要内容。有几种成本估计的方法，包括粗数量级的、预算级的和确定性的估计。在项目生命周期的不同阶段使用不同的方法，每一种方法的精度是不一样的。还有几种成本估计的工具和技术，包括类比估计、自下向上估计、参数化建模和WBS（work breakdown structure）全面详细估算法。本章提供了项目成本管理的例子，讲述了如何去应用这些概念，来正确地理解成本控制。

练习题

假设项目已经做了 3 个月，而这个为期 6 个月的项目的 BAC 是 200 000 万，并且再假设以下几点：

PV=120 000

EV=100 000

AC=90 000

①这个项目的成本偏差、进度偏差、成本绩效指数（CPI）和进度绩效指数（SPI）是多少？

②这个项目的运作情况如何？它是提前于进度还是落后于进度？它是在预算内还是超出了预算？

③使用 CPI 来计算这个项目的完工估计（EAC）。这个项目比计划表现得好还是差？

④使用进度绩效指数（SPI）来估计将花费多长时间才能完成这个项目。

8　项目质量管理

知识要点

　　本章重点是对新媒体项目质量概念的理解，掌握新媒体项目质量过程的质量规划、质量保证、质量控制的方法，新媒体项目质量管理的技术和工具等。难点在于理解新媒体项目质量的动态性和对新媒体项目质量的分析和质量控制。

学习目标

　　（1）理解新媒体项目质量管理的概念、新媒体质量管理同传统质量管理的区别。

　　（2）了解项目质量管理的重要性。

　　（3）掌握项目质量管理过程中质量规划、质量保证、质量控制的方法和学习质量管理的方法、技术和工具。

　　（4）能够运用所学项目质量管理的知识发现质量问题，找出影响质量问题的因素，并且能够改进质量问题、提供质量。

传统电视台具有极强的内容制作力量、雄厚的受众基础、丰富的视频资源库，这是电信运营商和商业网络公司所无法比拟的。但其有限的频道资源限制、层级分割、划地经营的老旧体制、单一的传输渠道成为与其他媒体竞争不可克服的弱点。

由于网络电视、网络/手机电视等新媒体消费方式的兴起，电视台建立具有广电特色的内容运营平台和网络/手机电视台，以全新的经营模式和内容体系，通过移动互联网传播电视节目成为趋势。

因此引入了新的视频云服务管理平台，平台集发布、转码、存储、加速、加密、管理、播放器、统计八大基础核心功能于一身的网络视频应用平台。平台只需要通过管理后台或 API 接口即可获得从视频上传到转码分发，并对视频进行在线编辑，最后获取播放相关统计数据的全部功能，轻松实现高品质的视频播放体验。

不幸的是，网络/手机电视是面向互联网公众用户提供服务。在互联网接入的边界处，面临如病毒、木马和恶意软件的入侵和网络黑客的攻击，并且存在各种各样的安全威胁，怎样提高和保证视频云服务平台的可用性、安全等服务质量？

电视台聘请了一个第三方的专业项目质量团队来解决目前系统存在的技术与管理问题，以提高新媒体整体运营的服务质量。

8.1　难以界定的新媒体项目质量

开篇案例中提到的传统电视台向新媒体转型的过程中，需要搭建一套基于媒体的上传、视频的转码、发布、后台资源及质量的管控、免维护以适应新形势的视频服务管理系统。

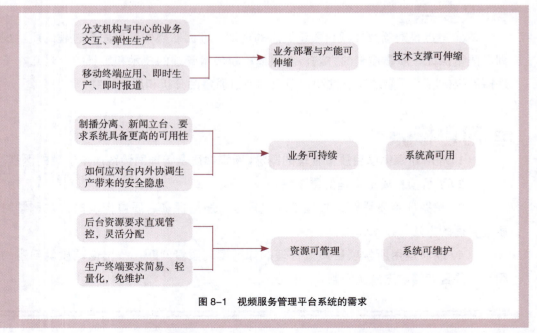

图 8-1　视频服务管理平台系统的需求

从图 8-1 中，我们显然可以知道，由于新媒体特性带来的变化，原来以电视台单个为主体的媒体生产发生了变化：用户的变化，生产形式由单一的生产者（原来的电视台）产生一些变化即既是生产者也是消费者。由于网络的发展，媒体的生产制作由（电视台）集中生产模式向分布式的转换，这就注定新媒体的生产方式向云计算方式的转变。媒体数据完成从原来小规模的数据过渡到大数据数据存储、管理，对新媒体系统的数据挖掘提供了很好的基础架构。

案例中新媒体的生产方式从按工艺原则（工艺专业化）转变成按产品对象原则（对象专业化）的组织。

传统媒体的生产方式按工艺原则（工艺专业化）组织的方式，它将完成某特定工艺过程所需的同类设备（软件等工具）、同种工人集中于一个单位或场所，每个生产单位只完成同种工艺加工，如在开篇案例中介绍的电视台，要把节目制作、发布、播出分为不同部门，甚至制作部门还要分剪辑、审片和编单不同的工种。这种方式在自动化、智能化程度低的时代，具有良好的产品加工顺序、不断提高的员工技术和设备利用率高的优点。然而，随着 IT 技术的不断应用和数字化技术的提高普及，这种生产方式的缺点也就暴露无遗，它制作流程非常长，制作过程中生产对象停滞次数多、时间长，出现在节目库存占用大量资源，而且产生大量的协调管理复杂性和成本，如出现电视台记者出镜采访归来，等到后期制作好，新闻时效已过，失去新闻价值。按对象原则（对象专业化）是以产品或用户为中心生产运作资源，设置生产单位，这样在同一个生产单位中集中加工某一个产品所需所有的设备和不同工种的员工。设备（软件等工具）按产品加工顺序排列，使产品的全部工艺都能在该系统（软件系统）上完成。这种生产组织形式占用成本小，效率高，制作周期短，控制简单，便于实现自动化、智能化和制播生产，如在电视台有了编辑软件和电脑，一个记者就可以实现写、编、审、发布的多过程。而现代媒体的融合，一篇有价值的报道既可以在电视上播出，也可以上网站播出，还可以通过移动终端播出，甚至要制成图片、动画和视频节目，特别是在远程采集时，记者要抢时间，可以通过 IP 网络制播系统直接发到各个媒体上，形成最快速的媒体产品。从而提高新闻报道业务的时效性，提升媒体在重大突发事件中的舆论引导作用，促进城市的和谐与可持续发展。

然而，新媒体从生产以及内容上具有下面几个特点：媒体个性化突出、受众选择性增多、表现形式多样、信息发布实时等。因此很难从单一的产品质量去量化新媒体的项目质量。

而且新媒体的产品包括新媒体作品、新媒体终端产品，而过程的质量包括生产、运营、传播过程，而新媒体的产品形式包括硬件、软件、网络技术等，因此要弄清新媒体项目的质量考核通常是非常困难的。

1. 质量（quality）概念

质量是一切精神与物质产品的生命线，新媒体也不例外。当前我国这种以信息为主的新媒体正处于繁荣昌盛时期，质量问题更加成为衡量特定媒体优劣、满足社会需求程度的准则和体现其体系自身价值的尺度。

从术语的特性来说，狭义的质量指的是产品质量，广义的质量除产品质量外，还包括过程质量和工作质量。因此，可以说质量就是产品、过程或服务满足规定要求的优劣程度，质量是满足要求的程度。要求包括明示的、隐含的和必须履行的要求或期望。明示的质量是指在合同环境中，用户明确提出的需要和要求，通常是通过合同、标准、规范、图纸、技术问题所做出的明确规定；隐含的质量需要则应加以识别和确定，具体来说，一是指用户的期望，二是指那些人们公认的、不言而喻的、不必做出规定的"需要"，如电视台必须支持 IE 浏览器和能够在线用流媒体播放软件播放的基本功能即术语"隐含需要"。需要随时间、环境的变化而变化的，因此，应定期评定质量要求，修订规范，开发新产品，以满足已变化的质量要求。

如图 8-2 中，视频管理平台中的很多因素项都可以影响平台的质量。

- 系统重载丢包率：   小于百万分之一（此项指标全球第一！）
- 系统宽带利用率：   大于 90%（重载流媒体网络）
- 超低网络延时：   微秒级全线速交换机
- 服务操作响应时间：   小于 1 秒钟（无下载等待，有线电视的感觉）
- 终端入网响应时间：   小于 10 秒钟（即插即用，无需配置）
- 退网或故障检测响应时间： 小于 5 秒钟
- 每户保证带宽：   16Mbps（每户多台电视，包括高清）
- 广播电视同时收看比例：   100% 用户
- 点播节目同时收看比例：   50% 用户（可设定）
- 电视通信同时使用比例：   50% 用户（可设定）

图 8-2　影响新媒体项目质量的因素

新媒体的质量是以其固有的信息精神属性和物质属性构成其基本特征。质量是衡量特定媒体优劣，满足社会和信息的消费者需求程度准则和尺度。新媒体的质量内涵，实质上是用户群体对新媒体满足程度的客观评价，反映了新媒体的社会综合效应。

2. 质量管理的概念

质量管理（quality management）是对确定和达到质量所必需的全部职能和活动的管理，其中包括质量方针的制定及所有产品、过程或服务方面的质量保证和质量控制的组织、实施，同时质量管理是项目管理的补充。质量管理和项目管理的共同点：客户满意。

3. 质量控制和质量保证

质量控制（quality control）即对质量的管理。质量控制主要采用数理统计方法将各种统计资料汇总、加工、整理，得出有关统计指标、数据，来衡量工作进展情况和计划完成情况，找出偏差及其发生的原因，采取措施达到控制的目的。

质量控制的工作内容包括技术和活动，也就是专业技术和管理技术两个方面。围绕产品质量形成全过程的各个环节，对影响工作质量的人员、设备、环境、方法四大因素进行控制，并对质量活动的成功进行验证，以便及时发现问题，采取相应措施，防止不合格重复发生，尽可能地减少损失。因此，质量控制应以观察预防为主与检查把关相结合的原则。必须对干什么、为何干、怎么干、何时干、何地干等做出规定，并对实际质量活动进行监控。因此新媒体质量要求是随时间的进展而在不断变化，为了满足新的质量要求，就要注意质量控制的动态性，随需求的变化进行及时改进，研究新的控制方法。所以质量控制是一个动态的技术和活动。

例如：在图 8-1 中质量控制可以表现为：怎么样预见业务的不持续，视频管理平台可以采用相应的技术措施实时监控系统的运行状态，当系统硬件或软件管理平台发生故障时，能够及时用技术的方法发现问题。

质量保证（quality assurance）是向顾客保证企业能够提供高质量的产品。质量保证帮助企业建立质量信誉，同时也大大强化了内部质量管理。质量保证与质量管理、质量控制的区别是质量控制注重监测，质量控制和质量管理均侧重内部，质量保证主要是让外部相信质量管理是有效的。

质量保证是质量管理的一个组成部分。质量保证的目的是对产品体系和过程的固有特性已经达到规定要求提供信任。所以质量保证的核心是向人们提供足够的信任，使顾客和其他相关方确信组织的产品、体系和过程达到规定的质量要求。

例如：在图 8-1 中质量保证可以表现为：为保证业务的持续性，视频管理平台可以采用集群、系统灾备等技术手段，防止系统由于硬件或软件、数据等原因导致平台的故障。

8.2　什么是项目质量管理

项目质量管理是一个难以定义的知识领域。国际标准化组织（ISO）将质量（quality）定义为"一个实体满足规定和潜在需要能力的特性的总和"（ISO 8042：1994），或者"一组内在的特征符合要求的程度"（ISO：9000：2000）。很多人花费数小时琢磨这些定义，但仍然感到迷茫。其他专家是基于需求符合性及适用性来定义质量的。符合要求（conformance to requirements）是指项目的实施过程和产品符合事先确定的细节。例如，如果项目范围说明书要求交付 20 集规定内容、剧情的动画宣传片，那么你就可以检查核实动画片是否已经交付。

新媒体项目质量管理包括质量计划编制、质量保证和质量控制 3 个过程域。质量计划是质量管理的第一过程域，它主要结合质量方针、产品描述以及质量标准和规则通过收益、成本分析和流程设计等工具制订出来实施方略，其内容全面反映用户的要求，为质量小组成员有效工作提供了指南，为项目小组成员以及项目相关人员了解在项目进行中如何实施质量保证和控制提供依据，为确保项目质量得到保障提供坚实的基础。质量保证则是贯穿整个项目全生命周期的有计划和有系统的活动。

经常性地针对整个项目质量计划的执行情况进行评估、检查与改进等工作，向管理者、顾客或其他方提供信任，确保项目质量与计划保持一致。质量控制是对阶段性的成果进行检测、验证，为质量保证提供参考依据，它是一个 PDCA 循环过程。

由于项目活动是一种特殊的物质生产过程，其生产组织特有的流动性、综合性、劳动密集性及协作关系的复杂性，均增加了项目质量保证地难度。项目的质量管理主要是为了确保项目按照设计者规定的要求满意的完成，它包括使整个项目的所有功能活动能够按照原有的质量及目标要求得以实施。质量管理主要依赖于质量计划、质量控制、质量保证及质量改进所形成的质量保证系统来实现的，它们的关系如图8-3。

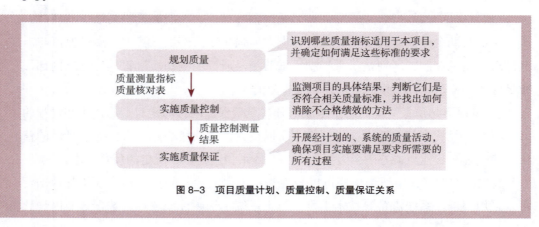

图 8-3 项目质量计划、质量控制、质量保证关系

因此，质量必须与项目范围、时间及成本处于同等地位。如果一个项目的利益相关者对项目管理的质量或项目最终产品不满意，那么项目团队就要调整范围、时间及成本，以使利益相关者满意。仅仅满足范围、时间及成本的书面要求是不够的。为使利益相关者满意，项目团队必须与所有利益相关者建立良好的工作关系，并了解他们的规定或潜在的需要。

项目质量管理的 3 个主要过程：

• 制订质量计划（design quality planning）：是指确定与项目相关的质量标准及实现这些标准的方式。将质量标准纳入到项目设计中是质量规划的一个关键部分。对一个项目而言，质量标准包括考虑系统成长，规划系统合理的相应时间，或确保系统提供持续准确的信息。质量规划的主要产出是质量管理计划、质量量度、质量清单、过程改进计划、质量基线及项目管理计划的更新。

• 实施质量保证（performing quality assurance）：是指定期评估所有的项目绩效，以确保项目符合相关的质量标准。质量保证过程要负责整个项目的生命周期的质量。高层管理者必须带头正视所有员工在质量保证中所扮演的角色，特别是高级经理的角色。这一过程的主要输出是组织过程资产更新、变更请求、项目管理计划的更新及项目文件的更新。

• 实施质量控制（performing quality control）：是指监控具体的项目结果，确保它们符合相关的质量标准，识别提高总统计抽样。在本章后面你将了解更多有关这些工具及技术方面的知识。质量控制的主要输出有质量测量结果、确认的变更、确认的可交付成果、组织过程资产的更新及项目管理计划的更新。图 8-4 总结了这些阶段的输出，显示在一个典型项目中它们发生的时间。

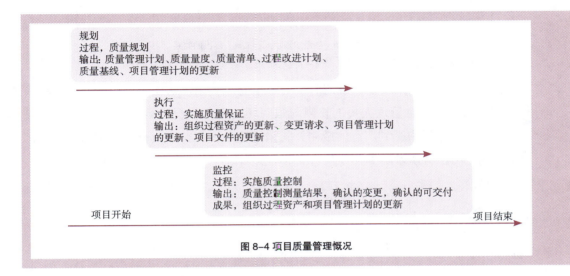

图 8-4 项目质量管理慨况

8.2.1 制订质量规划

制订项目的质量计划，首先必须确定项目的范围、中间产品和最终产品，然后明确关于中间产品和最终产品的有关规定、标准，确定可能影响产品质量的技术要点，并找出能够确保高效满足相关规定、标准的过程方法。制订质量规划通常采用流程图、因果图等方法（具体方法见 8.4.4）对项目进行分析，确定需要监控的关键元素，设置合理的因素，并制订质量标准。

试验设计（design of experiments）是一种质量统计技术方法，以比较低的成本找到重大影响的变量，有助于确定哪些变量对过程总体结果产生最大影响，知道哪些变量影响结果是质量规划的一个非常重要的部分。

试验设计多用于项目产品上，有助于改变所有影响质量的重要因素，而非只改变一个重要因素，同时有助于揭示影响结果的因素。比如，在新媒体产品进行制作过程中都会经过渲染，那么设计师可能会判断用哪些器材组合起来会在合理的成本下能够节省时间。你也可将试验设计应用于项目管理问题，如成本和进度权衡。

质量规划也强调针对纠正措施进行的沟通交流，以确保质量管理是易于理解，并且是完整的。在项目质量规划中，重要的是描述那些直接有助于满足客户需求的重要因素。与质量相关的组织政策、特定项目的范围说明书及产品描述，还有相关标准及规定等，都是质量规划过程的重要输入。

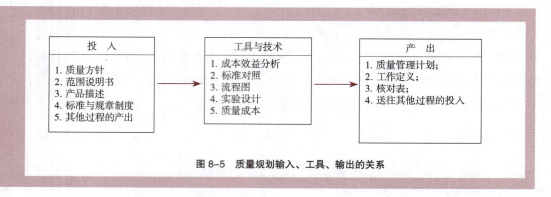

图 8-5　质量规划输入、工具、输出的关系

其次，质量规划中还必须确定有效的质量管理体系，明确质量监控人员对项目质量负责和各级质量管理人员的权限。戴明环（又名 PDCA 循环法）作为有效的管理工具在质量管理中得到广泛的应用，它采用计划—执行—检查—措施的质量环，质量规划中必须将质量环上各环节明确地落实到位，才能保证质量规划的有效实施。

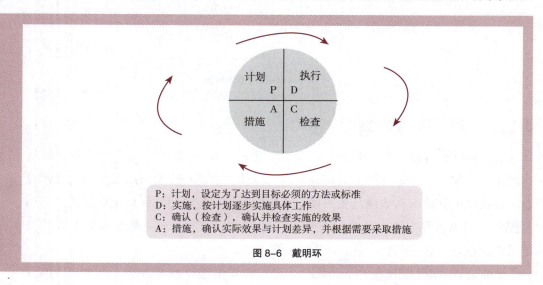

P：计划，设定为了达到目标必须的方法或标准
D：实施，按计划逐步实施具体工作
C：确认（检查），确认并检查实施的效果
A：措施，确认实际效果与计划差异，并根据需要采取措施

图 8-6　戴明环

8.2.2　实施质量控制

尽管质量控制的一个主要目标是改进质量，但这一过程的主要输出是接受决定、返工及过程。

● 接受决定（acceptance decisions）：是指确定作为项目一部分的产品和服务是予以接受还是予以拒绝。若接受，就认为它们是经过审定的可交付成果。若项目的利益相关者拒绝了作为项目一部分的一些产品或服务，那就必须返工。

● 返工（rework）：是为了使不合格的项目符合产品的要求、规格或利益相关者的期望而采取的行动。返工通常会导致需求变更及经过批准的缺陷修复，而后者来源于建议的缺陷修复以及纠正预防措施。返工花费巨大，因此项目经理必须努力做好质量规划和质量保证工作，以避免出现返工的现象。

• 过程调整（process adjustments）：是指基于质量控制所做的测量，纠正或阻止出现更多的质量问题。过程调整通常通过质量控制测量来纠正，一般会引起质量基线、组织过程资产及项目管理计划的更新。

质量计划确定后，按照其建立的质量管理体系，按照 PDCA 质量环的要求，实施有效的质量控制。质量控制应贯穿于项目的整个过程，它可分为审计和控制两个阶段：审计的目的就是收集、记录和汇报有关项目质量的数据信息；控制就是使用质量监测提供的数据，进行控制，确保项目质量与计划保持一致。

对质量检测的结果应采用相应的统计方法进行分析，如帕累托图法（按发生频率排序的直方图，它显示了可识别原因的种类和所造成的结果的数量）等。通过统计分析对人、机、环、法等影响项目质量的因素进行监控，确定项目实施过程是否在控制之中，同时进行趋势分析，对一些偏向于不合格的趋势及早进行控制。

质量控制阶段应根据验收数据做出验收决定，确定是否进入下一步工序。对于质量审计中发现的不合格，应及时利用"因果分析图"等方法分析原因，并进行适宜的处置，保证不合格得到识别和有效的控制。不合格处置包括返工、返修、降级、让步放行、报废等形式。

质量检测分析时，对于已发现的不合格或潜在不合格，应制订相应的纠正措施或预防措施，以消除不合格或潜在不合格的原因，防止不合格的发生。纠正措施或预防措施制订后，应对质量计划进行相应的调整，保证项目的顺利实施。

例如，在"开篇案例"中，电视台对系统明显不满，聘用了第三方质量专家来带领团队查找并修复质量问题。质量专家团队可以通过 PC、智能手机 Web 浏览系统，测试能否不用专门的播放软件就能播放 Flash 视频，同时是否满足于最低的 8K 带宽要求进行检查。及时检测视频内容以及平台的质量，如若和质量标准不一致，需要进行故障排除、处理，根据检测数据找出原因，他们决定返工，对项目计划进行了变更，通过扩展 CPU 的数量解决了响应时间慢的质量问题。

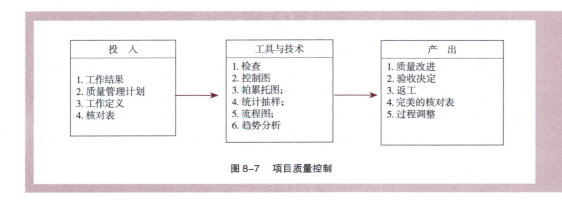

图 8-7　项目质量控制

8.2.3 实施质量保证

质量保证（quality assurance）设计满足项目相关质量标准的所有活动。质量保证的另一目标是持续的质量改进。

质量保证的一个重要工具是质量审计或审核。

质量审计（quality audit）是对具体质量管理活动的结构性的评审，这有助于确定可吸取的教训，并且可以改进目前和未来的项目绩效。质量审计可以是预先安排的，也可以是随机进行的。工程师通常通过帮助设计项目的具体量度，然后在整个项目中进行应用和分析量度，以此实施质量审计。例如，"开篇案例"中视频管理服务平台项目，提供了一个极好的案例。这一案例使用质量审计来强调项目的主要目标，然后跟踪实现那些目标的进程。项目质量专家团队管理项目的各个方面。测量视频发布所消耗的时间、流程的易用性有助于项目专家团队判断平台是否符合用户的应用。图 8-8 表明了项目质量保证的输入、工具和输出关系。

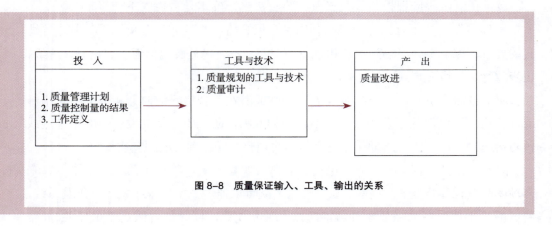

图 8-8　质量保证输入、工具、输出的关系

8.3　新媒体项目质量管理定义

由于新媒体产品的多样性，也就使得产品质量具备多样性，这种多样性包含于新媒体产品（如多媒体终端）、新媒体信息内容（多媒体作品）、新媒体制作过程等，因此很难用一个共有的质量特征来对项目质量管理进行定义。

新媒体产品项目的质量管理工作是一个系统过程，在实施过程中必须创造必要的资源条件，使之与项目质量要求相适应。各职能部门及实施单位要保证工作质量和项目质量，实行业务工作程序化、标准化和规范化，支持质量部门独立地、有效地行使职权，对项目实施全过程实行质量控制。新媒体项目质量管理过程如图 8-9 所示。

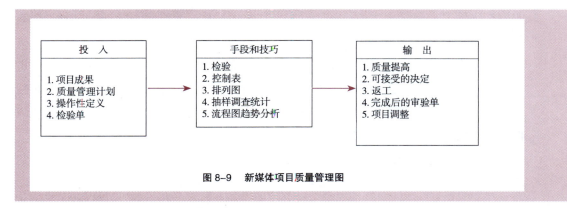

图 8-9　新媒体项目质量管理图

从开篇案例中，新媒体项目质量可以从新媒体项目的生产过程出发，如从新媒体项目的运营质量去定义新媒体项目质量。如图 8-10 用过程质量去控制视频质量。

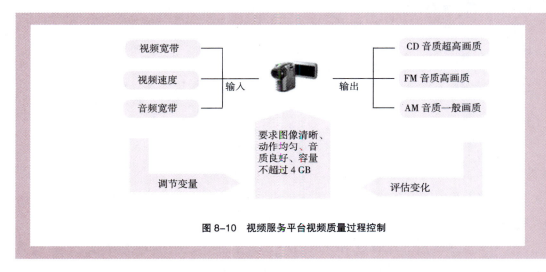

图 8-10　视频服务平台视频质量过程控制

8.4　质量控制方法、工具及技术应用

项目质量控制的方法有很多，最常用也最直接的方法是检查，包括为确定项目的各种结果是否符合用户需求所采取的诸如测量、检查和测试等活动，既可能检查单个活动的结果，也可能检查项目的最终产品结果。

采用相应的控制方法，使项目质量能及时纠偏，让项目质量能够符合项目质量规划预期标准。因此整个质量控制的方法有测试、检查和统计的技术方法环节。

8.4.1　质量控制方法——测试

许多新媒体专家把测试看作是临近新媒体产品生产末期的一个阶段。有些组织不是把各种力量投入到项目的合理规划、分析及设计中，而是依靠仅在产品发布前的测试来确保一定程度上的质量。事实上，做测试几乎要贯穿系统开发生命周期的每个阶段，而不仅仅是在组织装送或将产品交付给用户之前。

新媒体项目产品的质量测试可以以平台开发或者产品项目的制作流程的测试进行。图 8-11 显示了视频服务管理平台系统开发生命周期的一个方法。这个例子包括了平台开发项目主要任务，显示了它们之间的相互关系。例如，每个阶段的测试或任务，包括测试计划，以确保平台的开发项目的质量。

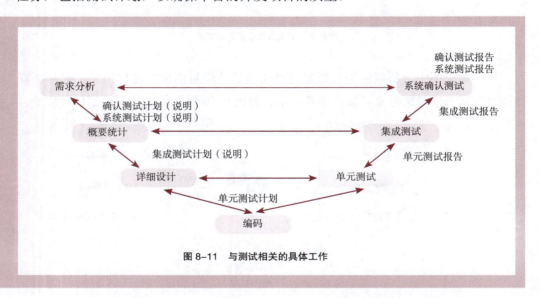

图 8-11　与测试相关的具体工作

• 单元测试（unit test）：是测试每一个单个部件（经常是一个程序），以确保它尽可能没有缺陷。单元测试是在集成测试之前进行的。

• 集成测试（integration testing）：发生在单元测试和系统测试之间，检测功能性分组元素。它保证整个系统的各个部分能集合在一起工作。

• 系统测试（system testing）：是测试整个系统。它关注宏观层面，以保证整个系统性能正常工作。

• 用户可接受性测试（user acceptance testing）：发生在接近系统交付之前，是由最终用户进行的一个独立测试。它关注的是系统对组织的业务适用性，而非技术问题。

为帮助提高项目的质量，重要的是要遵循一套全面、严格的测试方法。系统开发者及测试人员也必须与所有的项目干系人建立合作关系，确保系统能满足他们的需要和预期，且确保测试的合力完成。

8.4.2　检查技术——六西格玛

检查是指对产品进行检视来判断是否符合预期标准。一般来说，检查的结果包含有度量值。检查可在任意工作层次上进行，可以检查单个活动，也可以检查项目的最终产品。检查常常也称评审，同行评审、审计或者走查。检查也常用于验证缺陷修复的效果。

项目质量控制技术：六西格玛是一种改善项目流程管理质量的技术，以"零缺陷"的完美商业追求，带动质量成本的大幅度降低。

六西格玛是摩托罗拉公司发明的术语，用来描述在实现质量改进时的目标和过程。西格玛（σ）是统计员用的希腊字母，指标准偏差。

如在平台中对单一的视频内容进行错帧瑕疵率检查，理想情况是瑕疵率为 3～4，以 4 而言，相当于每一百万帧，有 6210 次差错帧。如果达到 6σ，就几近完美地达成消费者的质量要求。 6σ 理论认为，大多数平台系统在 3σ ～ 4σ 运转，也就是说每百万次失误在 6210 ～ 66800，这些缺陷要求电视台以总体收入的 15% ～ 30% 的资金进行事后的弥补或修正，而如果做到 6σ，事后弥补的资金将降低到约为销售收入的 5%。

为了达到 6σ，首先要制订标准，在管理中随时跟踪考核操作与标准偏差，不断改进，最终达到 6σ。现已形成一套使每个环节不断改进的简单的流程模式：界定、测量、分析、改进、控制。

六西格玛管理之所以能够取得成功，是因为实施六西格玛管理的企业以顾客为关注焦点，倡导企业建立以用户为中心的经营方针，强调顾客满意度。随着质量水平的不断提高，企业在市场上竞争力增强，顾客的忠诚度提升，市场的份额增大，企业获得更高的经济效益。

8.4.3　有别与传统媒体的检查技术——全检

项目质量控制的另一技术：全检。（对所有产品进行质量检查称为全检）

新媒体的互动性，使得所有用户的行为都可以通过回传通道被记录在数据库中，形成用户行为的"大数据"，而这种以大数据为支撑的质量评估手段将更加准确、可靠。

一方面，在样本的获取方式上，由于是通过回传通道自动获取，因此就避免了人为操控的发生，这就保证了数据来源的可靠性。另一方面，样本空间从"特定"变为"海量"，大大减小（甚至可以说是消除了）由于"抽样"而带来的统计误差，从而提升了数据分析结论的可信度。

同样，新媒体时代的项目管理的质量评价体系将会因为"大数据"迎来全新的变革，相较于传统的质量评价体系，这种体系必然更加精准、可靠。

8.4.4　控制工具应用

数据是质量控制基础，"一切用数据说话"才能做出科学的判断。用数据统计方法，通过收集、调整质量数据，有助于分析、发现质量问题，以便及时采取对策，预防和纠正质量问题。流程图、运行图、因果图、控制图、柱状图、散点图和帕累托图称为质量控制的 7 种工具，广泛用于质量改进和质量控制中。图 8-12 为项目质量情景和对应工艺方法表，根据不同的质量情景应用相应的质量控制的工具进行质量的控制。

情景	使用工具
需要找出引发问题的原因	因果图、流程图
需要判决过程是否在控制内、是否出现了典型偏差	过程控制图
需要找出影响问题的关键原因，指导采取纠正行动	帕累托图（20/80 原理）
需要看产品是否符合要求，可时间有限、费用有限	统计抽样

图 8-12　项目质量情景和对应工艺方法

本节介将绍著名的"7 种基本质量工具"，并将它们应用于新媒体项目。

（1）因果图：因果图又称鱼刺图、树枝图等，是一种逐步深入研究和讨论质量问题的图示方法。因果图是以结果作为特性，以原因作为因素，在它们之间用箭头来表示因果关系，如图 8-13 所示。

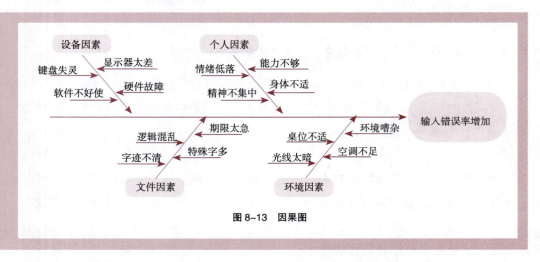

图 8-13　因果图

（2）控制图：（control chart）：主要用途是为了预防缺陷，而不是检测或拒绝缺陷。它决定一个过程是否稳定或者可执行，是反映生产程序随时间变化而发生的质量变动的状态图形，是对过程结果在时间坐标上的一种图线表示法。

例如，图 8-14 提供了对视频服务管理平台数据分析的控制图示例。它代表了一周中访问平台的客户流量。图上的每一点代表了平台的客户当前访问量。纵坐标是客户访问的具体数量。这些数字表示用户的上下数量限制。在本例中就意味着，平

台对客户的访问量是有一定数量限制要求的。查找并分析生产数据中的规律是质量
控制的一个重要部分，可使用质量控制图及七点运行定律寻找数据中的规律。

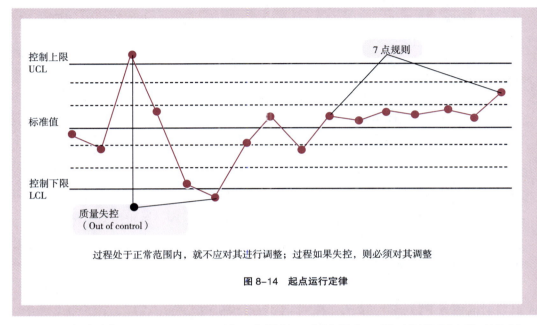

图 8-14　起点运行定律

（3）运行图（run chart）：是一个展现一个过程在一段时间的历史和变化情
况的模型，是一个按发生顺序画出数据点的线形图表。使用运行图可以进行趋势分
析，预测未来结果。图 8-15 展示了一个运行图的样本，它是将 3 种不同类型的缺陷
按照每月的缺陷数来绘制成图。注意，可以看到缺陷 1 在一段时间内持续增长，缺
陷 2 在开始几个月内下降而后保持稳定，缺陷 3 则每月都在上涨。

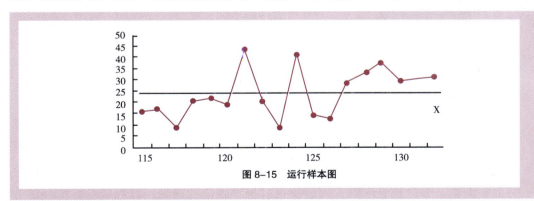

图 8-15　运行样本图

（4）散点图（scatter diagram）：可以显示两个变量之间是否有关系。一条
斜线上的数据点距离越近，两个变量之间的相关性就越密切。例如，图 8-16 提供了
一个散点图样本，这是项目管理团体根据视频服务管理平台展示系统的用户满意度
与用户的类型，看其是否存在某种关系。

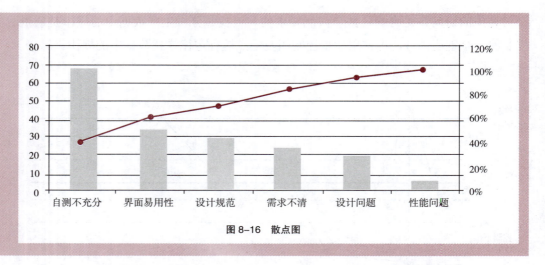

图8-16　散点图

（5）直方图（histogram diagram）：又称为柱状图、条形图、质量分布图、矩形图、频度分布图、排列图等，由事件发生的频度组织而成，用于显示多少成果产生于已确定的各种类型的原因。

直方图方法是一种"基量整理"的方法，其不足是不能反映质量的动态变化，且对数据量要求较大。图8-17展示了一个直方图样本。

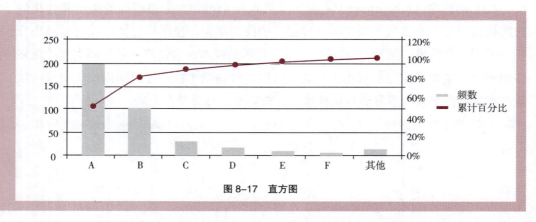

图8-17　直方图

（6）帕累托图：帕累托图（Pareto chart）又叫排列图（直方图一种），是一种柱状图，按事件发生的频率排序而成。它显示出由于某种原因引起的缺陷数据的排列顺序，是找出影响项目产品或服务质量的主要因素。只有找出影响项目质量的主要因素，即项目组应该首先解决引起更多缺陷的问题，以取得良好的经济效益。它把影响质量的主要因素分为三类，分别是A，B和C类。其中A类累计百分数在70~80%范围内的因素，它是主要的影响因素；B类是除A类之外的累计百分数在80~90%范围内的因素，是次要因素；C类为除A，B两类外百分数在90~100%范围的因素。

帕累托图也是一个帮助鉴别问题和对问题进行优先排序的柱状图。这一柱状图描述的变量是按其发生的频率排序的。帕累托图能鉴别和解释一个系统中造成多数质量问题的少数重要因数。帕累托分析（Pareto analysis）有时也称为 80-20 定律，意思是 80% 的问题通常是由 20% 的原因造成的。如图 8-18 所示。注意，用户对登录问题抱怨的频率最高，其次是系统锁闭、系统太慢、系统难以使用及报告不精准。第一个问题的抱怨占总抱怨量的 55%。第一个问题和第二个问题的抱怨累加起来几乎占 80%，意思是这两个领域占抱怨量的 80%。因此，公司应重点使系统容易登录，以改进质量，因为大多数抱怨源于此类问题。公司也应关注系统为什么会锁闭，因为图 8-18 显示报告不精准。

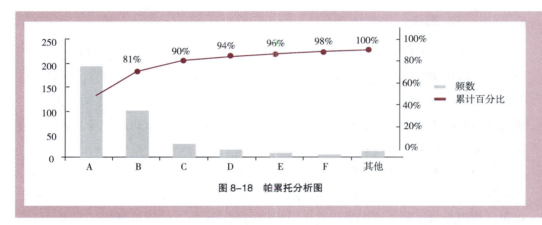

图 8-18　帕累托分析图

（7）流程图：流程图（flowcharts）是通过相应的工作流程来规范质量管理工作，直观明了。另外，流程图显示流程上不同因素之间怎样互相作用和影响，从而能够帮助项目团队来预测哪些质量问题可能要发生，可能发生在什么地方，应该采取什么样的办法解决问题。图 8-19 提供了一个流程图样本，展示了一个项目团队用于接受或拒绝可交付成果的过程。

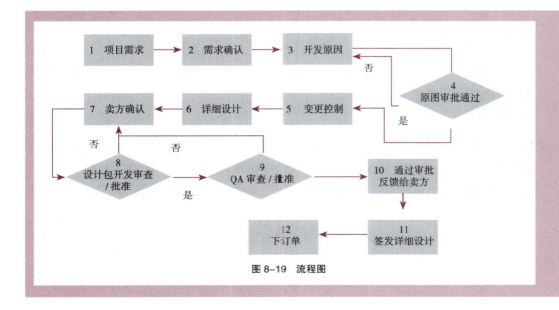

图 8-19　流程图

8.5 提高新媒体项目的质量

除了考虑使用的质量规划、质量保证及质量的一些建议外，在提高新媒体项目的质量中，还有一些其他的重要事项。强有力的团队、认识质量成本、提供良好的工作、向着提升组织总体成熟度水平方向而工作，这些能有助于在新媒体项目管理中提高质量。由于新媒体项目的独特性，所以影响项目的质量 5 大因素中，干系人、质量成本、组织、工作场所因素尤为重要，本小节主要从以下几个方面来进行阐述。

8.5.1 干系人

随着国际化的进一步加剧和新媒体形式的多元性，消费者的要求越来越高，以合理的价格快速制造优质的产品已成为立足商界的必要条件。有了良好的质量计划，有助于组织保持竞争优势。而为制订和实施有效的质量计划，管理者必须做出表率。质量问题在很大程度上与管理有关，而非单纯的技术问题。因此，管理者必须负责制订、支持并实施质量计划。

人的因素主要指领导者的素质，操作人员的理论、技术水平，生理缺陷，粗心大意等。因为人是项目过程的主体，质量的形成受到所有参与项目的干系人高动态作用，他们是质量的主要因素。首先，应提高项目干系人的质量意识。其次，提高干系人的质量素质。领导、技术人员的素质高，决策能力就强，具有较强的质量规划、目标管理、质量检查的能力；技术措施得力，产品质量就好。所以通过对项目干系人的质量意识和质量素质的提高，能够很好地解决项目中由于项目干系人的因素所导致的质量风险。对所有项目干系人来说，重要的是要共同平衡项目的质量、范围、时间及成本因素。

8.5.2 质量成本

在制订质量管理计划时，需要权衡项目最后的质量与付出的成本的关系，也就是说，质量是与成本相对应的。

所谓质量成本（cost of quality）是一致性成本与不一致性成本之和。一致性（conformance）是指交付符合需求并适合使用产品。这种成本包括制订质量计划相关的成本，分析并管理产品需求的成本以及测试成本。不一致成本（cost of nonconformance）是没有达到预期质量而要进行的返工所造成的成本，如图 8-20 所示。

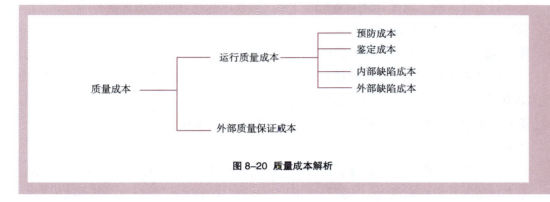

图 8-20 质量成本解析

与质量相关的 4 个主要成本类型包括：

（1）预防成本（prevention cost）：为实现零件缺陷控制在可接受范围内所产生的计划编制和项目执行成本。这个类别下的预防措施包括：培训、与质量相关的细节研究，以及有关供应商和分销商的质量调查。

（2）鉴定成本（appraisal cost）：鉴定项目的过程，确保项目没有差错或者在一个可接受的出错范围内，这些活动所产生的费用就是鉴定成本。例如，产品的检测和测试、维修检查和测试设备、处理和报告检测数据，这些活动都属于质量鉴定成本。

（3）内部故障成本（internal failure cost）：在客户收到产品之前，纠正已识别出来的缺陷所引发的成本。例如，废弃和返工、与延期交付相关的费用、由缺陷直接引发的存货成本、为改正与设计错误相关的设计更改成本、产品的早期失败、改正文档，这些项目都属于内部故障成本。

（4）外部故障成本（external failure cost）：与所有在交付给用户之前未能检查出需要纠正的错误相关的成本。例如，保修成本、服务人员培训成本、产品责任诉讼、抱怨处理、未来的经营损失，这些都是外部故障成本的例子。

美国质量管理专家朱兰博士曾提出：①当内、外故障成本大于 70%，预防成本小于 10% 时，工作重点应放在研究提高质量的措施和加强预防性上；②当内、外故障成本接近 50%，预防成本接近 10% 时，一般来说，工作重点就应放在使质量水平维持和控制在现有水平上；③当内、外故障成本小于 40%，鉴定成本大于 50% 时，工作重点就应放在巩固工序控制的成效，简化检验程序，减少检查工作量上面。分析质量成本各项目之间的比例关系后，找出质量成本的最佳值。

8.5.3 组织影响、工作场所因素和质量

项目组织是为完成共同的项目任务而联系在一起同心协力工作的人员组成的团体。一个成功的项目组织应该有合格的项目组长、明确的项目目标、良好的团队文化、相互信任的团队组织、顺畅的交流和沟通渠道、适当的奖励和惩罚措施，这些因素

对项目组织队的管理起着至关重要的作用，直接影响项目组织的管理和项目管理的成败。因此，可以说在项目执行过程中，项目组织发挥着重要的作用。项目组织管理的成败直接影响着项目的进度和最终的完成质量。

新媒体产品（动画、影视作品、高科技产品）对环境的要求很高（ISO 9001：2000 版 6.4 工作场所环境：组织应确定和管理为达到产品符合要求所需的工作环境）。工作场所环境也会影响产品的质量。例如：音响的调试时，周围环境要求应当很静。

在开篇案例中的平台开发过程所做的分析中发现，组织问题比技术环境或编程语言对生产率的影响更大，不同组织下生产率变动的比率约为 1:10，而相同组织中不同开发团队间的生产率差别平均仅为 21%。研究发现生产率和编程语言、工作年限或薪水之间没有什么相关性，提供一个专心致志的工作场所和一个安静的工作环境，是提高生产率的关键因素。

工作绩效和项目失败的主要问题不是缘于通常的技术原因，而是社会因素。项目质量管理常常淡化办公室政治，给聪明的人们提供物理空间、智力责任及战略指导，然后就让他们去工作就是了。管理的功能不是强制人们工作，而是通过消除政治障碍，使人们可以安心工作。

8.5.4　质量的期望和文化差异

每个项目总是拥有同样的总体目标：质量、时间、范围和成本（新媒体项目的思维约束在第一章和第五章有详细描述。

四者是一个相互制约、相互影响的统一体，其中任一项目标变化，都会引起另三个目标变化，并受其制约。如何合理的保证项目质量，正确处理质量与时间、范围、成本之间的矛盾是项目质量管理的一个难点，这需要整合项目所有方面的内容，保证按时、低成本地实现预定的质量目标。

许多有经验的项目经理都知道，新媒体项目管理的一个关键方面是管理好期望。尽管质量的许多方面可以清晰地进行定义和测量，但是也有许多不能做到的。不同的项目发起人、顾客、用户及其他利益相关者对项目的各个方面都有不同的期望。非常重要的一点是，理解这些期望，管理由于期望的不同而可能引发的任何冲突。

8.6　使用软件来辅助项目质量管理

本章提供了几个质量管理工具和技术方面的例子。软件可用于辅助一些工具和技术。例如，可以使用电子表格和制表软件制作质量的 7 种基本工具中的许多图表；可使用统计软件帮助确定标准差，做许多类型的统计分析；还可以使用项目管理软件制作甘特图，帮你计划并跟踪有关项目质量的工作。还有几种专业化的软件产品，可协助管理六西格玛项目，制作质量控制图表，评价成熟度水平。项目团队需要决定何种类型的软件可以帮助他们管理其特定的项目。

案例新结局

"运行正确"的视频服务管理平台不见得就是高质量的系统。这个系统也许运行速度很低并且浪费内存；也许代码写得一塌糊涂，除了开发者本人谁也看不懂、不会使用。正确性只是反映平台质量的一个因素而已。平台的质量因素很多，如正确性、精确性、可靠性、容错性、性能、效率、易用性、可理解性、简洁性、可复用性、可扩充性、兼容性等。

电视台组建的团队，以发现和解决视频管理服务平台的相关质量问题，并制订一项计划，帮助电视台预防未来的质量问题。项目质量管理团队要做的第一件事就是调查平台的问题。他们制作了一幅类似图 8-2 的因果图，帮助分析"帮助台"收到并存档的有关平台的诸多抱怨。在进一步调查后，质量管理团队发现，许多使用此平台系统的经理除了基本的办公自动化系统外，对使用计算机系统非常不熟练。他们还发现多数用户未受过任何关于如何合理进入或使用新平台的培训。平台的硬件或用户的个人电脑看起来没有任何大问题。项目质量管理团队向电视台发起人报告了研究结果，项目发起人欣慰地发现，质量问题并不像人们害怕的那样严重。

本章小结

项目质量管理包括质量规划、质量保证和质量控制。质量规划确认哪项质量标准与项目有关及如何满足这些标准。质量保证是评价总体及项目的绩效，确保项目满足相关质量标准。质量控制是检验具体的项目结果，确保其符合质量标准，明确改进整体质量的方法。

质量管理的 7 种基本工具包括因果图、控制图、运行图、散点图、柱状图、帕累托图及流程图。六西格玛是一种改善项目流程管理质量的技术。标准差测量数据的差异。测试在开发和交付高质量新媒体产品中非常重要。

新媒体项目仍有很大的质量改进余地。加强质量意识的干系人有助于强化质量的重要性，理解质量成本为质量改进提供了一个动力，提供一个好的工作场所可以提高质量和生产率。理解利益相关者的期望和文化差异也和项目的质量管理相关。

有几种合适的软件类型有助于项目的质量管理。对项目团队来说，重要的是确定哪种软件对起特定的项目会有帮助。

注释：人、机、环、法：是对质量管理理论中 5 个影响产品质量的主要因素的简称。人，指制造产品的人员；机，制造产品所用的设备；环，指产品制造过程中所处的环境；法，指制造产品所使用的方法。由于新媒体产品的特性，对新媒体产品的影响因素我们定义为 4 个主要因素。

讨论题

1. 新媒体产品质量和传统的产品质量有什么不同？

2. 简述质量与项目质量的区别。

3. 简述项目质量保证系统包括哪几方面的活动。

4. 简述项目质量管理的过程。

5. 简述如何提高新媒体项目管理的质量。

6. 阐述项目质量管理的 7 种控制工具在质量管理过程中的应用实现了什么样的结果。

7. 简述新媒体的质量检查技术和传统检质量查技术的区别。

9 人力资源管理在新媒体项目中的应用

知识要点 ▶

本章重点是新媒体组织结构设计，新媒体项目人力资源计划的制订，新媒体项目团队的组建、建设和管理。难点是新媒体组织结构设计，新媒体项目团队的组建、建设和管理。

学习目标 ▶

（1）了解新媒体组织结构的设计及特征；

（2）了解新媒体组织结构的形成动因；

（3）理解人力资源的重要性；

（4）描述新媒体项目人力资源计划的制订；

（5）描述新媒体项目团队的组建、建设和管理。

开篇案例

  北京网通是国内最早致力于电信增值服务及其系统集成的高科技企业之一，在多年的经营与发展中，该公司的业务涉及不同领域、不同业务，同时拥有众多合作关系。为充分利用公司的资源，公司于2006年开始承接IPTV的业务服务。

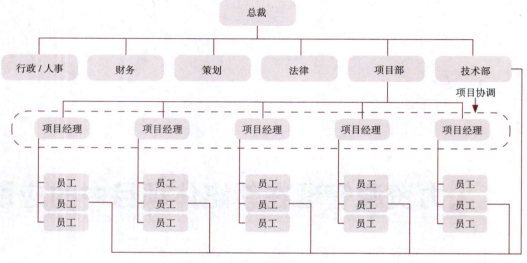

图9-1 公司原有的基本组织结构

  由于IPTV项目是网通公司原来没有承担过的全新业务，且项目运行中公司还是采用原有的基本组织结构，如图9-1所示，没有进行大的调整，因此在项目的实施过程中遇到沟通、执行、财务等多方面的问题，导致项目在前期阶段的运行不是十分顺利。显然，不同的组织结构会给企业带来不同的运作效果，体现在项目中更是如此。

9.1 新媒体组织结构的设计及特征

  传统企业的组织结构是一种金字塔式的层级结构。在这样的组织结构中，权力集中在等级体系的上层，信息和指令是从一个层级向另一个层级，从一个部门向另一个部门有序地传递。等级链严格地定义着企业中人员与职能之间的关系，规定着工作的先后顺序。这种组织结构强调劳动分工、权力与责任、集中和秩序的同时，也与特定的信息传递、信息处理的技术和能力是紧密相关的。信息传递和信息处理的技术和能力越弱，管理的幅度就越小，管理的层级数目就越多。总的来说，传统的企业组织形式与工业经济时代需要高度的专业化分工协作，与实现规模经济效益的要求相吻合，适应工业经济时代信息传递的技术要求和企业高层管理者的要求。

  近几年来，随着消费者需求及市场等因素变化迅速，传统的组织结构已经不能适应新媒体企业的发展需求。对于直线职能制企业组织结构，由于它以直线制为基础，职能部门拟订的计划、方案以及有关指令,由生产行政领导者批准下达,职能部门对下级领导者和下级机构无权直接下达命令或进行指挥,只起业务指导作用。在新媒体企业中,直线职能制组织容易产生部门间的脱节,导致信息失真、决策失误。对于事业部制组织,尽管解决了制约管理低效率问题,降低了企业内部的管理成本,但新媒体的网络环境压缩了企业规模与组织层次,容易产生本位主义,树立信息交流壁垒;各事业部设立的职能部门容易造成管理机构垂直,管理人员浪费,增加交易成本。对于矩阵制组织,由于它把按职能划分的部门和按产品、服务项目划分的小组结合起来组成一个矩阵.同一名职能成员既同职能部门保持组织与业务上的联系又参加产品或项目小组的工作,故而项目小组的成员受到双重领导。正因为这种突破容易在组织内部产生工作矛盾,除非对职权和职责关系有着明确规定和理解,否则这种类型的结构会给管理者带来问题并给作业效率带来牺牲,同样与新媒体网络环境的要求有一定距离。根据社会环境变动的要求,新媒体组织结构应朝以下几个方向发展。

9.1.1 新媒体的组织结构趋于扁平

所谓组织结构扁平化,是指通过减少管理层次、增加管理幅度、裁减冗员来建立一种紧凑的横向组织,它强调系统的灵活性、管理层次的简化、管理幅度的增加与分权。在新媒体组织中,每一位组织成员都是网络中的一个节点,每个节点能够直接与其他的每一个节点交流,而不需要通过等级制度安排的渗透。因此,在新媒体组织结构中,每个部门的边界趋于模糊,纵向为主的信息交流逐渐转变为横向为主的信息交流,不同部门并行工作将取代原先的顺序活动,部门间相互合作与知识共享将取代原先的相互牵制与信息封锁。于是,新媒体组织结构中,管理的幅度增大,管理的层级减少,高耸型的组织结构逐渐趋于扁平,如图9-2所示,该图说明了新媒体组织的扁平化。

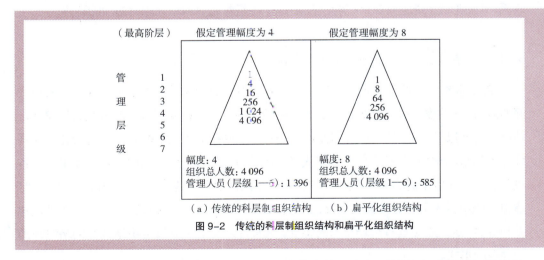

图 9-2　传统的科层制组织结构和扁平化组织结构

新媒体组织结构的扁平化只是一种表征,隐藏在这一表征后面的实质是对新媒体的人员和职能之间关系的重新界定。人员是围绕任务和工作而组织起来的,任务与任务之间、部门与部门之间都不再是固定的、相互排斥的。扁平结构的益处之一就是减少了决策和行动之间的时间延迟,加快了对市场动态变化的反应。

9.1.2　新媒体的网络组织结构

新媒体的网络组织结构是指一个由活性节点(节点具有决策能力)的网络联结构成的有机的组织系统。信息流驱动网络组织运作,网络组织协议保证网络组织的正常运转,网络组织通过重组去适应外部环境,通过组织成员协作创新实现网络组织的目标。

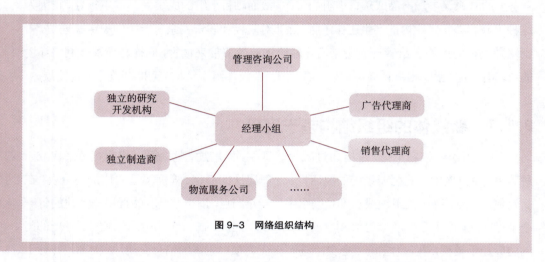

图 9-3　网络组织结构

从此定义可以看出,新媒体网络化组织结构不仅是企业组织内部的一种组织形式,同时也是企业组织之间的一种联系方式,是一种依赖于现代网络通信技术平台的网络组织的信息交流以及信息流指引下的物流传输,更加方便各成员组织或工作团队之间相互联系,从而形成了资源共享、优势互补,超越传统组织边界和空间障碍的功能群体。

9.1.3　新媒体的组织弹性增大,边界趋于虚拟

新媒体的竞争能力并不取决于企业自身的规模,而是取决于企业所能调动和利用资源的能力,这些要求引导者新媒体组织从机械式的组织结构向有机式的组织结构发展,并最终向虚拟组织形式演变。虚拟组织是一种基于同担成本,共享资源,相互合作实体基础之上的组织结构。结构中的合作形式可是暂时的,又可是永存的组织形式。虚拟组织各成员企业依靠电子契约进行联结,通过电子协议相互协调,具有企业一体化的性质。同时虚拟组织中各成员企业又存在独立性。它们之间的合作关系随市场机遇的变化而迅速建立和分离,这一点又具有市场交易的特性。从某种意义上讲虚拟组织结构是网络组织的一种极端形式。

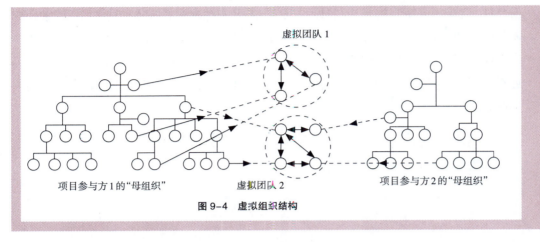

图9-4 虚拟组织结构

虚拟组织的现有结构建立在计算机互联网和现代通信技术之上,虚拟组织有着各种变化的结构,体现出灵活动态自适应的组织特点,这也是它的魅力所在。

9.1.4 新媒体传播随时受到"反馈"的影响

当下,媒介融合速度日趋加快,新的传播技术带来新的传播论,将引发社会资源的新型配置机制,需要全新的协同技术和智慧的运营体系高效运转,以应对瞬息万变的市场风云。媒体的内外部环境发生了重大变化,这就要求传统媒体和新兴媒体并驾齐驱,以用户和市场为导向,以技术和商业为驱动,以平台为基础,通过追求多样的媒介形态和传播渠道,用多元化、立体化的内容产品扩大受众覆盖面。

新媒体使传播的过程、作用与性质发生了更为革命性的变化,个体、小群体在传播中的主动性大大提高,以往借助印刷术和电子技术而取得绝对话语权的、单向度的大众传播模式,如今受到了由数字技术支撑的,双向乃至多向的人际传播模式的威胁,这种模式下的传播状态,就好比是一个多维交杂、互相作用的"混乱场",其路径、向度和效果都更难以掌握。

9.1.5 新媒体项目化的组织构架

新媒体企业应建立适应项目化管理的组织结构,其关键在于矩阵式组织结构中选择强矩阵、弱矩阵还是平衡矩阵。3种模式的区别在于项目经理权限的大小设置。根据项目管理理论,新媒体在建立共享机制时,首先应该根据共享的程度、频度等现实情况,选取最适合的一种组织形式。由于新媒体企业内部跨部门的资源共享项目往往需要各职能部门的通力支持,所以设置项目部,并形成最高决策层直接领导项目部内各项目经理的矩阵式组织形式更适宜于新媒体项目化管理的现实需要。若新媒体企业的下属部门还处在职能式的管理阶段,没有项目管理基础,团队内的普通成员充当项目经理还缺乏认可与可操作性，宜采用强矩阵模式，这样既可充分发挥项目经理对新媒体项目化运作的领导控制作用，中间环节少、决策快、效率高，又可以减少管理层次，加强组织控制能力，有效地在多目标、多任务共进的同时确保组织目标的实现。反之则应采用弱矩阵或平衡矩阵。因此在案例中，为使项目顺利进行，公司上层对其进行结构整改，IPTV项目组的组织结构图如图9-5所示。

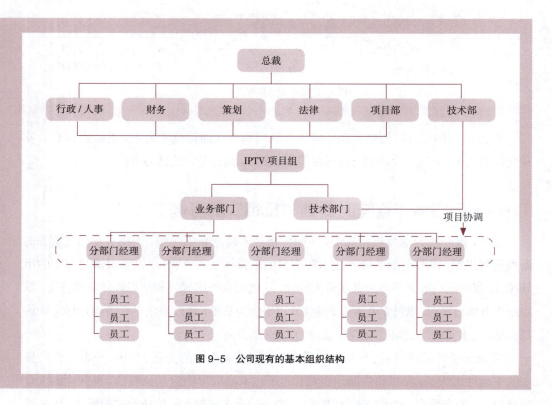

图 9-5 公司现有的基本组织结构

从图中我们可以看出，IPTV项目组的组织结构形式属于复合型组织，在项目部下由项目部总监统一管理，IPTV项目组下设不同的部门，并没有部门经理，其中的技术人员在技术上归技术部总监管理，业务上归项目部总监管理。从实际情况来看，这样的组织结构有助于整个项目组的统一领导，保持步调一致。无论是业务人员还是技术人员，都能很好地贯彻领导的意图，从而保证项目的有效实施。

9.2　新媒体组织结构的形成动因

目前我国大部分新媒体企业采用的是一种近似直线职能型的组织结构模式，表面上看这种组织结构科学合理，但仍然存在着许多缺陷与弊端，主要表现在以下几个方面：首先，组织结构设计不合理，部门职责不清楚以及工作岗位的职责不明确。除此之外，新媒体企业现行的组织沟通渠道不通畅，内部信息透明度存在较为突出的问题，表现为层次越低的职员其内部沟通存在的障碍越为明显。其次,现行组织分权程度较低,决策权高度集中,层级越低,授权越不充分,这在一定程度上挫伤了部门工作的积极性。新媒体企业现行组织架构尽管不是典型的直线组织结构模式,但董事会、总经理权限过于集中,对业务单元的管理幅度偏大,这使得组织运行效率和管理效率不高,公司的决策和制度不能得到有效落实。最后,组织标准化程度不高,没有建立一套科学高效的决策程序,虽然有明确的业务流程和工作标准,但是现有业务流程和工作标准还需要进行完善。正是由于上述缺陷和弊端,使得组织架构不能有力地支撑媒介集团未来的发展,特别是在竞争更加激烈、环境变化更为迅猛的媒介市场中,这种信息流通不畅、管理效率不高、权责利不对等的组织结构,更是无法保证媒介集团高效运行。

9.3 为什么重视新媒体项目人力资源管理

作为信息和文化产业的运作成果,新传媒作品是作用于意识形态的精神产物,与一般的有形产品有着本质的不同。当一般有形产品需要依靠科技要素提升核心价值时,科学技术在新传媒作品的生成过程中只是属于包装或者外延层面,充当着重要的辅助作品价值得以实现的手段,科技要素并不成为其核心价值的构成成分;传媒作品真正的核心价值在于作品的内容本身,以及通过作品内容提供给受众能够共享的文化意境、日常娱乐、美学价值、价值取向以及道德观念等。所以新传媒是能够提供给消费者特殊价值的一系列技能和技术的组合,最终体现的不是一般意义上的先进设备、精密仪器或者科技手段,而是凝结在从业人员头脑中的知识修养、业务能力、创新思维和价值观念。由这些修养、水平和能力决定了新传媒作品以及该作品在市场上的传播效果,最终形成决定传媒组织市场荣衰的核心要素。无疑,这些抽象要素的具象载体——新传媒从业人员,经过有效管理、有着高综合素质、强烈团队精神、高组织忠诚度的新传媒人力资源,便是新传媒组织的核心竞争力。

换句话说,人力资源是新传媒组织关键竞争要素的起源、载体和基础,其自身质量和水平构成了传媒核心竞争力的整体体系。在这里,新传媒组织的人力资源可以分为精英人才资源和一般员工资源两个层面。精英人才资源往往体现为名人资源,它是新传媒组织人力资源的精尖层面、组织能力的最高水平,它决定着新传媒组织竞争的取胜几率和竞争强度;一般员工是新传媒组织群体的本体层面,其综合实力决定着新传媒组织竞争的取胜算数和可持续性的后劲。

9.4 如何制订新媒体项目人力资源计划

人力资源规划有广义和狭义之分。广义的人力资源规划,是指根据组织的发展战略、目标及组织内外环境的变化，预测未来的组织任务和环境对组织的要求，以及为完成这些任务，满足这些要求而提供人力资源的过程。狭义的人力资源规划，是指对可能的人员需求、供给情况作出预测，并据此储备或减少相应的人力资源。

9.4.1　制订新媒体项目人力资源计划的原则

制订新媒体项目人力资源计划时应把握以下原则：第一，利益整合原则。个体必须认可组织的目的和价值观，并把他的价值观、知识和努力集中于组织的需要和机会上。第二，公平、公开原则。在人力资源规划方面，企业在提供有关职业发展的各种信息、教育培训管理机会、任职机会时，都应当公开其条件标准，保持高度的透明度。这是组织成员的人格受到尊重的体现，是维护管理人员整体积极性的保证。第三，动态目标原则。一般来说，组织是变动的，组织的职位是动态的，因此组织对员工的人力资源规划也应当是动态的。在"未来职位"的供给方面，组织除了要用自身的良好成长加以保证外，还要注重员工在成长中所能开拓和创造的岗位。第四，全程推动原则。在实施人力资源规划的各个环节上，对员工进行全过程的观察、设计、实施和调整，以保证人力资源规划与管理活动的持续性，使其效果得到保证。

9.4.2　编制新媒体项目人力资源规划的步骤

第一，根据企业的发展规划，结合企业各部门的人力资源需求报告进行盘点，确定人力资源需求的大致情况；第二，根据企业的发展规划，综合职务分析报告的内容，详细陈述企业的组织结构、职务设置、职位描述和职务资格要求等内容，为企业描述未来的组织职能规模和模式；第三，在人员配置和职务计划的基础上，合理预测各部门的人员需求状况；第四，确定员工供给状况。在确认供给状况时要陈述清楚人员供给的方式、人员内外部的流动政策、人员获取途径和获取实施计划等；第五，制订人力资源管理政策调整计划。该计划中要明确阐述人力资源政策调整的原因、调整步骤和调整范围等；第六，编制人力资源费用预算。有详细的费用预算，让公司决策层知道本部门的每一笔钱花在什么地方，才更容易得到相应的费用，实现人力资源调整计划；第七，编制培训计划。培训的目的一方面是提升企业现有员工的素质，适应企业发展的需要；另一方面是培养员工认同公司的经营理念，认同公司的企业文化，培养员工爱岗敬业精神。培训计划中要包括培训政策、培训需求、培训内容、培训形式、培训效果评估以及培训考核等内容，每一项都要有详细的文档，有时间进度和可操作性。第八，在编写人力资源规划时，还要注意防止人力资源管理中可能会遇到的风险。这些潜在的风险有些甚至会影响到公司的正常运作，甚至造成致命的打击。规避这些风险是人力资源部的一项重要职责，在编写人力资源计划时要结合公司实际，综合职务分析和员工情绪调查表,提出可能存在的各种风险及应对办法,尽可能减少风险带来的损失。

9.4.3 责任分配矩阵

在编制完人力组员计划之后,项目经理会把精力转移到建立一个责任分配矩阵上来。所谓责任分配矩阵(responsibility assignment matrix,RAM)是用来对项目团队成员进行分工,明确其角色与职责的有效工具,如图9-6所示。通过这样的关系矩阵,项目团队每个成员的角色,也就是谁做什么,以及他们的职责,也就是谁决定什么,得到了直观的反映。项目的每个具体任务都能落实到参与项目的团队成员身上,确保了项目的事有人做,人有事干。对小型项目来说,将工作分解结构的活动分配到个人的做法更有效;而对于超大型项目来说,更有效的做法是将工作分配到组织的单位或团队之中。

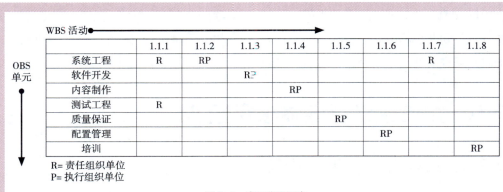

图9-6 责任分配矩阵

9.5 如何组建新媒体项目团队

新媒体的"新"相对于传统媒体的"传统",主要体现在交互性、即时性,以及传播渠道的多样性。新媒体是建立在新技术基础之上的新型传播平台、渠道及载体,作为智力密集型领域,人才的数量和质量对新媒体的发展壮大具有至关重要的影响。新媒体要求技术人员必须要有较强的新媒体技术功底及敏锐的行业洞察力,且对新技术、新技能的发展保持持续关注并能灵活运用到媒体生产环节中。

如果将新媒体项目比作冰山的话,那么露出水面的部分就是现阶段能够提供的项目支持能力——这种能力是显而易见的,也易于评估;而藏在水面下的那部分就是新媒体演进过程中的诸多不确定性——既难琢磨,又难评估。这需依靠优秀的新媒体项目经理人组建、塑造一支好的项目团队。那么该怎么组建新媒体项目团队呢？

　　组建项目团队是新媒体项目经理人在项目开始阶段最重要的工作，直接关系到后期项目能否正常进行。结合以往的项目经验，新媒体项目经理人需要做好下面几方面的工作：首先，需根据项目范围和WBS，对资源需求进行分析和识别，明白项目需要哪些人力资源，其中关键资源需要多少，常规资源需要多少，各种资源需要占用多少时间，每种资源需要什么经验，具备什么技能。其次，项目经理需了解这些关键资源当前的工作安排情况，找时间和一些想招纳的关键骨干人员进行私下沟通，提前掌握他们的工作安排，向他们介绍一下项目情况，请他们对项目提出看法，看看他们对项目是否感兴趣。最后，要注意项目团队的合理搭配。在项目成员的技能和经验基本符合项目要求的前提下，需要重点考虑人员的沟通和协调能力，对项目的认同度，新媒体项目经理在挑选人员的时候，应尽量剔除性格孤僻，对项目没有认同感的人员。

　　上述工作做好后，接下来的工作就是同骨干人员一对一做面谈，一定要让骨干人员领会项目的目标，明确他们肩负的责任，看看他们对项目的看法，有什么好的建议，要尽量发挥骨干人员的主观能动性，介绍项目纪律和考核制度，纪律和考核制度一定要在团队建立的时候就说清楚，否则后续项目将无法进行公开、公正、透明的考核和惩罚。

9.6　如何建设新媒体项目团队

9.6.1　项目团队建设的5个阶段

　　团队的发展是一个动态过程，大多数团队都处于不断变化的状态下。研究表明，团队的发展经过了以下5个阶段：

　　• 形成阶段（forming）：该阶段包括两个部分——首先是人们加入团队，可能是由于组织的工作分配，也可能是希望得到其他效益（如地位、自尊、权力、归属感、安全感）；其次是界定团队的目标、结构、领导层等工作，该部分以极大的不确定性为特点。成员们常常是"摸着石头过河"，应了解哪种方式能够被团队所接受。当团队成员把自己视为团队的一分子思考问题时，该阶段结束。

　　• 震荡阶段（storming）：该阶段凸显内部冲突，此时团队成员虽然表面上接受了团队的存在，但是却抵制团队对个体的控制，并且在由谁控制团队的问题上发生冲突。该阶段结束时，团队内部出现了比较明朗的领导层级，团队成员在发展方向上也达成了共识。

　　• 规范阶段（norming）：该阶段团队关系得以发展，团队表现出内聚力，此时团队成员产生强烈的团队认同感和志同道合感。当团队比较稳固，团队成员对什么是正确的成员行为达成共识时，该阶段结束。

- 执行阶段（performing）：该阶段团队的结构发挥着最大作用，并得到广泛认同，团队的主要精力从相互认识和了解过渡到当前工作任务上。

- 解体阶段（adjourning）：该阶段并不是所有团队都必须经历的，而是对一些临时团队而言的，比如临时委员会、特别行动小组等。该阶段团队为解散做好准备，团队所关注的头等大事是如何做好善后工作。此时团队成员的反应各不相同：一些人为团队所取得的成就而兴奋不已，心满意足；也有一些人则可能为即将失去在团队生活中所获得的和谐与友谊而闷闷不乐，郁郁寡欢。

9.6.2 新媒体项目团队建设中项目经理的角色

项目经理在新媒体项目中占有举足轻重的地位，是新媒体项目实施阶段所有工作的主要负责人，是项目动态管理的体现者，项目生产要素合理投入和优化组合的组织者。

1.项目经理的位置

项目经理的位置是指项目经理在新媒体企业中同其他经理之间的位置关系，与部门经理在公司中所担任的角色、责任、义务等均有不同。部门经理一般是新媒体企业的一个专业部门负责人，限于对某一方面的专业技术或职能进行管理。因此项目经理在确定其项目团队的人员时往往要通过人员所在部门的部门经理及人力资源部经理，确定费用时可能要通过财务部经理。

项目经理在新媒体项目确定后对经费的具体使用、工作安排及项目计划控制等有一定的决定权，但在新媒体项目技术的选择及专业人员的安排使用上部门经理有一定的影响力。项目经理在新媒体项目工作结束后，其工作职责也就基本完成，而部门经理的职责往往不是与新媒体项目结束与否相衔接的。项目经理负责项目的工作和项目团队，而部门经理负责本部门的业务和人员。

2.项目经理的作用

首先，项目经理是新媒体项目的负责人。在新媒体项目进行中，项目经理要根据项目进度及具体情况，及时与项目客户或委托方进行沟通，调整项目的方向、工作重点和工作进度等，确保项目的实施成果满足客户或委托方的需要，保证项目目标的实现。其次，对新媒体项目进行有效的日常管理。项目经理是经过授权的新媒体项目负责人，对项目的各种事务进行全面、细致而有效的管理。项目经理对新媒体项目的工作必须进行周密的筹划，对其工作时间要进行认真的安排。在日常管理中，项目经理要充分发挥项目团队成员的主观能动性，同时，要加强对成员在项目工作中的指导，对项目运行中可能出现的问题做出准确的预测与判断。同时由于新媒体组织的核心在支配力上已经大为减弱，项目经理由决策指挥者、控制监督者变为以服务协调、教练指导为其主要职责的角色，尤其在由技术支配的流程和节点中，需要当好"服务者""协调者"。最后，进行新媒体项目具体事务决策。新媒体项目在进行中经常有许多问题需要当机立断,决定在何时、采取何种具体行动,以及行动的具体方案。项目经理是项目的具体决策者与指挥者,对于新媒体项目运行中出现的矛盾,项目经理要及时处理,进行决策,必要时还要请示上级决策者。

9.6.3　建立以网络流程为导向的新媒体工作团队

在流程基础上的组织,要建立工作团队,也就是将过去以功能分工的组织方式改变为以网络流程为导向的工作小组。过去分散于各职能部门的工作由一个小组结合起来,并构成了一个非中心化的联合体网络。当组织职务是围绕小组而不是个人来进行设计时,任务团队就诞生了。网络组织中,任务在团队一词有着特定的含义,主要包括能够自我优化、自我设计、自我创造和自我组织。按照德鲁克的分类,团队只有3种类型:第一种是网球双打型。在这种团队里,它必须是小型的,每一个成员必须使自己适应队友的个性、技能、长处和弱点;第二种是足球队型的。每一个队员有一个固定的位置,但整个队伍是整体移动的(除了守门员),同时,队员们又保持各自的相对位置;第三种是棒球队型的或者是乐队型。每个成员的位置都是固定的。网络经济下的企业组织将越来越多地在企业内部和外部使用跨职能的任务团队,人们必须学会在没有固定职务、没有命令权威、既不是被控制也不是控制他人的情况下去进行管理,去完成任务,去实现目标。

从企业与员工之间的关系来看,每个团队能享受充分的激励,团队成员不断发掘自己的潜能;而且由于相互间的充分信息交流与合作,大大地改变了新媒体企业层级之间的交流方式和工作方式。企业中老板与管理层的交流,管理者与员工的交流,员工之间的交流,都将变得随时、直接和便捷。这就从根本上缩减了组织规模,使组织变得更加精简,并且使得组织运作节奏加快。

9.6.4　让团队成员参加心理方面的建设活动

1.MBTI职业性格测试

MBTI职业性格测试(myers-briggs type Indicator,简称MBTI)是性格分类理论模型的一种,其基本理论是根据瑞士心理分析家卡尔·荣格于1921年所出版的书籍《心理类型》(psychological types)。最先的研究者是美国心理学家凯瑟琳·布里格斯(katharine cook briggs)及其女儿伊莎贝尔·迈尔斯(isabel briggs myers),经过长期观察和研究而完成。MBTI的心理类型有以下4个维度:

(1)"外向"与"内向":发泄及获得心灵能量的方向。外向型(E,extroverts)偏向专注于外在的人和事,倾向于将能量往外释放;内向型(I,introverts)则专注于自己的思想、想法及印象,倾向于将能量流往内部。

(2)"直觉"与"感觉":是人们认识世界的非理性方法,即外界知觉,所说的是人们如何处理接收到的资料。感觉型（S,sensing）喜欢着眼于当前事物，惯于先使用五官来感受世界。直觉型（N,intuition）则着眼未来，着重可能性及预感，从潜意识及事物间的关联来理解世界。

（3）"情感"与"思考"：是下决定时内心挣扎所侧重的方向，并配合以上的能量走向。情感型（F,feeling）偏好使用价值观及自我中心的主观评价来作决定。可以说成思考型使用头脑来作决定，而情感型则用内心来作决定。思考型（T,thinking）则偏好用"是-非"及"如果……就"的逻辑来作分析结果及影响，或者作决定。

（4）"判断"与"理解"：处世态度及生活模式。判断型（J,judging）倾向于井然有序及有组织的生活，而且喜欢安顿一切事物。理解型（P,perceiving）则倾向于自然发生及弹性的生活，对任何意见都抱开放态度。

2.DISC性格测试

DISC性格测试也是一个四维的行为模型，如图9-7所示。这4种维度——支配（dominance）、影响（influence）、稳健（steadiness）、服从（compliance），组成了DISC这个名称。

（1）支配：用红色标记，突出"我"。支配型特征包括直接、果断、自信、以结果为导向、竞争意识和非常自信，喜欢控制和取胜欲望强烈。

（2）影响：用黄色标记，突出"我们"。影响型特征包括容易说服、乐观、直率、表达清晰、狂热、全力取胜等。

（3）稳健：用绿色标记，突出"你"。稳健型特征包括冷静、真诚、有同情心、合作、谨慎、避免冲突、擅长聆听、安于现状等。

（4）服从：用蓝色标记，突出"他"。服从型特征包括数据驱动、风险规避、忧虑、单独工作、倾向于过程和程序、不擅长沟通和交际等。

他 服从（蓝色） 数据驱动、风险规避 忧虑、单独工作、倾向于过程和 程序、不擅长沟通和交际	我 支配（红色） 直接、果断、自信 以结果为导向、竞争意识、非常自信、 喜欢控制、取胜欲望强烈
你 稳健（绿色） 冷静、真诚、有同情心 合作、谨慎、避免冲突 擅长聆听、安于现状	我们 影响（黄色） 容易说服、乐观 直率、表达清晰、狂热 全力取胜、适应性领导

图9-7　DISC定位

9.7　如何管理新媒体项目团队

传媒机构应广纳新媒体人才，要尽可能吸引并留住他们，这一点对媒体的新媒体发展战略尤为重要。目前，虽然对于新媒体的理解与解读仍莫衷一是，但其演进目标必然是传统媒体向新媒体、新业态的不断融合与创新，其取向很明确：服务先行，用户为上。传统媒体应适时转变观念，从传统媒体以订单为中心的营销格局向以用户为中心的信息服务商的角色转变，迅速完成资源、人才、经验的积累与整合，借新媒体之势迅速完成对传统媒体业态的改造与升级，为创新传播业态、建立新型传播体系与集群而谋篇布局。

新媒体化不仅仅是一种新闻报道形态，它必须是媒体业务运作的整体模式和策略的思想变革、理念创新，因为传统媒体和新媒体在未来必将实现深度融合。首先，传统媒体应尽快建立合适的组织架构、新媒体业务平台及相关的考核体系，大胆创新用人机制，打破论资排辈，从制度上建立起新媒体孵化的土壤。其次，思想上要转变观念，强化人本理念，将员工的短期贡献和长远发展结合起来，念好选拔人、培养人、留住人、激励人四本经；建立独特的有个性的媒体文化，增强从业人员的归属感和组织凝聚力。最后，要重视培养一支成熟的职业经理人队伍，在传媒业内部形成一个职业经理人阶层。

9.8　项目人力资源管理中的工具软件应用

在本项目前面部分介绍的责任分配矩阵是能帮助你有效管理新媒体项目人力资源的得力工具。你可以利用一些电子表格软件或者是项目管理软件，如Microsoft Project 2013来创建矩阵。许多人没有意识到Project 2013能提供大量有关人力资源管理的工具，在附录中你将学会怎样利用这些功能和特点。

你可以利用Project 2013来分配设备、原料、资源、场所或者员工。它能保证你可以把每一项资源配置给每一个项目，或者配置给稀缺的资源，以及在项目之间共享资源。就定义和分配资源来说，Project 2013能帮你做到：

（1）通过储存有关资源的分配信息和提供报告来追踪资源的使用；

（2）识别出能导致项目进度延误和有可能超出项目预算的潜在的资源短缺危机；

（3）找出没有充分得到利用的资源，然后重新分配这些资源，或许有助于缩短项目计划工期和减少开支；

（4）利用自动平衡功能来平衡资源，使其易于管理。

就像许多项目管理专业人员不知道Project 2013拥有强大的成本管理功能那样，许多人也不知道Project 2013同样拥有强大的人力资源管理功能。微软企业项目管理解决方案提供了额外的人力资源管理功能。你也可以购买微软的扩展软件，或者是其他公司的能提供多种人力资源管理功能的软件。有了这些软件的帮助，项目经理就能获得更多有价值的信息，来帮助他们更有效地做出人力资源管理决策。

做好项目资源管理，远不让使用软件确定和跟进资源负载、平衡资源而已。人员是绝大部分项目最宝贵的资源，而人力资源远不同于其他种类的资源，因此你不能像更换一台机器那样去更换一个员工，员工不是一调整就可以马上高效工作的。理解和尊重员工、了解激励的因素和认真的沟通是非常重要的。一个好的项目经理之所以出色，不是因为他们拥有好的工具，而是他们拥有激发项目团队成员为工作、为组织全力以赴的能力。

案例新结局

该IPTV项目的组织结构是在公司的基本组织结构基础之上进行调整的，由公司总裁与北京网通上层领导进行沟通，项目部总监、技术部总监兼任项目经理，由项目部总监统一管理。IPTV项目组下设不同的部门，没有部门经理，其中的技术人员在技术上归技术部总监管理，业务上归项目部总监管理。从实际情况来看，这样的组织结构有助于整个项目组的统一领导，保持步调一致。无论是业务人员还是技术人员，都能很好地贯彻领导的意图，从而保证项目的有效实施。

本章小结

员工是组织或者项目的最重要的财富，因此，新媒体项目经理还必须成为一个好的人力资源管理经理。新媒体项目人力资源主要包括的阶段有：制订人力资源计划、组建项目团队、建设项目团队、管理项目团队。新媒体项目人力资源管理远不止是在组织计划和资源分配上使用软件这么简单。一个好的项目经理之所以出色，不是因为他们拥有好的工具，而是他们拥有激发项目团队成员为工作、为组织全力以赴、做到最好的能力。

章后案例

腾讯组织架构重组：建六大事业群　分拆电商业务

组织架构调整是企业战略的投射，也是企业对外部市场环境的一种反应形式。面对新媒体多变的环境，及时调整战略和相应的组织架构，对于企业来说显得尤为重要。图9-8为腾讯组织架构调整前后对比。

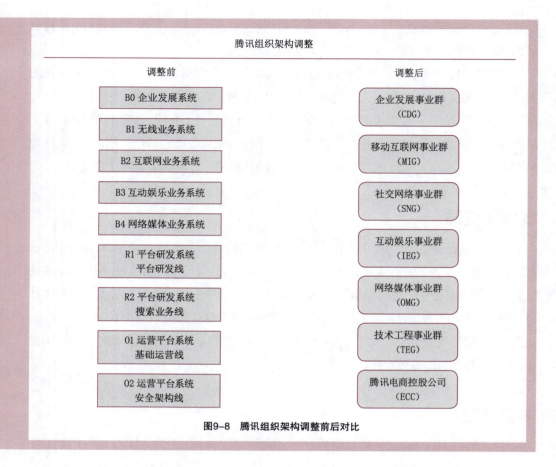

图9-8 腾讯组织架构调整前后对比

1.腾讯原业务体系

马化腾从2005年起构建一套按照业务职能线划分的架构体系。按照这套体系,腾讯的公司架构被划分为S(职能系统)、O(运营平台系统)、R(平台研发系统)、B0(企业发展系统)、B1(无线业务系统)、B2(互联网业务系统)、B3(互动娱乐业务系统)和B4(网络媒体业务系统)。

运营平台系统负责管理腾讯的网络、服务器集群和数据中心,也是未来腾讯云数据处理平台的核心部门。平台研发系统包括平台研发和搜索业务两条线,前者负责诸如QQ、Q+、QQ邮箱等核心产品,被外界所熟知的微信研发团队——广州研究院和用户体验中心(UED)就隶属于这条线;后者则是以搜搜为代表的搜索技术团队。企业发展系统下设负责在线支付的财付通、负责国际业务拓展的国际业务部、负责战略投资的投资并购部等。近年来腾讯在投资领域非常活跃,这些具体操作均由投资并购部完成。无线业务系统,最初是从腾讯的短信业务发展而来,而后发展了手机腾讯网、手机QQ、超级QQ,以及客户端手机QQ浏览器、QQ通讯录等业务。互联网业务系统,腾讯许多被用户熟知的业务来自这个系统,例如QQ空间、QQ音乐、朋友网等。另外,这个业务系统还承担了腾讯近年重点布局的电子商务业务,2012年第一季度财报显示电商业务已经占到腾讯总收入的7.8%,超过了传统的网络广告业务。互动娱乐业务系统,即腾讯游戏,也是腾讯的"现金牛",全公司76.5%的收入来自这个部门,主要产品是QQ游戏、地下城与勇士、穿越火线等。网络媒体业务系统,旗下拥有的主要产品是腾讯网、腾讯视频和广告平台腾讯智慧。较少为外界所知的是,腾讯投入很大的微博业务,也隶属于该部门。

2.腾讯现阶段的业务体系

2012年5月腾讯正式宣布进行公司组织架构调整,把原有业务系统制变为事业群制,并成立腾讯电商控股公司,专注于电商业务。腾讯将现有业务重新划分成企业发展事业群(CDG)、互动娱乐事业群(IEG)、移动互联网事业群(MIG)、网络媒体事业群(OMG)、社交网络事业群(SNG),整合原有的研发和运营平台,成立新的技术工程事业群(TEG),并成立腾讯电商控股公司(ECC)专注运营电子商务业务。

从调整方案来看,腾讯将重点布局社交、游戏、网媒、无线、电商和搜索六大业务。在社交领域,腾讯把即时通讯平台QQ与两大社区平台QQ空间、朋友网整合社交网络事业群。在新媒体领域,腾讯将逐步把传统门户、微博和视频等形态进行深度整合。在电商领域,腾讯电商控股公司的目标是成就10家以上百亿级且盈利的B2C合作伙伴,100~200家年销售额超过1亿的传统品牌及网络品牌合作伙伴。此前,腾讯已经先后投资了易迅、好乐买和珂兰钻石等B2C电商企业。在搜索领域,腾讯将搜索商业部门与无线平台的整合搜索,原核心技术部门将与腾讯技术工程事业群整合,继续加大对核心搜索技术以及语音搜索、图片搜索、语义搜索等技术投入。

马化腾表示,此次调整是由于架构限制已经不能完全满足用户层出不穷的新需求,调整后,腾讯各事业群将拥有更清晰明确的方向和分工,更闭环高效的决策机制。

可以看出,在腾讯的长期战略布局中,一个完整的平台矩阵已初具雏形,并为未来发展和变化预留出足够的空间。分析人士指出,"过去的14年历史已经证明腾讯很有紧跟用户体验的意识和经验,对大趋势也足够敏感。这次的调整将不同业务领域梳理得更加清晰,能够更好地支持接下来的业务变革,进一步满足用户和市场的需求。"

案例分析

刚刚做完安徽的项目回到长沙,某新媒体项目经理王啸杰一时还闲不下来,抓紧时间阅读管理方面的一些书籍。下面的这段话引起了他的强烈兴趣:

"即使是全职工作的员工,完全听命行事的下属也越来越少,甚至基层工作也是如此。他们越来越属于知识工作者,而知识工作者不是部属,而是伙伴。通过见习阶段后,知识工作者比他们的老板更了解他们的工作,否则他们就不能发挥什么作用。事实上,因为他们比组织里任何人更懂得他们的工作,也是被称为知识工作者的部分缘由。

知识工作者与主管之间的关系,用交响乐指挥和演奏家的关系来形容,远比传统的主管和部属关系贴切。一般来说,知识工作者的主管不会做部属的工作,正如乐团指挥不会吹喇叭一样。反过来,知识工作者需要依靠主管指引方向,确定整个组织的表现,也就是标准、价值观和绩效应该是什么。总的来说,越来越多的知识工作者需要被视为义工来管理。没错,他们支取薪水,但是知识工作者具有流动性,他们随时可以离开。他们拥有自己的生产工具,那就是他们的知识。"(引自彼得·德鲁克的《21世纪的管理挑战》)

王啸杰想起了自己的公司和自己的项目团队,觉得很多问题的根源其实都是这一点,就是是否按照知识型员工的方式去管理项目团队成员。

【问题】请用400字以内的文字说明如果你就是王啸杰,谈谈你准备打算采用什么样的方式来管理项目组成员。

50年前,德鲁克就指出了知识员工的重要性,而且哈耶克也认为企业能力本质上是知识专有,只有知识才能最终解释核心竞争力,也唯有知识和知识员工才是企业核心能力产生并不断发展和超越的最终逻辑归宿和唯一源泉。只有企业提供能够充分激发知识员工积极性、创造性的最佳手段,通过激发知识员工内在动力,促成其知识的吸纳、共享和创新,形成组织的独特竞争力,推动组织竞争优势的形成和不断发展。

一是"管人"要向"管事"转变,充分体现个人意愿和价值。在传统的企业管理过程中,往往更多地苛求员工遵从刻板、僵硬的工作规则,通过严格监管"人"来实现"工作目的",容易忽视个人的意愿和价值。这种管理对传统意义上的普通员工来说,的确曾起到规范、约束的积极作用。但在知识员工越来越多的今天,显然这种管理已不合时宜,同时也与我们所倡导的"以人为本"的管理不相适应。因此,我们要在管理中更多地体现"人性化"的原则,要从"管人"向"管事"转变,通过"管事"来达到"管人"的目的,要侧重监管工作进度、质量和结果,而不宜过于刻板、僵硬地苛求人、约束人。组织中的工作设计应注意考虑体现员工的个人意愿及价值,尽可能为员工创造一个既安全又舒畅的工作环境,可以尝试弹性工作制,加大工作时间的可伸缩性和工作地点的灵活多变,并建立以团队友谊为重的企业风格和企业文化,使员工觉得工作本身就是一种享受。只有能在工作中大显身手,充分实现自我价值,才能最大限度地发挥员工工作积极性和创造性。有人担心,过分强调自主会带来"放任自流"的负面效应,这要依靠对工作进度、质量和结果的有力监管来实现收放自如的控制,否则就会走入"一管就死,一放就乱"的局面。

二是要建立"赛马"机制,激活个体的主观能动性。管理的最高境界是"无为而治"。对知识员工,我们不但应抛弃传统刻板的管理方式,突破原有的思维模式和运作方式,更需要以多元化、人性化、柔性化的管理来激发知识员工主动献身与创新精神。首先要建立公平、公正、公开的"赛马"机制。海尔倡导的"人人是人才,赛马不相马"的管理理念,在现代企业管理中具有很高的适用性,尤其适用于对知识员工的管理。其核心思想就是建立和营造公平、公正、公开的内部竞争环境,把所有员工置于同一起跑线上,让所有员工在既定的、大家认同的规则面前公平、公正、公开地竞争,在充分的发展空间内优胜劣汰。当然这需要大胆打破学历、职称、资历等种种条条框框的限制。其次要建立健全有利于人际沟通的制度，提倡管理者与员工之间的双向沟通。依靠理解和尊重，靠高尚的人格和互动的心灵建立管理者和员工之间的关系，并通过这种心灵沟通和感情认可的方式，使知识员工在自觉自愿的情况下主动发挥其潜在的积极性与创造性。

三是要有完善的薪酬激励机制，全面推行绩效考核管理。在人才竞争日趋激烈的新形势下，管理知识员工的一项重要任务就是要丰富现有的激励手段，实现激励体系的多维化发展，以满足员工素质不断提高而出现的多层次的个人需求，从而激发知识员工的工作热情和创造力。首先，要严格贯彻落实实施"以岗定薪，易岗易薪"的薪酬用工制度，推动薪酬用工制度与市场高度接轨，并通过"待遇留人，感情留人，事业留人，职业生涯设计"等手段来体现知识员工的价值。其次要全面推行"收入与绩效挂钩，分配向'三高'倾斜"的绩效考核管理，要把员工的贡献收益与企业的发展前景紧紧捆绑在一起，实现风险同担，利益共享，共生共荣。同时也可以尝试采取员工持股权、知识参与分配等方式。

四是在职教育与职业生涯设计相结合，营造实现自我价值的广阔空间。在知识经济时代，在职培训和教育是企业吸引人才、留住人才的重要因素。为此，企业在发挥知识员工作用的同时，需要加强对他们的全面培养，使之与企业的发展同步成长，并能在未来的发展中承担重任。同时要充分了解人才的个人需求和职业发展意愿，为其提供富有挑战的发展机会。要让知识员工获得公平的职位升迁或是创造新事业的机会，让他们能够清楚地看到自己在组织中的发展前途。

在"以人为本"已经成为国家治理理念的今天，我们应当深刻地认识到知识员工与传统意义上的普通员工在管理上有很大的差别。我们要结合知识员工的特点，突破刻板的管理思维，全面贯彻人本管理，营造公平、公正、公开的内部竞争机制，以"监管工作进度、质量和结果＋绩效管理"为手段，激活知识员工的个人潜能和创造性，以促进工作绩效的提高和自我价值的实现，从而达到推动企业健康、持续、快速发展的目的。

10 新媒体经营模式下的沟通管理

知识要点 ▶

本章重点是新媒体从业人员的特性及沟通问题，识别新媒体业态中的干系人。
难点是新媒体作业项目干系人的管理。

学习目标 ▶

（1）描述新媒体从业人员的特性及沟通问题；

（2）理解新媒体项目的沟通及其重要性；

（3）识别新媒体业态中的干系人；

（4）了解新媒体业项目干系人管理。

开篇案例

　　索迪斯（Sodexo）是一家总部位于法国的餐饮旅游服务业跨国企业，于1995年进入中国市场，其业务已遍布国内30多个城市。目前他们在北美的雇员总数达12万人之多。索迪斯是新媒体招聘的先行者，他们在利用新媒体招聘上的成功，激励着很多企业都开始尝试用这种创新的方式进行招聘和雇主品牌建设。

　　索迪斯的职业站点是开展线上招聘的中心。它不仅提供当前的职位信息，还建设了人才社区，让人才可以随时了解企业。索迪斯的文化也从这里开始，击不同的标签，可以让人才深入地了解。与此同时，索迪斯通过博客和社交媒本来吸引用户访问此职业站点。除此之外，索迪斯还利用社交平台及移动平台，促进雇主品牌的建设。据悉45%的求职者都是通过社交媒体平台进行工作检索，它每年的招聘广告费用也比以往减少了30万美元。此外，其官网招聘页面的访问量也比进入社交平台之前增长182%。

10.1　新媒体从业人员的特性及沟通问题

　　新媒体从业人员的特性主要有以下几点：首先，新媒体人才稀缺，流动性大。新媒体行业面临全线人员缺乏，行业现存熟练人才稀缺，招聘难度大；企业间挖角严重，人才流动性大；高校人才培训体系与企业需求严重脱节。其次，企业人力资源管理难度增大。"80后""90后"成为新媒体行业的主流员工，新新人类的行为特征给企业管理带来挑战；新媒体企业都处于创业期，企业制度、企业文化不健全；新媒体行业节奏快、压力大、加班频繁，造成企业员工流失率高于其他行业。

　　新媒体是建立在新技术基础平台上的，要求从业人员掌握较强的新媒体技术。而且，因为新技术不断发展，还需从业人员长久地保持学习心态。其次，要具备一定的修养。新媒体从业人员是要面对公众的，是"公众人"，要具备一定的修养。新媒体从业人员要提升自己修养，就必须从塑造自身的形象开始。修养指的是一个人在理论、知识、艺术、思想等方面具备一定水平，通常也是一个人综合能力与素质的体现。最后，要具有策划和创新能力。策划又称"策略方案"和"战术计划"，是指人们为了达成某种特定的目标，借助一定的科学方法和艺术，为决策、计划而构思、设计、制作策划方案的过程。创意是传统的叛逆，是打破常规的哲学，是超越常规的导引，是投资未来、创造未来的过程。简言之，创意就是具有新颖性和创造性的想法。由于这些从业人员的特点，导致项目中的沟通困难。

　　在信息经济时代，外部环境的变化日新月异。要在瞬息万变的市场环境和激烈的竞争中生存且发展并非易事。随着新媒体规模越来越大、业态越来越多，内部组织结构和人员结构也越来越复杂，员工之间利益取向越来越呈现多元化的特征。要解决上述这些问题就必须依赖于良好的管理和沟通来实现。奈斯比特曾经说过："未来竞争是管理的竞争，而竞争的焦点就在于每个社会组织内部成员之间及其外部组织的有效沟通上"。目前，大多数管理者都已非常清醒地认识到了管理沟通在新媒体管理中的重要性，但是还有一些管理者并没有意识到其管理的焦点应放在有效的沟通上，而且是在能够熟练掌握并能够有效用管理沟通的定律。对于人事管理人员来讲，如何正确理

解沟通，如何掌握沟通技巧，运用沟通来解决管理中的问题显得十分重要。

1.管理层面不够重视

从工作实践中观察可以发现，目前一些管理者在沟通方面存在以下问题：一是思想认识欠缺，重视程度不足。有些管理者忽视沟通的重要性，在管理过程中没有将其纳入重要工作日程，或者虽在日程之中但未曾自觉地付诸实践，认为员工在工作中只要服从决策、接受命令，认真执行就行。在内部管理上，决策过程中往往只是管理者说了算，认为企业中一些决策无须让员工知晓，无须与员工沟通，也担心意见不统一甚至遭到反对而难以实现决策。二是缺乏相应的沟通技巧，有些管理者即使有沟通意识也因缺乏沟通能力而收不到沟通的效果。管理者沟通能力的缺乏通常表现在：缺乏有效倾听的沟通技能，缺乏非语言信息沟通的技能以及口头和书面沟通的技能，包括不善于选择合适的沟通时机以及不恰当的态度。

2.员工缺乏主人翁意识

目前的传媒企业，基本上是具有垄断性的国企，或者只是企业化运作的事业单位，管理者大都是上级委派的。很多员工认为自己地位卑微，反正自己的意见领导也不会重视，多一事不如少一事，因此不必或者不愿意向领导者报告情况，以避免引起领导反感。要么目空一切，认为领导者与自己一样，也是普通的人，未必比自己高明多少。还有些员工对上司的报告，多流于吹牛拍马，专讲好话，或大事不报，重事轻报，歪曲事实，隐瞒真相。凡此种种都会影响到沟通作用的发挥。

3.沟通渠道及方式运用不当

目前，职场官化现象较为严重，许多管理者与从业者中的沟通往往不注意沟通的双向性，下行沟通多，而上行沟通的渠道较少；管理者常常倾向于采用纵向沟通，而忽略了横向沟通的重要性；没有加强对创新性渠道的运用；不能积极健康地引导非正式沟通。目前大多数企业内部的沟通依然停留在汇报、指示和会议这些传统的沟通方式上，有的即使开通了内网进行无记名的交流，但下面的意见很难引起决策者的真正重视。现有的沟通手段尚不能完全适应社会和科技的发展、企业成员的心理结构以及需要的层次变化。传媒业没能充分运用现代化的沟通工具为自我服务，使沟通顺畅。

10.2　新媒体项目的沟通管理及其重要性

所谓沟通，是人与人之间的思想和信息的交换，是将信息由一个人传达给另一个人，逐渐推广传播的过程。著名组织管理学家巴纳德认为"沟通是把一个组织中的成员联系在一起，以实现共同目标的手段"。没有沟通，就没有管理。在新媒体项目中，不光是企业之间要进行沟通，还应当与业内专家、顶级管理专家、最终用户、团队中的每一个成员不断地沟通。一个新媒体项目成功的秘诀就是沟通、沟通、再沟通。

新媒体项目的沟通管理中有 5 个重要过程,如图 10-1 所示。

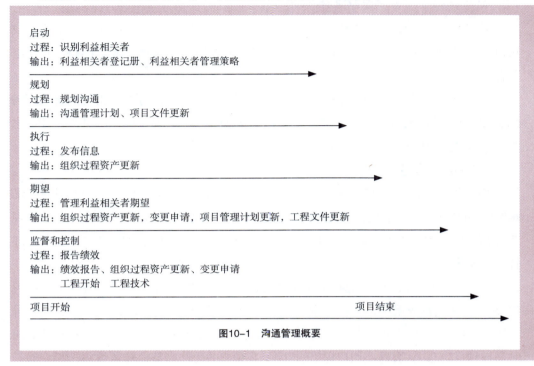

图10-1 沟通管理概要

10.2.1 沟通管理过程

总的说来,沟通管理是一个收集与反馈、存储与加工、解决与发布在项目执行过程中所汇集的各种信息的处理过程。简单地说就是信息的传递和理解,如图10-2所示。沟通管理的主要过程包括:

(1)沟通计划编制,包括确定项目干系人的信息和沟通需要,谁需要什么信息,什么时候需要,如何把信息发送给他们。

(2)信息发送,及时向各项目干系人提供所需信息。

(3)绩效报告,收集并发布有关项目绩效的信息,包括状态报告,进展报告和预测。

(4)管理收尾,生成、收集和分发信息关使阶段或项目的完成正规化。

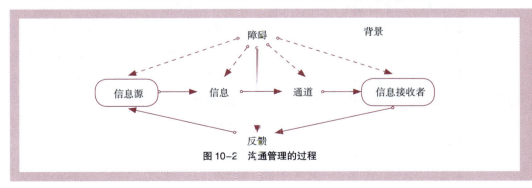

图 10-2 沟通管理的过程

10.2.2 几种主要的沟通关系

项目经理的主要任务就是人与人之间的协调与管理,应当成为主管领导、团队成员、用户和其他干系人之间沟通的纽带,最终的目标是让用户能满意,让公司有利润,让组员有进步。

在信息系统项目实施过程中,一般有以下几种关系需要大量沟通,以使项目更加顺畅地进行。但无论沟通双方是什么样的合作关系,沟通的原则都是一样的,即目的明确、思路清晰、注意表达方式、以诚相待;选择有利时机,采取适宜方式。

1.与用户的沟通

用户和集成商表面是对立的两个组织,实际上却是一个统一体,双方共同的目标都是希望项目能够成功,因此他们之间的沟通是最为重要的。用户方可能对IT技术、工程规范的了解不够深入,集成商则可能对甲方需求和业务了解得不充分,使得双方对工程的理解存在差异。

我们在工程实践中经常这样处理这种沟通关系:首先是在需要做出实施中的一些关键决策时,主动征求用户的意见,并接受用户的指导、协调管理;建立工作联系制度,按时参加项目联络会议,对项目进展和遇到的问题进行沟通;给用户提交工作周报,使他们随时掌握项目动态;认真落实用户提出的建议,将用户的想法完整地转达给每个相应的干系人,并协同处理。在秉承互尊互利的原则上,基本上都能与用户形成良性的沟通关系。

事实上,要想真正深入了解用户想法的最简单而有效的方式就是成为用户本身,将自己扮成用户角色,跟随用户共同工作熟悉他们的业务和习惯,像用户一样思考和处理问题,也就是同用户建立和谐关系的最佳途径。

2.项目经理与公司主管领导

公司领导对项目执行过程中具体情况的了解与掌握主要就是通过与项目经理及其他项目组成员的交流。这种交流包括定期与不定期两种,项目组一般每两周提交一次进度报告,列举项目进展、与计划是否有偏差、出现及解决了哪些问题等内容。不定期沟通则主要体现在项目遇到需要主管领导决策或处理的状况时,与主管领导经常进行沟通,有利于梳理自己的工作思路,并从领导的支持中获取信心。

3.项目经理与项目组成员

在新媒体项目执行过程中,项目经理经常处于两难的境地,一方是甲方使用人员,而另一方是项目组内成员。当甲方对系统或项目施工提出问题并要求改动时,项目组技术人员往往找出各种理由予以否决,这正是引起甲乙双方矛盾的最主要原因。另外,小组成员对任务分配、加班加点等状况也常有抱怨。作为项目经理,应从理性的角度出发,既要尽量满足用户方的合理需求变化,又要充分调动组内成员的积极性。在不失公允的前提下,充分发挥个人魅力的作用。

其他主要沟通管理中包含的关系还有，集成商/项目经理与设备提供商，与设计单位，与工程分包商等。项目经理与各方进行沟通贯穿整个项目周期。

4.团队成员之间的沟通

在新媒体项目中，团队成员之间的沟通已经成为重中之重。人员良好的沟通不仅能够节省办公时间，提高工作效率，更好地为客户服务，能够为企业决策服务，将信息化覆盖到企业的战略、目标、绩效、合同、客户、项目等层面，提供数据分析，为决策提供依据。同时人员进行良好的交流，也会使公司有一个良好的工作氛围，进而降低人员流失率，留住人才。

10.2.3　沟通方式

虽然一个新媒体项目团队大都成员不多，但麻雀虽小，五脏俱全，和谐与否在很大程度上也影响着团队的工作效率。如何应用适当的技巧去管理团队，是每个管理人员必须要面对的问题。

沟通有很多种方式，包括一对一的沟通、一对多的沟通、多人之间的沟通、多人之间的相互讨论；从沟通的载体而言，有口头、书面、肢体语言；从途径而言，有面对面的，还有通过电话、网络、视频、广播等。

1.口头沟通

口头沟通是一种便捷并且信息表达准确的沟通方式。在项目早期应多使用面对面沟通，这对促进团队建设，建立良好的工作关系特别重要。在进行面对面口头沟通时，可以通过恰当的身体语言传达内心思想，但不能使用带有偏见或者攻击性的言辞与评述。

2.书面沟通

书面沟通主要用于通知或确认一些比较重要的项目活动内容，可作为依据便于日后查阅。对于项目组及企业内部，书面沟通的内容主要是项目进展及其他方面的报告、各种通知、内部备忘录等。书面报告注重使用清楚简洁的语言。

3.会议

会议是解决项目执行过程中出现的问题的最佳途径，它是对项目目标投入的工具。会议通常的内容是通知项目情况、制订行动计划、发现已有或潜在问题时召集讨论等。会议时间不能太长，一般不要超过40分钟，也不能把会议带入无休止的争论中，毕竟争论不会给工作带来实质性有价值的东西。

4.网络沟通

信息时代使团队的活动不再局限于面对面的活动，一种新的组织形式开始出现——虚拟团队，实际上就是利用网络平台把分散的成员联系起来，在"线上"进行合作。这种虚拟团队多采用网络沟通，如即时对话工具、可视电话会议系统、电子邮件、内部工作组等。在这种沟通方式中，信息的传递一般不存在问题，但在信息的理解上，则更容易产生歧义。一旦信息被恶意散发或错误理解,则造成的危害更大。

沟通方式的选择十分重要。如电子邮件尽管方便快捷,但它也有缺点,首先是信息超载,我们难以把重要的信息同垃圾信息区分出来。其次,它也缺乏情绪的内容,使人感觉是冷冰冰的和非个性化的。因而当需要传递丰富的信息时(如手势、表情、体态),应该选用面对面的沟通,或者通过视频会议方式。

在决定何时使用何种交流方式方面,项目经理必须满足组织、项目和个人的需要,如表10-1所示。

表10-1 媒介选择表

1=非常好	2=尚可	3=不合适		
媒介用途	电话	电子邮件	会议	网站
获取承诺	2	3	1	3
建立共识	2	3	1	3
调解冲突	2	3	1	3
消除误解	1	3	2	3
消除消极行为	2	2	1	3
表示支持欣赏	2	1	2	3
鼓励创新性思维	3	1	3	3
表达讽刺观点	2	3	1	3
传递相关文献	3	3	3	2
增强威信	2	3	1	1
永久记录	3	1	3	3
维护机密	1	3	1	3
传递简单信息	1	1	2	3
信息查询	1	1	3	3
提出简单要求	1	1	3	3
综合介绍	1	2	1	2
向众人演讲	3	2	3	1

10.2.4 沟通管理中容易出现的问题

在项目计划执行过程中,各部门及人员间的信息交流是否顺畅、纠偏工作是否及时有效,直接关系到项目质量的好坏及项目进度与计划的一致性。在对一些项目沟通过程进行分析后发现以下几个问题经常存在:

1.非正式沟通引起沟通信息失真

非正式沟通是指除项目组规定的汇报、例会等制度以外的沟通方式,如项目组成员私下交谈、传递小道消息等。这样的信息容易失真,有可能会导致项目中的信息错误引起风险。对此不应当将非正式沟通来源的信息作为项目可采用的有效信息。

2.口头沟通引起信息无法存储

口头沟通的信息不能保存,而且在沟通完毕后容易被遗忘,在特定的场合也不具备法律效力。而在实际项目执行过程中,口头沟通十分常见,并且常常能够取得一定效果。因此,口头沟通后应尽量以书面的形式保存下来。

3.电子邮件滥用

由于电子邮件的便捷性，不仅在项目组内部使用，也是与外界联系的重要手段，而这样就有可能给用户或集成商带来类似泄密等不必要的麻烦。内部通过电子邮件交流，最好以规定的格式，即便于提取统一管理，也方便避免误发导致的问题。

10.2.5 良好的沟通管理策略

1.沟通是人的沟通

不管客户还是项目成员，他们在项目中都有自己的利益关注点。有效的沟通机制，能够帮助项目组与客户建立良好的关系，为项目的顺利实施，以及后期项目的开发奠定好的基础。同时，有效的沟通机制会对项目团队的建设起到积极的作用。每个成员参与项目都会有自己的目的：有的人为了挣钱，有的人是为了学更多的知识，有的人是为了积攒成功案例和工作经历。作为项目经理要了解每个成员的想法，并对他们的想法进行分析。在项目实施中，项目经理要对人员进行合理搭配，在满足项目需求的同时，还要尽可能地满足每个项目成员的个人需求。

2.情感的沟通是有效的手段

在新媒体项目中，项目经理要与自己的成员保持经常性沟通，交流工作体会。不要以为开Party或者送小礼物是多余的，有时候一个简单的眼神或表情都代表了一种工作状态。项目经理需要经常和员工聊天或谈心，了解他们在工作中的问题和难处，积极为他们想办法。项目经理也要和客户保持良好的私人关系，通过聊天可以了解到客户的新需求。

3.积极聆听

根据目的和效果的不同，聆听可分为5种不同层次：听而不闻、假装聆听、选择性的聆听、积极聆听。有效沟通实际上多始于积极聆听。

积极聆听，不仅仅是听，更要努力理解讲话者所说的内容，站在对方的立场上去听，去理解。

新媒体项目最终是服务于其他业务的，为其他业务提供信息技术支持，提高业务效率。在项目的需求分析阶段，我们必须认真和客户交流，积极聆听，了解客户的真实需求，避免因项目需求分析不清楚，过早地埋下项目失败的隐患。

应该在沟通的过程中把握好以下原则：

（1）聆听者要适应讲话者的风格。每个人发送信息的时候，他说话的音量和语速是不一样，你要尽可能适应他的风格，尽可能接收他更多、更全面、更准确的信息。

（2）聆听不仅仅用耳朵在听，还应该用你的眼睛看。你耳朵听到的仅仅是一些信息，而眼睛看到的是他传递给你更多的一种思想和情感，所以听是耳朵和眼睛在共同地工作。

（3）听的过程中一定要注意，站在对方的角度去想问题，而不是去评论对方。

（4）在听的过程中，要与对方保持目光交流，并且适当地去点头示意，表现出有兴趣。

4.选择合适的沟通语言

新媒体项目的沟通过程中，一定要注意语言的选择。新媒体行业的人员不可避免地要用到很多专业术语和简称，有些人甚至刻意使用这样的术语和简称，试图给用户造成一种专业的印象。但是，效果往往适得其反，客户不能真正明白你在讲什么，你的真实意思是什么，进而厌倦跟你沟通，最终导致项目失败。因此，我们最好用简单的语言、易懂的言辞来传达信息，而且对于说话的对象、时机要有所掌握。

5.安排高效会议

项目沟通中经常使用正式会议的方式与客户、执行组织管理层、项目团队等进行沟通，如项目启动会、方案评审会、问题解决会、变更评估会等。曾经有人就一个会议的成本给出了一个公式：

成本＝（与会人工资＋日常开支＋找不到你的人的工资）×人数×会议时间＋会议本身支出

通过这个公式我们可以清楚地看到一个会议的成本是很高的，因此会议的高效性成为控制项目成本的一个有效办法。

要保证会议的效率，有很多的措施和方法。在实际项目过程中，我们要根据项目干系人的情况和项目的需要选择合适的方式。一般来讲，安排高效会议应该注意以下几点：确定会议是否真的必要，是否可以不开或者可以采用其他方式如电话会议等；会议召开前，应该将会议议程表发给参会人员，议程表一般应该包括会议主题、每个主题的顺序、时间以及负责人、会议的主持人、记录人等；会议应安排好需要使用的各种工具和会议材料，如投影仪，以图形、图表、表格等形式展现的项目报告等；会议要选择有经验、有资历的主持人，控制会议节奏，防止会议冗长和走题；会后应该在24小时内发布会议纪要，公布会议结果。

6.有效的绩效报告

绩效报告可以使项目干系人了解项目的进展状况，包括项目进度、质量、成本等方面与项目计划的偏差情况以及项目存在的问题和潜在的风险。通过有效的绩效报告，可以使项目干系人了解项目，增加对项目团队的信任，提高他们对项目的满意度，有利于项目的成功。

有效的绩效报告应该具有如下特征：很强的针对性。报告是为项目干系人做的，应该了解项目干系人对项目的哪些方面感兴趣，哪些方面是项目干系人关注的焦点。只有针对项目干系人关注的焦点传递信息，才容易被接收和理解。很好的呈现形式。新媒体项目千差万别，项目干系人的习惯也是千差万别，因此，应该根据具体情况选择合适的绩效报告的方式，应该更多地采用图表等简单明了的报告形式。渐进明细。就像我们做项目计划一样，绩效报告也要注意不断完善，通过征求项目干系人的意见，调整项目绩效报告的形式。

10.3 新媒体业态中干系人的识别

美国《连线》杂志对新媒体的定义："所有人对所有人的传播"。将新媒体称为融合了人际媒体和大众媒体而成为人类的第三种媒体形态。在大众媒体占据主导的时代，我们谈到媒体的功能，通常注重其对受众的信息传播功能、文化传承功能、提供娱乐的功能和对社会环境及社会关系的协调作用，即媒体对公众和社会的外在功能。而进入"人人皆有麦克风"的新媒体时代，媒体应该回归内在本我，无论组织机构多么庞大，都要将自己看作一个社会人，需要开展媒体社交。

新媒体既拥有人际媒体和大众媒体的优点：完全个性化的信息可以同时送达无数的人；每个参与者，不论是出版者、传播者，还是消费者，对内容拥有对等的和相互的控制。同时，新媒体又免除了人际媒体和大众媒体的缺点：当传播者想与每个接收者个性化地交流独特的信息时，不再受一次只能针对一人的限制；当传播者想与大众同时交流时，就可以针对每个接收者提供个性化内容。也就是说，在新媒体中，受众与媒体的关系从以往的被动接收转变为主动控制，再到现在的主动卷入。

新媒体的内容来自用户创造与分享，用户既是信息接收者也是传播者，用户规模形成了影响力经济。用户包括普通网民，也包括实名认证的专业人士和机构，既是消费者、供应商、员工、合作伙伴，也是"股东"。新媒体通过维护平台的开放性、拓展用户之间的交互性、反映用户真实的声音，较容易地实现了尽可能多地照顾到各个利益相关方诉求的目的，其"社交"功能明显。媒体作为公共组织机构，应该注意构建与维护同以下干系人的关系。

• 直接受众：直接受众决定了媒体的规模，不应将受众单纯看作媒体信息的接收者，还要将其看作信息提供者和观点提供者，要将受众看作"客户"，为其提供服务，倾听其意见并给予反馈。

• 间接受众：指从非媒体介质本身获取媒体信息的受众，在当前阶段尤以网友为代表，比如，网友通过网络看到电视台的某段节目视频、通过微博看到报纸某报道概要，这部分受众增加了媒体的影响力，媒体需要争取更多的接触点以增加间接受众数量，同时通过高质量的信息将这部分受众转化成媒体的"粉丝"，成为固定受众。

• 本行业者：包括内部员工和同行业者，也包括竞争者，如社交媒体。媒体需要培养内部员工的"社交"意识，在媒体社交活动中与其他媒体形成行业联动，同时借鉴和借用社交媒体的社交性和社交渠道，推进媒体社交实践。

• 社会公众和社会：社会公众包括网民但不等同于网民，媒体除了回应和关注网络舆论热点外，还需要深入到基层各个领域与各行各业的人民群众互动，对于环境与资源、社会文化与道德等社会问题，媒体要保持文化自觉，持续关注。

10.4　新媒体项目干系人管理

作为一个学术名词，干系人（stakeholder）在20世纪60年代被首次提出。1963年，斯坦福研究所（SRI）的一些学者受股东"shareholder"一词的启发，利用"stakeholder"一词表示与企业有密切关系的所有人，并给出干系人的定义：对企业来说，存在这样一些利益群体，如果没有他们的支持，企业就无法生存。1965年Igor Ansoff在《公司策略》一书中也提及这一概念，他认为要制订理想的企业目标，必须综合平衡企业的众多干系人之间相互冲突的索取权，他们可能包括管理人员、员工、股东、供应商以及顾客。20世纪80年代以后，随着经济发展的全球化以及企业间竞争的日趋激烈，从是否影响企业生存的角度界定干系人表现出一定的局限性。1984年Freeman在其著作《战略性管理：一种干系人方法》中，将干系人定义为那些影响企业目标实现或受企业目标实现过程影响的任何个人和团队，该定义扩展了干系人的内涵，除了影响企业持续生存的投资者、员工、顾客和合作者之外，还将社会团队、公众、政府部门、环保主义者等群体纳入了干系人理论的研究范畴，并启发人们思考企业与干系人之间的相互影响。这与当时西方国家正在兴起的企业社会责任和社会绩效的观点相契合，受到许多学者的赞同，随即成为关于干系人定义的一个标准范式。20世纪90年代以后，干系人理论逐渐发展，广泛应用于公司治理、企业伦理、战略管理等诸多领域。其中，Grant、Mitchel等人提出的干系人分类管理理论较为典型。在现代管理理论中，干系人已被视为企业的构成要素，纳入广义的管理范畴，企业的生存和繁荣离不开干系人的支持，但不同类型的干系人对企业管理活动的影响以及被企业活动影响的程度是不一样的，并随着时间和空间动态变化。因此，针对不同类型的干系人应采取不同的管理策略，最大限度地提高干系人对企业的满意度和支持度，已成为决定企业健康持续发展的关键问题。

新媒体项目管理视角的干系人，即通常所说的新媒体项目干系人。每个新媒体项目都有其特定的干系人集团，即干系人群体。通常，我们可根据干系人与项目的不同影响关系，将其区分为：主要干系人，即那些与新媒体项目有合法的契约合同关系的团队或个人，如业主方、承包方、设计方、供货方等；次要干系人，即那些与项目有隐性契约，但并未正式参与到项目的交易中，受项目影响或能够影响项目的团队或个人，如政府、社会公众、环保部门等。显然，新媒体项目与这些干系人群体结成了关系网络，各相关方在其中相互作用、相互影响，交换信息、资源和成果。项目作为多方利益的综合体，交汇渗透了各方利益的诉求，这些利益诉求由于各自的独立性，必然存在着各种利益的矛盾和冲突。从这个意义上讲，新媒体项目管理就是关系管理过程，是干系人之间的利益冲突、协调和实现的过程。

项目经理必须理解其他的干系人并与他们共事。因此，项目经理特别需要了解他们怎样通过各种沟通方法、人际交往技巧和管理技巧来满足干系人的需要和期望。项

目的成功通常从各种角度来衡量,其中期望管理矩阵是最重要的衡量工具之一,如表
10-2所示。

表10-2 期望管理矩阵

成功指标	优先权	期望	指南
范围	2	范围声明中清晰地定义了强制要求和可选要求	在考虑可选要求前要专注于满足强制要求
时间	1	没有给定该项目的完成时间;每一项主要期限要满足;时间表一定要切实可行	项目发起人和项目经理必须警惕任何有可能影响日程目标的问题
成本	3	这部分对组织十分重要;如果你能清晰地证明需要更多的资金,那么你就能得到这些资金	项目支出和上调过程有严格规则,成本很重要,但还是要次于时间安排和范围目标
质量	6	质量很重要,我们的期望值就是依照建立起的过程来测验这个系统	所有的新人都被要求完成一些内训课程,以确定他们已经了解了我们的质量过程。所有合作质量标准都要严格执行
顾客满意度	4	我们的客户希望我们表现出专业性,及时回答疑问,和他们一起合作来完成项目	所有提供给客户的演示文稿和正式文档都必须由专业人员设计。每个人都应该在24小时内回复客户要求
预计投资回报	5	项目中所给出的业务示例预计的是在项目完成两年内达到40%的回报率	我们的财务部门和客户一起衡量投资回报率。符合/超出预期将会给我们带来更多的商业机遇
其他			

10.5 新媒体在企业危机管理中发挥的沟通作用

随着科技的发展,社会已经进入了新媒体时代。新媒体指的是相对于传统媒体(电视、广播、报纸)而言的基于计算机网络基础上的新的媒体形态,如数字电视、移动电视、手机媒体、IPTV、博客、播客等。各式新媒体的不断涌现和迅猛发展为企业的发展提供了巨大便利和广阔空间,但同时也成为引爆企业危机的导火线。近年来频繁爆发影响巨大的企业危机事件,如万科的"捐款门"、震动全国的"三鹿"危机等,最初并非由传统媒体引爆,而是许多个人意见式、感受分享式、调侃式、揭露提醒式的小帖子、邮件或博客文章,使得某些事件迅速成为民众关注的焦点,并引来传统媒体的大规模介入从而一发不可收拾。

在这样的时代背景下,任何一个企业忽视新媒体,都有可能使企业在危机的旋涡中陷入万劫不复之地。区别于传统媒体的传播模式,新媒体传播的速度特别快,影响效力全球化;传播内容难以控制,互联网上面有大量论坛、博客、即时通信工具等,使得信息的传播方向无法控制;传播方式由一对多变成多对多,注重交互性,一定程度上实现了话语权平等;传播主体、传播对象边界模糊化。基于新媒体鲜明的信息传播特点,它一方面

对企业危机的发生推波助澜，给危机管理带来前所未有的压力；另一方面又给企业的危机管理带来新的视野和观念，在企业危机管理中发挥着积极的作用，成为企业成功化解危机的重要因素。

首先，实时的传播速度提高危机处置的效率。新媒体在传播速度方面的优势，使企业可以在第一时间将企业对危机事件的态度、立场和解决方案向大众公布，及时向公众提供关乎切身利益的服务信息，为企业成功化解危机打下基础。

其次，多样化的传播方式为危机应对提供多元平台。企业可以借助新媒体的一系列传播手段，快速有效地回应危机。例如，在主流门户网站和新闻网站发布系列新闻专题，建立专题网站并保持信息的高频度更新，举行网上记者招待会或专家主题聊天，充分利用新闻组、虚拟社区内的在线通告，在重要的或流言极其泛滥的BBS站点首页设置指向权威消息和权威的网站的链接等。

再次，开放互动的沟通方式便于正面引导公众舆论。新媒体除了能以最快速度传播危机信息和动员公众参与危机处理外，还越来越成为聚集公众舆论的场所。企业可以通过博客、网络论坛、即时通信工具、视频分享等发布品牌、产品或服务的正面信息，并制作网络口碑传播效应。或者借助公司博客、官方网站、品牌社区等平台，解释品牌危机的问题根源，公布企业处理措施，与消费者展开互动沟通，从而形成巨大的网上舆论洪流，正面疏导危机。

10.6　项目沟通管理中的工具软件应用

很多组织发现，有价值的项目管理软件可以成为组织中单个项目和综合项目的信息沟通桥梁。项目管理软件可以提供不同角度的信息去帮助满足不同的沟通需要。例如，高层管理者也许仅需要针对总结性任务的屏幕信息来实现对全部项目总体状态的把握。中级管理者经常需要了解自己所负责区域的全部项目中里程碑事件的状态。项目团队成员总是需要看到全部项目文档。通常，项目中最大的沟通问题之一就是及时地向所有或部分项目干系人提供最近的项目计划、甘特图、详细说明、会议信息、变更要求等。大多数项目管理软件允许使用者插入其他相关项目文档的超级链接。

在Project 2013 中，你可以插入在甘特图中出现的任务或里程碑事件的超级链接，来连到包含相关信息的其他文件。除此之外，Project 2013 能帮你做到：

• 组合管理：针对项目群和项目提供集中而统一的视角，使用者能在全组织内对活动进行评价和优先级排序。这一功能使项目团队有可能实现生产力最大化、成本最小化，并保持活动与战略目标的一致性。

• 资源管理：最大化人力资源经常成为最小化项目成本的关键。这一特点让使用者在全组织内最大化地使用资源，以帮助高效地计划和管理劳动力。

● 项目协作：共享项目经常是一种偶然的努力。项目协作使组织能及时、持续地分享知识，改进沟通和决策的制定、消除冗余，并利用最佳实践来做好项目管理。

沟通对成功的新媒体项目管理来说是最为重要的因素之一。尽管技术有助于沟通过程，并且是最容易解决的过程环节，但它并不是最重要的。更重要的是，改进组织的沟通能力，通常需要变革组织的文化，而这需要花费很多时间、辛苦的工作以及耐心。特别是信息技术专家，通常需要特殊的训练来改善自己的沟通技巧。项目经理在沟通过程中的主要角色就是促进者。项目经理必须告知所有的项目干系人良好沟通的重要性，并确保项目拥有沟通管理计划，以实现良好的沟通。

案例新结局

从索迪斯身上，让我们感触最深的一点是，沟通是建立强大雇主品牌最可靠和可信的途径。创造一个良好的沟通环境有利于企业文化氛围的形成，有利于职能部门之间的协作配合；有利于员工共识的实现，形成统一的价值观和强大的凝聚力；有利于增强员工的主人翁责任感，调动员工参与公司经营管理的积极性和创造性，使人力资源向人力资本转变；有利于保持企业文化网络畅通和信息资源共享；有利于建立沟通、学习、交流、协作的奋进平台。

良好的沟通不仅仅是技术的事。你在商业上做正确的事情，它同样也会在社交媒体或其他交流渠道上显现出来。你在一个领域的成功，同样也会折射到其他市场——这正是沟通的魅力，索迪斯已经证明了这一点。

本章小结

沟通不良常常成为任何项目成功所面临的的最大威胁，特别是新媒体项目管理。沟通是使一个项目顺利进行的润滑剂。项目沟通管理包括识别干系人、规划沟通、发布信息、管理干系人、报告绩效。此外为了改进项目沟通管理，项目主管和其团队必须学会掌握很好的冲突管理技巧，就像其他技巧一样。冲突解决是项目沟通管理的重要组成部分。

案例分析

一个周一的早上，某新媒体公司项目经理李强来到公司时看到程序员们正三三两两聚在一起激烈地讨论着，当他们看到李强走进来，立即停止了交谈。这种突然的沉默和冰冷的注视，使李强明白自己正是被谈论的对象，而且看来他们所说的不像是赞赏之辞。

李强来到自己的办公室，半分钟后他的助手老赵走了进来。老赵在公司工作多年，和李强关系一直不错，所以说话总是很直率。老赵直言不讳地说道："李经理，上周你发出的那些信对员工的打击太大了，它使每个人都心烦意乱。"

"发生了什么事？"李强问道，"在主管会议上大家都一致同意向每个人通报我们公司财务预算的困难，以及裁员的可能性。我所做的只不过是执行这项决议。"

"可你都说了些什么？"老赵显然很失望，"我们需要为员工的生计着想。我们以为你会直接找员工谈话，告诉他们公司目前的困难，谨慎地透露这个坏消息，并允许他们提出疑问，那样的话，可以在很大程度上减少打击。而你却寄给他们这种形式的信，并且寄到他们的家里。周五他们收到信后，整个周末都处于极度焦虑之中。他们打电话告诉自己的朋友和同事，现在传言四起，我们处于一种近于骚乱的局势中，我从没见过员工的士气如此低沉。"对此，李强感到很震惊，同时他也陷入了沉思。

【问题】请用200字以内的文字说明你认为李强的做法有问题吗？李强的做法如果有错误，那么他错在哪里？如果没有，请说明你的理由。

李强的做法的确存在问题，他犯了两个错误。首先，他所寄出的信件显然未能成功地向员工们传达他的意图；其次，选择信件作为媒体来传递信息是不合适的。有时以书面的形式进行沟通很有效，而有时口头交流效果更好。李强同许多人一样，倾向于回避口头沟通，因为对这种方式心存疑虑。遗憾的是，在这件事情上，这种疑虑恰恰阻碍了他选择正确的媒体来传递信息。他知道这一消息会使员工产生恐慌和不安定的感觉。在这种情况下，李强需要一种能保证最大清晰度，并能使他和主管们迅速处理潜在危机的方法来传递信息。这时最好的做法是口头传达，这样可以及时了解到员工的反应，以便使大家得到正确的认识。以信件的方式寄到员工家中的做法，无疑是个极大的错误。由此我们可以认识到，沟通在具体的管理工作中至关重要。而选择正确的沟通方式，对于沟通的效果会有很大的影响。在具体的情况下，需要选择不同的沟通方式，以达到最佳的沟通效果。

沟通是合作的开始，优秀的团队一定是一个沟通良好、协调一致的团队。没有沟通就没有效率。沟通带来理解，理解带来合作；同时，沟通也是一个明确目标、相互激励、协调一致、增强团队凝聚力的过程。一个团队不能有效地沟通，就不能很好地协作。团队没有交流沟通，就不可能达成共识；没有共识，就不可能协调一致，就不可能有默契；没有默契，就不能发挥团队绩效，也就失去了建立团队的基础。所以，有效沟通是建立高效团队的前提。而实际上，沟通是一件非常难的事。曾经有人说，如果世界上的人都能够很好地进行沟通，那么就不会引起误解，就不会发生战争。但事实上，世界历史上战争几乎不曾中断过，可见沟通的困难程度了。

沟通发生于"当一些人发出和接收信息，努力使他们自己的或别人的头脑中产生出意义的时候。"两个人或更多的人之间的准确沟通，只发生在双方分享经验、感知、思想、事实或感情的时候。内部和外部因素经常导致不准确的感知和无效的个体沟通。准确的个体沟通，并不需要双方意见一致，劳资双方的代表在谈判一项新合同的时候，可能意见很不一致，但只要这些对立的观点是按照原来打算表达的含义被传递、接收和理解了，就能产生正确的个体沟通。

11 新媒体经营模式下的风险管理

知识要点 ▶

本章重点是新媒体项目风险管理的概念，新媒体项目风险源的产生，新媒体项目风险的量化以及新媒体项目风险的应对方法等；难点在于新媒体项目风险源的产生，新媒体项目风险的量化，新媒体项目风险的应对。

学习目标 ▶

（1）理解新媒体项目风险管理的概念，并明确项目风险管理的主要工作和意义。

（2）掌握风险量化方法，并学会运用新媒体项目风险的应对方法来解决一些问题。

（3）掌握新媒体项目风险控制的方法和技术。

（4）能够运用所学项目风险管理知识进行个人所从事项目的风险管理（如毕业时找工作）。

开篇案例

某新媒体项目开发公司，现准备开发一个手机APP项目。项目中以瑞恩为技术总监、保罗为项目负责人，成员还包括尼克、大卫、加里、菲儿。在项目开始之初对项目的分工和时间进行了计划。按照项目开发计划，需求模型的建立应该在12月31日之前完成。

在项目过程中出现了一些意想不到的问题：项目已顺利进行了1个月，项目委托方要求对APP项目的外观界面进行全部修改；在项目实施过程中，保罗发现由于原先对工作量估算过于乐观，需求模型在12月31日之前不可能完成；项目进行过程中，由于个人原因菲儿突然提出辞职；在应用需求模型进行项目设计时，技术总监瑞恩发现，用户的某项需求至今尚未找到解决的技术途径；在需求分析过程中，需求分析小组和用户在进行交流的过程中发生了矛盾，用户方不再配合开发方的工作。如果这种状况延续下去必将影响项目的进度，甚至会导致项目失败。

一个新媒体项目从计划到实施整个过程中会遇到各种风险，这些风险可能来源于组织内部，也可能来源于组织外部。有些风险是可以控制的，有些风险是不能控制的；有些风险对项目的影响很深远，有些风险对项目的影响甚微。产生的风险源大致相同，但是由于新媒体项目自身的特征也产生了一些其他的风险源。分析开篇案例我们发现，风险的产生主要来源于人员的风险，新媒体从业人员与传统媒体从业人员在组成上存在一定的差异，人员的自主性会更强，需要针对其特征设计合理的管理模式和方法。人员的临时退出会对项目的实施产生影响，但这种风险在新媒体项目中出现的概率相对会高一些。由于新媒体项目针对市场的变化要求的时间性更强，所以对项目的时间规划通常很短，但是在具体实施该项目时会发现时间预留不足，所以也会导致风险的产生；在新媒体项目的设计阶段，由于设计人员无法正确描述项目的需求解决方案导致项目在进行过程中产生风险；最后由于企业内部在沟通环节不畅通导致风险的产生。

综上所述，项目风险的产生来源于许多方面，在项目计划到实施阶段，我们应该对风险有一个全面的认识，将风险进行合理的划分，才能保证项目正常的完成。

11.1　什么是项目风险管理及其重要性

什么是项目风险管理？项目风险管理是指通过风险识别、风险分析和风险评价去认识项目的风险，并以此为基础合理地使用各种风险应对措施、管理方法和技术手段。对项目的风险实行有效的控制，妥善地处理风险事件造成的不利后果，以最少的成本保证项目总体目标实现的管理工作。

风险是客观存在的，它的存在是不以个人或组织的意志为转移的。究其原因：

（1）决定风险的各种因素对风险主体是独立存在的，不管风险主体是否意识到风险的存在，在一定条件下仍有可能变为现实。

（2）存在于人类社会的发展过程中，潜藏于人类从事的各种活动之中，无论是传统媒体项目还是新媒体项目都存在着风险。

（3）风险具有不确定性，风险的发生是不确定的。但是，风险一旦出现，就会使风险主体产生挫折、失败，甚至损失，这对风险主体是极为不利的。

综上所述，研究项目风险管理是很有必要的。需要认识到风险具有可变性，在一定的环境下项目的风险是可以转化的，不是一成不变的。项目风险会因为外部环境和内部环境的变化导致风险产生变化。

11.2 新媒体项目中常见风险源

由于新媒体项目与以往的传统媒体项目在制作流程、传播途径和监测等方面都存在着差别，所以在新媒体项目中的风险源与传统项目中的风险源有所差异。

只有了解风险源有哪些？在什么地方可能出现风险？这样才能在新媒体项目风险管理过程中控制风险，减小风险的影响，保证项目按照计划完成。

按照一个新媒体项目从计划到实施的过程，常见的风险源大致可分为系统风险和非系统风险。

1.非系统风险

所谓非系统风险，主要是指一些与新媒体项目本身无关，但又会直接影响到新媒体项目实施效果的客观因素造成的风险，它的作用范围可能会延伸至项目全过程。充分地认识和正确地处理非系统风险是新媒体项目最终成功的关键。

在新媒体项目实施整个过程中的非系统风险主要包括如下几类：

• 政策风险：中央政府或地方政府颁发的为新媒体项目提供支持依据的法规、文件条文失效，而给项目带来的风险。

这种风险出现概率很低，对新媒体项目的影响程度也很小。工期较长的新媒体项目有可能遇到此类风险，遇到政策改变时要及时与项目的委托方进行沟通，尽量争取将项目纳入政策允许的范围。

• 领导决策风险：企业在对新媒体项目进行决策时，有时候可能有领导个人意愿在其中起到作用。每一级的项目负责人通常都会有自己的看法，经常出现项目实施已接近完成，却被项目负责人一票否决的情况。

这种风险出现概率比较高，而且影响程度比较大。面对这种风险时，处理建议是：对于新媒体项目而言，高层负责人考虑的多是战略层面的问题，基层负责人考虑的多是细节层面的问题，通常难以统一，在实际工作中考虑需求一次性确定基本是不可能的，因此在做方案的时候要尽量使架构灵活，可扩充性强。新媒体项目开发尽可能采用构件或模块方式，增强重用性，最大限度适应需求频繁变更。在正式实施前多通过静态原型等手段汇报沟通，充分了解各级负责人的想法后再确定方案。另外，正式实施前要多沟通，阶段工作要常汇报，在让上级负责人决策前要尽量说明前期已完成工作，并预先指出哪些变更会对新媒体项目产生颠覆性的影响，以免负责人在未做详细了解的情况下主观表态。

• 其他部门干预风险：新媒体项目在设计时未充分考虑外部因素，实施过程中受到其他部门以不符合某方面规划等理由对系统提出较大幅度的更改要求。

这种风险出现概率比较高，影响程度比较大。面对这种风险时，处理建议是：建设前期尽量与各部门及所有可能涉及的业务部门加强沟通，全面征求意见，事先取得支持，同时在技术实现上尽可能采用开放标准和可以扩展的架构。

• 战略改变风险：新媒体项目在实施过程中可能会因为领导部门发展战略改变，不再需要实施该项目。

这种风险出现概率很低，但是一旦出现对新媒体项目的影响程度非常大。面对这种风险时，处理建议是：只有大的人事变动或者大的政策变化才会影响到一个新媒体项目的整体战略，进行相应调整。

• 进度风险：新媒体项目不能在预期的时间范围内完成任务。由于新媒体项目的特点导致项目在实施过程中会遇到一些风险，如项目对象的需求发生改变导致项目需要在功能模块上进行修改。

这种风险出现概率中等，出现后对项目的影响程度中等。面对这种风险时，处理建议是：要尽量将项目切块，分清轻重缓急，严格控制实施方的计划，强化管理，根据实际情况采取并行实施或加班等方式保证领导要求或文件规定的上线工期，将一些不可见的隐蔽工程放在上线后实施。

• 成本风险：新媒体项目在实施过程中投入超出预算范围。新媒体项目实施过程中由于采购发生变化可能导致成本的增加。

这种风险出现概率中等，出现后影响程度中等。面对这种风险时，处理建议是：一方面要控制需求，另一方面要优化开发方式或创新管理，尽量降低人工成本。

• 法律风险：新媒体项目在实施过程中，合作双方在许可权、专利、合同失效等问题上可能发生争议。因为新媒体项目大多是有一定技术含量的项目而且更多采用外包的形式来进行开发，所以不可避免地会遇到法律方面的风险。

这种风险出现概率很高，但是对新媒体项目的实施影响程度比较低。面对这种风险时，处理建议是：双方在签订合同时应仔细审核合同条文，明确责权，本着互利和推动产业发展的原则制定条款，不宜生搬硬套。

• 不可抗力发生：新媒体项目实施过程中可能出现自然灾害、电信故障等不可抗力事件。这种风险出现概率极低，但是一旦出现会对新媒体项目影响程度非常高。面对这种风险时，处理建议是：天灾人祸纯属意外，如果是重要系统，应尽可能建议委托方设立异地容灾中心，以确保安全。

2. 系统风险

所谓系统风险，是指与新媒体项目本身相关的人或事物对项目造成影响而产生的风险。新媒体项目在不同阶段所面临的风险是不相同的。系统风险可能是由于委托开发方的原因造成的，也有可能是由于实施方的原因造成的。无论如何，问题都需要双方鼎力配合才能得到妥善解决。

（1）新媒体项目的初始阶段

• 目标风险：委托方或实施方对新媒体项目目标不清晰，没有明确、实际的目标描述。

这种风险出现概率比较低，一旦出现后影响程度比较高。面对这种风险时，处理建议是：委托方和实施方要组织各种形式的专题论证会，确定考核目标实现的方法。

• 范围风险：委托方未明确项目的范围，需求外延不断变化。

这种风险出现概率比较高，出现后影响程度中等。由于委托方通常不是专业人士，同时新媒体项目中很多项目都没有可参照样板，因此很容易出现项目范围不明确的情况。面对这种风险时，处理建议是：实施方需要帮助委托方完成对项目范围的界定，并在实施过程中控制范围，超出部分建议委托方分期实现。

• 沟通风险：新媒体项目的实施过程中，实施方缺乏与委托方沟通或委托方难以沟通造成理解偏差。

这种风险在新媒体项目的实施过程中出现概率很高，出现后影响程度中等。面对这种风险时，处理建议是：实施方要主动加强与委托方沟通，尝试通过会议、电子邮件、聊天工具等多种途径进行沟通。

• 业务了解风险：这种风险是新媒体项目实施方需求分析人员知识缺陷，无法全面理解相关业务。

这种风险出现概率中等，风险出现后影响程度相对较高。面对这种风险时，处理建议是：实施方的需求人员要了解相关的业务知识，避免无法理解需求的真实含义。可以引入可视化辅助工具尽量使双方的表达一致。

• 需求理解风险：这种风险是由于新媒体项目的实施人员没有对需求仔细研究，出现误解需求的情况。

这种风险在新媒体项目实施过程中出现概率中等，出现时对新媒体项目的影响程度中等。面对这种风险时，处理建议是：实施方的项目管理人员应组织所有参与人员集中讨论需求，并取得一致理解，通过静态原型等方式加强相互理解。

• 可行性风险：这种风险是由于时间仓促等原因，新媒体项目实施方案没有进行可行性研究而出现的风险。

这种风险出现概率中等，出现后对项目的影响程度比较高。面对这种风险时，处理建议是：重要项目应请专业的机构和人员进行可行性分析，并出具相关报告。

• 细节需求频繁变更风险：新媒体项目在实施过程中委托方不断变化需求细节，积少成多，产生很多额外工作量。

这种风险在新媒体项目实施过程中出现概率非常高，出现后对项目的影响程度中等。面对这种风险时，处理建议是：实施方要科学控制需求变更，通过项目组集体决策的方式确定变更，除了严重影响使用外，细节变更要批量进行，不要一事一改。

• 需求变更缺乏管理风险：新媒体项目在实施过程中由于委托方缺少有效的需求变化管理导致项目风险的产生。

这种风险在项目的实施过程中出现概率中等，出现后对项目的影响程度中等。面对这种风险时，处理建议是：实施方协助委托方加强对需求变更的管理，责任到人，签字确认。

● 文档管理风险：这种风险的出现是因为新媒体项目的实施方缺乏有效的文档管理体系。

这种风险的出现概率比较高，但是出现后对项目的影响程度相对较低。面对这种风险时，处理建议是：建立严格的文档管理制度，包含对错误的管理，建立完善的错误追踪管理系统。

● 需求变更缺乏分析风险：这种风险的出现是因为新媒体项目的实施方对需求的变化缺少和原始需求一样的分析过程。

这种项目风险的出现概率非常高，出现后对项目的影响程度比较低。面对这种风险时，处理建议是：项目的实施管理者要对所有需求的变更与原始需求一样重视，要逐条进行详细分析，确定对原设计的影响，全面变更实施计划后再进行变更实施。

（2）新媒体项目设计阶段

● 项目团队经验风险：这种风险是新媒体项目实施方的项目队伍缺乏经验，或缺乏有经验的核心技术人员。由于新媒体项目的团队大多比较年轻，或多或少存在风险不足的缺陷。

这种风险在新媒体项目中出现概率中等，出现后对项目影响程度非常高。面对这种风险时，处理建议是：委托方加强对开发团队的建设，其中包括团队合作、组成人员资质和经验等。

● 实施者自行变更风险：这种风险是项目的实施者根据自己的经验或考虑自身成本利益等原因，在未得到委托方允许的情况下私自变更需求或需求的实现方式。

这种风险在新项目的设计过程中出现概率极低，出现后对项目的影响程度中等。面对这种风险时，处理建议是：要明确约定实施者不得随意变更委托方的需求，如需变更需得到委托方的认可方可实施。

● 计划风险：这种风险是新媒体项目仓促计划，盲目制订工期，造成进度无法按计划控制。如开篇案例中提到的在项目的计划阶段对项目预期很乐观导致此种风险的产生。

这种风险在新媒体项目设计过程中出现概率比较低，出现后对新媒体项目影响程度中等。面对这种风险时，处理建议是：在新媒体项目开发阶段要科学制订详细的开发计划，并经过共同论证后再严格实施，避免因为项目负责人个人原因导致此种风险的产生。

● 漏项风险：这种风险的产生是由于新媒体项目的设计人员疏忽导致某个功能模块没有被考虑进去。

这种风险在新媒体项目的设计阶段出现概率较低，出现后对项目的影响程度中等。面对这种风险时，处理建议是：设计后需要多方复核，仔细对比需求说明书与设计说明书的各相关项。

（3）新媒体项目的实施阶段

● 开发环境风险：这种风险的产生是因为新媒体项目的软件开发环境没有准备好，或与实际环境不同，导致产品无法安装到运行环境。新媒体项目是数字化的项目，由于系统环境的不同可能会产生开发环境的风险。

这种风险在新媒体项目的实施阶段出现概率极低，出现后对项目的影响程度很大。面对这种风险时，处理建议是：技术人员确认双方运行环境是否一致，要精确到产品的版本号及补丁情况。

• 整合风险：这种风险的产生原因是因为新媒体项目实施中涉及对原有异构数据和系统的整合。

这种风险在新媒体项目的实施阶段出现概率中等，出现后对项目的影响程度较低。面对这种时风险，处理建议是：在实施前应做充分调查，了解相关系统的所有技术细节，采用比较成熟和稳定的整合方案，并制定接口规范，规划时尽量减少新系统的异构。

• 设计风险：这种风险的产生是因为新媒体项目在实施过程中由于系统设计错误带来实施困难。

这种风险在实施阶段虽然出现概率很低，但是一旦出现对项目的影响程度非常高。面对这种风险处理时，建议是：系统设计方案完成后，需要委托方组织成立技术专家组共同确认设计方案，及时发现设计漏洞。

• 人员能力风险：这种风险的产生是因为新媒体项目的开发人员开发能力差，或程序员对开发工具不熟。

这种风险在实际的实施阶段出现概率很高，出现后对项目的影响程度较低。面对这种风险时，处理建议是：所有项目组成员要做预先业务能力审核，确保人员具备足够的业务能力。

• 项目范围改变风险：这种风险的产生是由于在新媒体项目已经开始实施后，用户突然要增加或变更一些结构性的功能，需要重新考虑架构设计。新媒体项目的特点包含项目需求的不确定性，由于项目对象需求的变化导致委托方会突然要求实施加入新功能。

这种风险在项目的实施阶段出现概率较低，但是一旦出现的话对项目的影响程度非常高。面对这种风险时，处理建议是：架构设计尽量灵活，采用构件开发等方式增加应变能力，同时要加强前期的静态原型细度并将可能存在的问题及时提交给委托方，避免实施过程中发生结构性修改。

• 项目进度改变风险：指由于特殊事件或得到上级负责人指示，委托方要求提前完成任务。

这种风险在项目的实施阶段出现概率很低，但是一旦出现对项目的影响程度非常高。面对这种风险时，处理建议是：如果进度改变不可避免，必须重新制订详细计划，并利用非工作时间加班或增加人手来缩短工期。

• 人员变动风险：新媒体项目组成员流动比较频繁，交接不顺利或管理不到位，造成项目的进度和质量受到影响。

这种风险在新媒体项目的实施阶段出现概率中等,对项目的影响程度中等。面对这种风险时,处理建议是:完善文档管理制度,所有重要岗位备有相应的替换人员,同时考虑采用一些快速开发工具,尽量减少纯手写代码,严格要求注释格式,增强可读性。

• 团队配合风险:指新媒体项目的开发团队内部或多个开发团队之间沟通不够,导致程序员对系统设计的理解上有偏差。

这种风险在实际的实施阶段出现概率较低,出现后对项目的影响程度中等。面对这种风险时,处理建议是:实施方各个开发团队都应有科学的管理方式,并在实施前做好相关约定,确保统一认识。

• 备份风险:指没有有效的系统备份方案,遇到硬件瘫痪等严重故障后无法重建系统或造成重要数据丢失。

这种风险在实施阶段出现概率较低,出现后影响程度相对较高。面对这种风险时,处理建议是:新媒体项目的实施者在开发系统时应及时备份并事先准备应急预案。

• 测试计划风险:指新媒体项目没有切实可行的测试计划,导致测试的功能点不全,有些潜在的问题没能在测试阶段及时发现。

这种风险在项目的实施阶段出现概率较低,出现后对项目的影响程度较低。面对这种风险时,处理建议是:新媒体项目的委托方与实施者应配合建立详细的测试计划,将技术测试和业务测试分开,严格按照问题修改机制操作。

• 测试人员经验风险:指新媒体项目中没有专业的测试人员或测试人员对业务不熟悉,测试经验不足。

这种风险在新媒体项目的实施阶段出现概率很低,出现后对项目的影响程度很低。面对这种风险时,处理建议是:新媒体项目参与测试的人员应具备相关知识和经验,大的项目可以请专业的测试机构进行测评。

(4)新媒体项目收尾阶段

• 质量风险:指新媒体项目结束后整体或部分系统质量差,如速度慢、易用性差等。新媒体项目完成后质量的高低很大部分是由项目对象来评价的,也就是我们的终端消费者来评价,易用性、友好性等都是评价的标准。

这种风险在项目的收尾阶段出现概率很高,出现后对项目的影响程度较高。面对这种风险时,处理建议是:新媒体项目的实施管理者要分阶段严格控制代码规范性,逐步测试,必要时引入专业分析工具对造成质量问题的代码位置进行定位并安排修正。

• 使用者不满意风险:指由于新媒体项目的委托方很多时候并不是最终的使用者,当系统基本完成后相关使用者对系统不满意造成需求变更。

这种风险在收尾阶段的出现概率中等,出现时影响程度很高。面对这种风险,处理建议是:新媒体项目委托方应在项目的各阶段组织最终用户参与意见,边测试边改进,不要在系统接近完成时再征求用户的意见。

● 采购风险：指由于新媒体项目的企业采购需要一定的时间周期，当系统需要上线时的设备或系统软件没有按时到货所产生的风险。

这种风险在项目收尾阶段出现概率较低，出现时影响程度较低。面对这种风险时处理建议是新媒体项目的委托方要按照相关规定及时安排采购提前量，尤其需要进行公开招标流程的，必须提前足够长的时间启动招标工作。

● 产出过低风险：指新媒体项目未达到预期的投入产出效果，包括社会影响、用户人数和用户反馈等。

这种风险出现概率较低，出现后对项目的影响程度低。面对这种风险时，处理建议是：作为新媒体项目委托方应该有相应的考虑，除了对系统本身不断完善外，相关的商务、推广等工作也要全面配合，以获得最大收益。

11.3 新媒体项目风险识别

在新媒体项目风险识别中包含两方面内容：识别有哪些风险可能影响项目进展和记录具体风险的各方面特征。风险识别无论在传统项目管理中还是在新媒体项目管理活动中都不是一次性行为，而是有规律地贯穿于整个项目开发过程的不同阶段。

新媒体项目风险识别包括识别项目内在风险和项目外在风险。新媒体项目内在风险指新媒体项目工作组能加以控制和影响的风险，如人事任免和成本估计等。新媒体项目外在风险指超出新媒体项目工作组控制力和影响力之外的风险，如市场转向或政府行为等。

新媒体项目风险识别应凭借对项目将要发生的情况以及会带来的后果认定来实现，或通过对项目的结果需要予以避免或促使其发生，以及怎样发生的认定来完成。我们可以将新媒体项目的风险进行分解，如图11-1所示。

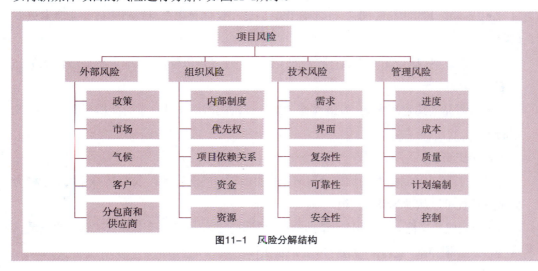

图11-1　风险分解结构

11.3.1 对风险识别的输入

1.产品说明

在所识别的风险中，新媒体项目产品的特性起主要的决定作用。新媒体项目的产品与传统产品项目有一定的区别，生产技术已经成熟完善的产品要比尚待革新和发明的产品风险低得多。与项目相关的风险常常以"产品成本"和"预期影响"来描述，如图11-2所示。

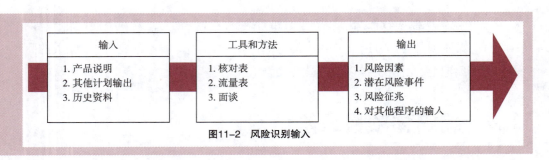

图11-2 风险识别输入

产品说明应该能阐明项目工作完成后所生产出的产品或服务的特征。新媒体项目产品说明在项目工作的早期阐述少，而在项目的后期阐述得多，因为产品的特征是逐步显现出来的。

产品说明应该记载已生产出的产品或服务同商家的需要或别的影响因素间的关系，它会对项目产生积极的影响。尽管产品说明的形式和内容是多种多样的，但是，它应能对以后的项目规划提供详细的、充分的资料。

2.其他计划输出

其他计划输出可以用来识别可能的风险，比如：

• 工作分析结构：非传统形式的结构细分往往能提供给我们高一层次分支图所不能看出来的选择机会。

• 成本估计和活动时间估计：不合理的估计和仅凭有限信息做出的估计会产生更多风险。

• 人事方案：确定团队成员有独特的工作技能使之难以替代，或有其他职责使成员分工细化。

• 必需品采购管理方案：发展缓慢的地方经济的市场条件往往可能提供降低合同成本的选择。

3.历史资料

以往若干个项目情况的历史资料对识别目前项目的潜在风险具有特殊帮助。这种历史资料往往可以从以下渠道获得：

• 项目资料文件：一个项目所牵涉的一个或更多的组织往往会保留过去项目的记录，这些记录会很详细，足以协助进行风险识别工作。

- 商业数据：在很多应用领域我们可以获得商业的历史信息。
- 项目组的经验知识：项目组成员都会记得以往项目的产出和消耗情况。当然这样收集的信息可能很有用，但与文件资料形式记录相比较信息可靠性低些。

11.3.2 工具和方法

1.核对表

核对表一般根据风险要素编撰，包括项目的环境、其他程序的输出，如工作分析结构、成本估计和活动时间估计、人事方案和必需品采购管理方案、项目产品或技术资料以及内部因素如团队成员的技能或技能的缺陷。有些应用领域广泛采用分类图表作为风险原始资料的一部分。

2.流量表

流量表能帮助项目组理解风险的缘由和影响。在项目实施过程中可以采用因果图和系统或者程序流程图来描述。

- 因果图：用于说明各种直接原因和间接原因与所产生的潜在问题和影响之间的关系，如图11-3所示。

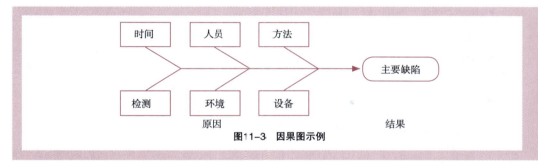

图11-3　因果图示例

- 系统或程序流程图：用于显示一个系统中各组成要素之间的相互关系，如图11-4所示。

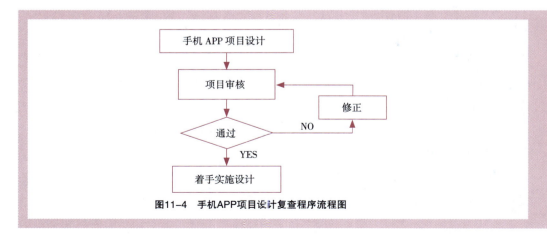

图11-4　手机APP项目设计复查程序流程图

3.面谈

与新媒体项目涉及人员进行有关风险的面谈有助于发现在常规计划中未被识别的风险。

11.3.3 风险的输出

1.新媒体项目的风险因素

风险因素是指一系列可能影响新媒体项目朝着好的或坏的方向发展的风险事件的总和。这些因素是复杂的，也就是说，它们应包括所有已识别的条目，而不论频率、发生之可能性，盈利或损失的数量等。一般新媒体项目风险因素包括：

- 需求的变化
- 设计错误、疏漏和理解错误
- 狭隘定义或理解职务和责任
- 不充分估计
- 不胜任的技术人员

对新媒体项目风险因素的描述应包括对以下4项内容的评估：

- 由一个因素产生的风险事件发生的可能性
- 可能的结果范围
- 预期发生的时间
- 一个风险因素所产生的风险事件的发生频率

2.潜在的新媒体项目风险事件

潜在的新媒体项目风险事件是指如自然灾害或团队特殊人员出走等能影响项目的不连续事件。在发生这种事件或重大损失的可能相对巨大时，除新媒体项目风险因素外还应将潜在的新媒体项目风险事件考虑在内。

对潜在新媒体项目风险的描述应包括对以下4个要素的评估：

- 风险事件发生的可能性
- 可选择的可能结果
- 事件发生的时间
- 发生频率的估测即是否会发生一次以上

3.风险征兆

风险征兆有时也被称为触发引擎，是一种实际风险事件的间接显示。

4.对其他程序的输入

风险认定过程应在另一个相关领域中确定一个要求，以便进行进一步运作风险，常常被作为系统规定参数或假定值输入其他过程。

以上的新媒体项目风险在实际操作过程中,可以将它们通过定性分析得来的结果转化为一个定量的数值来进行分析。通过项目的参与者对每项新媒体项目风险事件的概率级别及其对项目成本、项目时间、项目范围和项目质量目标的影响进行评估,确定风险概率和风险影响值的等级。粗略评估新媒体项目风险概率及影响之后,查询风险概率度量表以及风险对四大主要项目目标的影响值度量表,就可以将定性分析的结果转换为一个定量的数值。

表11-1　风险概率度量表

现象分析	风险可能性范围	分级概率数值	顺序计量数值
不可能发生	0%~10%	5%	1
发生可能性不大	11%~40%	25%	2
预期可能在项目中发生	41%~60%	50%	3
较可能发生	61%~80%	70%	4
极有可能发生	81%~100%	90%	5

表11-2　风险对四大主要项目目标的影响值度量表

定性度量		非常低	低	中等	高	非常高
非线性度量		0.05	0.1	0.2	0.4	0.8
项目目标	成本	不显著的成本增加	成本增加<10%	成本增加10%~20%	成本增加20%~40%	成本增加>40%
	时间	不显著的进度拖延	进度拖延<5%	进度拖延5%~10%	进度拖延10%~20%	进度拖延>20%
	范围	范围减少,不易察觉	范围次要部分受到影响	范围主要部分受到影响	范围减小,干系人无法接受	项目最终结果不可用
	质量	质量降低,不易察觉	只有要求很高的应用受到影响	质量降低需要干系人确认	质量降低,干系人无法接受	项目最终结果不可用

开篇案例分析中讲到开发手机的AFP项目,如果有一个风险事件是APP项目系统的交互界面不友好,经过项目团队的评估,该风险较可能发生,那么我们可以对照表11-1,它出现在第一列的第四种现象,对应的风险概率可以采用3种方式给出:①对应第二列中给出的具体数值,比如估计为75%;②对应第三列中给出分级概率数值,即70%;③对应第四列中给出顺序计量分值,即4。当然,对于具体采用上述3种方式中的哪一种来进行计算,项目团队应该在风险管理计划中确定。

进一步对这个风险事件一旦发生所可能造成的影响进行评估。这个风险可能会造成项目一定程度上的返工,预测该风险事件一旦发生所可能对进度的影响将是12%,对成本的影响是7%,对质量的影响很小,只涉及个别模块,对范围的影响几乎察觉不到。那么,参见表11-2,如果采用非线性度量法,我们可以到表中查到该风险对项目主要目标的影响分别是:成本影响值:0.1;进度影响值:0.4;范围影响值:0.05;质量影响值:0.1。该风险最终影响值是上述4个影响值的最大值,即0.4。

11.4 新媒体项目的风险管理规划

新媒体项目风险对策研究包括对机会的跟踪进度和对危机的对策的定义。对威胁的对策大体分为以下3点：

- 避免：排除特定威胁往往靠排除威胁起源。项目管理队伍绝不可能排除所有风险，但特定的风险事件往往是可以排除的。
- 减缓：减少风险事件的预期资金投入来减低风险发生的概率。如为避免项目产出的产品报废而使用专利技术，以及减少风险事件的风险系数，如投保或两者双管齐下。
- 吸纳：接受一切后果。这种接受可以是积极的，如制订预防性计划来防备风险事件的发生；也可以是消极的，如某些新媒体运营超支则接受低于预期的利润。

对积极风险的应对策略大体上可以分为3种：

- 开拓：风险开拓是指通过确保机会肯定实现而消除与特定积极风险相关的不确定性。如可以为新媒体项目分配更多的资源，如增派有经验、能力强的项目组成员。
- 分享：新媒体项目风险分享是指将风险的责任分配给最能为项目利益获取机会的第三方，如建立风险分享合作关系、签订机会利润分享合同等。
- 提高：新媒体项目风险提高是指通过提高积极风险的概率或积极影响，识别并最大限度地发挥这些积极风险的驱动因素的作用，强化其触发条件，提高机会发生概率。

11.4.1 对风险对策研究的输入

针对风险的产生和种类的不同，在处理风险时应该有一个系统的方法。可以将风险划分为两大类：需要跟踪的机会，需要反应的威胁；被忽略的机会，被吸纳的威胁。上面两条条目能作为风险对策的研究输入是因为它们应被记录在风险管理方案中，对以后项目的实施具有参考的价值，如图11-5所示。

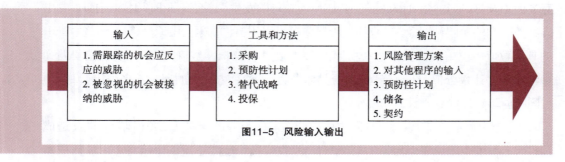

图11-5 风险输入输出

11.4.2 工具和方法

1.采购

采购，是从本项目组织的外部去采购产品或服务，常常是有针对性地解决某些种类风险的有效对策。例如，新媒体项目使用新科技的风险就可以通过与有此种技术经验的组织签订合同降低风险。

采购行为往往将一种风险置换为另一种风险。例如，如果销售商不能够顺利销售，那么用制订固定价格的合同来降低成本风险会造成项目时间进程受延误的风险。而相同情形下，将技术风险转嫁给销售商又会造成难以接受的成本风险。

2.预防性计划

预防性计划包括对一个确认的新媒体项目风险事件如果发生，如何制订行动步骤。例如，对消极的风险事件而言，我们将工作区不列入方案的对策，因为感觉上它并未定义在风险事件发生前。

3.替代战略

新媒体项目风险事件常常可以通过及时改变计划来阻止或避免。例如，一个备用的工作方案可以减少在设计期和实施阶段产生的变故。实际上在许多应用领域都有替代战略在潜在价值方面的实体文字说明。

4.投保

新媒体项目可以采取像保险或类似保险的操作。证券投资对一些风险项目类别是行之有效的。在不同的应用领域，险种的类别和险种的成本也相应不同。

11.4.3　风险对策研究的输出

1.风险管理方案

在整个新媒体项目进程中都应将管理风险的程序记录在风险管理方案里。除了记录风险识别和风险量化程序的结果外，还应记录包括谁对处理各个领域里的风险负责，怎样保留初步风险识别和风险量化的输出项，预防性计划怎样实施，以及储备如何分配等。

一个风险管理方案可以是正式的或非正式的，可以是细致入微或框架性的，这主要依据项目而定。它是整个项目方案的一个辅助方案，项目计划的开发是用其他计划程序的输出，创建一个内容充实、结构紧凑的文件，使它能够引导项目计划的实施和控制。这个过程几乎经常重复几次，如图11-6所示。

2.对其他程序的输入

挑选出的建设性的替代战略、预防性计划、预先采购和其他有关风险的输出项都要反馈到其他知识领域中相应的过程中。

3.预防性计划

预防性计划是一种在识别的风险事件发生时将采取的事先拟订好的行动步骤。它是风险管理方案的一部分，但有时也被作为整个项目管理方案的其他部分的组成。

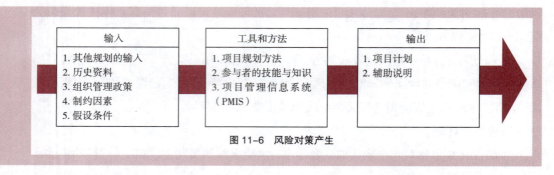

图 11-6　风险对策产生

4.储备

储备是为了降低成本风险和日程风险而在项目方案中提出的预先准备。以提供细节以便阐明需要降低的是哪类风险,往往根据应用领域不同而不同。除此之外,储备的应用,以及储备应包含什么也是一个特殊的应用领域。

5.契约

契约应包括诸如保险、服务和其他条款用以避免和降低威胁。合同术语与条款在降低风险系数上具有非常重大的意义和影响。

11.5　新媒体项目定性及定量风险分析

在新媒体项目中对风险量化涉及对风险和风险之间相互作用的评估,用这个评估分析项目可能的输出。风险由于包括诸多因素而较复杂,就部分因素列举如下:

（1）机会和威胁能够以出乎意料的方式相互作用,在新媒体项目计划的延迟会造成不得不考虑新的战略以缩短整个项目周期。

（2）一个单纯的风险事件能造成多重后果。新媒体项目中由于采购原材料配送延误会造成成本超支、计划延迟、多支付薪水以及产品质量低劣等。

（3）某个新媒体项目涉及人员的机会却往往意味着对其他项目涉及人员的威胁,面对这个情况企业不得不降低利润以求获得竞争优势。

（4）数学技巧往往容易使人们对精确性和可靠性产生错误印象。

11.5.1　对风险量化的输入

1.投资者对风险的容忍度

不同的新媒体组织和个人往往对风险有着不同的容忍限度,举例如下:

（1）一个高利润高收益的新媒体公司也许愿意为一个1亿美元的合同花费50 000美元制作计划书,而一个收支相抵的新媒体公司则不会这样做,他们对相同事件的表现不尽相同,我们可以理解为投资者对风险的态度是有差异的。

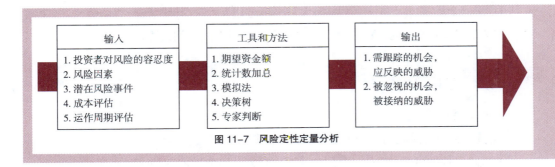

图 11-7 风险定性定量分析

（2）一个组织也许认为15%的误差几率是高风险的，而其他组织却认为这个几率风险很低。

2.风险因素

（1）需求的变化。在新媒体项目中的需求与传统项目管理是有区别的，新媒体项目的需求变化时间更快、要求更高，这就从某种程度上增加了项目实施的难度造成了不确定的因素从而产生了风险。

（2）设计错误、疏漏和理解错误。在新媒体项目实施过程中反馈的模式和传统项目管理是有区别的，反馈往往在项目制作过程中随时在进行，而传统项目的反馈会集中在产品交付使用后一段时间才会显现出来，这也造成了新媒体项目管理的风险。

（3）狭隘定义或理解职务和责任。在新媒体项目管理过程中由于人员和流程发生了变化，倾向于扁平化的管理组织，如果采用传统项目管理的模式来理解其职务和责任会造成风险的产生。

（4）不充分估计。在新媒体项目中，由于项目在实施过程中没能充分估计所以导致风险的产生。

（5）不胜任的技术人员。新媒体项目的从业人员和传统的项目从业人员有区别，导致在项目管理执行过程中可能出现风险。

3.潜在风险事件

开篇案例中提到，在新媒体项目执行过程中可能存在着一些潜在的风险事件。例如，人员临时退出、项目执行过程中沟通出现问题以及在项目开始前对预期过分乐观等都会使项目在运作时出现风险，而这些风险往往又是在计划时无法做出准确判断的。

4.成本评估

成本评估是项目各活动所需资源的成本的定量估算，这些估算可以简略或详细形式表示。对项目所需的所有资源的成本均需加以估计，这其中包括项目涉及的人工成本、原材料采购成本以及考虑通货膨胀等因素。

5.运作周期评估

新媒体项目活动所需时间估计是关于完成一活动需多少时间的数量估计。活动所需时间估计值用某一范围表示：例如

①2周±2天，表示该活动至少需8天且不超过12天。

②超过3周的概率为15%，表示以85%概率活动将用3周时间或更短。

11.5.2 工具和方法

1.期望资金额

期望资金额是风险的一个重要指标，它是以下两个值的函数。

• 风险事件的可能性：对一个假定风险事件发生可能性的评估。

• 风险事件值：风险事件发生时对所引起的盈利或损失值的评估。

这个风险事件值要以有形资产和无形资产形式反映。例如，由于付出过高价格制订的计划书的A项目与B项目认定了损失有形资100 000美元的相同风险概率。如果A项目认定只有极少或没有造成无形资产损失，而B项目预计所产生的这么巨大的损失将使该组织不得不离开该行业，那么两种风险则不同了。

在相同情形下，如无法将无形资产计算在内，则将高概率的低亏损事件同低概率的高亏损事件等同起来会产生巨大差异。

如果说风险事件会独立发生也会集体发生，会并行发生也会顺序发生，那么"预期资金总额"被当作一种输入值，以进一步做分析比，如决策树。

2.决策树

决策树是在已知各种情况发生概率的基础上，通过构成决策树来求取净现值的期望值大于等于零的概率，评价项目风险，判断其可行性的决策分析方法，是直观运用概率分析的一种图解法。由于这种决策分支画成图形很像一棵树的枝干，故称决策树，如图11-8所示。

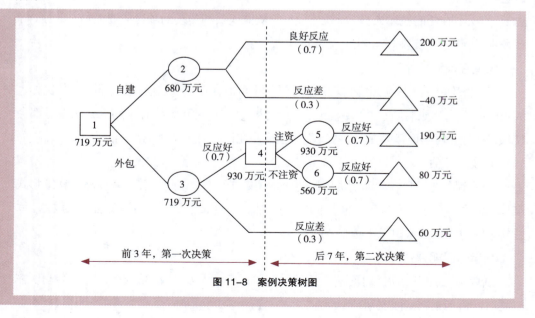

图 11-8　案例决策树图

一个决策树包含3种类型的节点：决策节点，通常用矩形框来表式；机会节点，通常用圆圈来表式；终结点，通常用三角形来表示。

案例：为了适应市场的需要，某地准备扩大户外电视屏幕。市场预测表明：户外电视屏良好反应概率为0.7；户外电视屏反应差的概率为0.3。备选方案有3个：第一个方案是自行生产，需要投资600万元，可使用10年。如户外电视屏反应良好，每年可赢利200万元；如户外电视屏反应差，每年会亏损40万元。第二个方案是外包，需投资280万元。如户外电视屏反应良好，每年可赢利80万元；如户外电视屏反应差，每年也会赢利60万元。第三个方案是外包，但是如户外电视屏反应良好，3年后继续注资，扩建需投资400万元，可使用7年，扩建后每年会赢利190万元。

各点期望：

点②：0.7×200×10万元+0.3×（-40）×10万元-600万元（投资）=680万元

点⑤：1.0×190×7万元-400万元=930万元

点⑥：1.0×80×7=560万元

比较决策点④的情况可以看到，由于点⑤（930万元）与点⑥（560万元）相比，点⑤的期望利润值较大，因此应采用扩建的方案，而舍弃不扩建的方案。把点⑤的930万元移到点④来，可计算出点③的期望利润值。

点③：0.7×80×3万元+0.7×930万元+0.3×60×（3+7）万元-280万元 = 719万元

最后比较决策点①的情况。由于点③（719万元）与点②（680万元）相比，点③的期望利润值较大，因此取点③而舍点②。这样，相比之下，自行建设的方案不是最优方案，合理的策略应采用前3年外包，如销路好，后7年进行扩建的方案。

3. 模拟法

模拟法运用假定值或系统模型来分析系统行为或系统表现。较普通的模拟法模式是运用项目模型作为项目框架来制作项目日程表。大多数模拟项目日程表是建立在某种形式的"蒙特卡洛"分析基础上的。这种技术往往由全局管理所采用，对项目"预演"多次以得出如图11-9所示的计算结果数据统计分析。蒙特卡洛分析和其他形式模拟法也可以用来估算项目成本可能的变化范围。

图11-9的曲线显示了完成项目案积可能性与某一时间点的关系。例如，虚线的交叉点显示：在项目启动后145天之内完成项目的可能性为50%。项目完成期越靠左则风险越高，反之风险越低。

4.专家判断

专家判断往往能够代替或者附加在前面提到过的数学技巧。例如，风险事件可以被专家描述为具有高、中、低3种发生几率和具有强烈、温和、有限3种影响。

5.风险登记册

风险识别过程的主要输出是一份已识别出的风险清单和其他风险登记册的信息。风

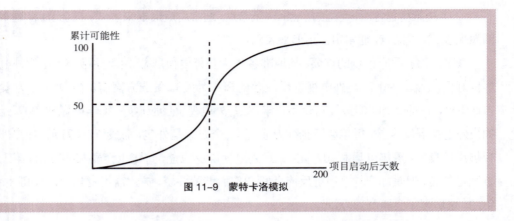

图11-9　蒙特卡洛模拟

险登记册就是一份文档，其中包含了各种风险管理过程的输出，通常以表格或电子数据表格的形式出现，是一种把潜在风险事件和相关信息文档化的工具。风险事件是指会对项目造成不利或有利影响的不确定事件，如表11-3所示风险登记册样例。

表11-3　风险登记册

编号	等级	描述	类型	根本原因	触发器	可能的应对	风险负责人	概率	影响	状态
R44	1									
R21	2									
R7	3									

　　开篇案例中的数据就可以填入风险登记册中。

　　编号：R44。

　　等级：1。

　　风险：APP项目制作时与委托方沟通环节。

　　描述：由于之前没有和该委托方有过业务往来，对委托方不是很了解，因此在面对这种项目时也许会遇到麻烦。

　　类型：人际风险。

　　触发器：新媒体项目经理和其他高管认识到，我们对这个委托方不是很了解，因此会误解他们的需求和期望。

　　风险应对：项目经理要对委托方高度敏感，多花时间去了解他们与其沟通。

　　风险责任人：项目经理。

　　概率：中等。

　　影响：大。

　　状态：项目经理会在本周内组织这次会面。

11.5.3 新媒体项目风险应对规划

组织在识别和定量化分析新媒体项目风险之后，就应该对风险做出适当的应对。对风险做出应对，包括要形成选择方案和确定策略这两个方面，以求减少负风险带来的损失和增强正风险。

对于负风险，有4个基本的应对策略可以对其降低风险造成的损失：

• 风险回避：是指通过消除风险产生的条件来消除一个特定的威胁。当然，不是所有的风险都能被消除，但就特定的风险事件而言还是可以的。例如，一个新媒体项目团队会决定继续在项目上使用某种硬件和软件，因为他们熟悉这些硬件或软件。其他的硬件和软件业可以用在新媒体项目中，但是如果新媒体项目团队对它们不熟悉，就会引起巨大的风险。使用熟悉的硬件或软件就可以消除这些风险。

• 风险接受：是指一旦风险发生，承担其产生的后果。例如，一个新媒体项目团队在筹备一个大型项目评审会议，申请在一个特定地点开会有可能得不到批准的，那么项目团队可以通过准备应急或退路计划，以及应急储备，积极主动地面对这类风险。另一方面，他们可以以积极的态度，接受组织给他们提供的任何场所。

• 风险转移：是指把管理的风险和责任转移给第三方。例如，风险转移常用来应对金融风险的爆发。新媒体项目团队可以为一个项目所需的硬件购买特定的保险或担保。如果硬件出故障的话，保险公司必须在约定的时间内更换它。

• 风险缓解：是指通过降低风险事件发生的概率，从而降低风险事件的影响。在本章的开头就给出了减少新媒体项目常见的风险源的建议。其他风险缓解的例子包括：使用经证明可用的技术；拥有有竞争力的项目人力资源；使用不同的分析和确认方法；从分包商那里购买维护或服务协议。

表11-4列出了项目中在应对技术、成本和进度风险上常用的风险缓解策略。要注意的是，增强项目监测的频率、使用工作分解结构和关键路径法是应对这3个领域风险时适合使用的对策。增强项目管理者的权力是减轻技术和成本风险的对策，而选择最有经验的项目管理者可用于降低进度风险。提高沟通效率同样是减轻风险的有效方法。

表11-4 应对技术、成本和进度风险的常用风险缓解战略

技术风险	成本风险	进度风险
注重团队支持和避免孤立分散的项目结构	提高项目的监测频率	提高项目的监测频率
增加项目管理者的权力	使用 WBS 和 CPM	使用 WBS 和 CPM
改善问题处理和沟通	改善沟通，提高项目目的的认可度和团队支持	挑选最有经验的项目管理者
提高项目的监测频率	增加项目管理者的权力	
使用 WBS 和 CPM		

在应对正风险时，也有四个基本战略：

- 风险开发，即竭尽所能促使积极的风险发生。
- 风险共担，即把风险的所有权分配给其他部分。
- 风险增大，即通过识别和最大化正风险的关键动因来改变风险发生的几率。
- 风险接受，也可以用来应对正风险，这适合在项目团队不能或没有选择对风险采取任何行动时的情况。

风险应对计划的主要输出包括与风险相关的合同协议、项目管理计划的更新和风险登记册的更新。风险应对战略还通过描述风险应对、风险责任人和状态信息来为风险登记册带来更新信息。

正如先前所描述的，风险应对战略除了包括应急计划和储备外，还常包括对剩余和次级风险的识别。残留风险是指实施所有风险应对措施之后剩下的风险。例如，即使项目使用的是一种比较稳定的硬件产品，也仍然会有一些风险无法处理好。次级风险是实施一种风险应对后的一个直接结果。例如，使用比较稳定的硬件可能会导致周围设备功能运行出错的风险。

11.6 新媒体项目实施过程中风险的监管

风险对策实施控制包括实施风险管理方案以便在项目过程中对风险事件做出回应。当变故发生时，需要重复进行风险识别，风险量化以及风险对策研究一整套基本措施。即便最彻底和最复杂的分析也不可能准确识别所有风险以及其发生概率，理解这一点是很重要的，因此控制和重复是必要的。

11.6.1 对风险对策控制的输入项

1.风险管理方案

2.实际风险事件

有些已识别了的风险事件会发生，有些则不会。发生了的风险事件是实际风险事件或说是风险的起源，而项目管理人员应总结已发生的风险事件以便进行进一步的对策研究。

3.附加风险识别

当项目进程受到评价和总结时，事先未被识别的潜在风险事件或风险的起源将会浮出水面，如图11-10所示。

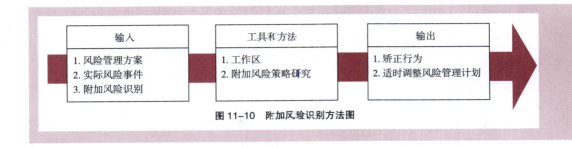

图 11-10　附加风险识别方法图

11.6.2　风险对策实施控制的工具和方法

1.工作区

对消极的风险事件而言,工作区是一种不列入方案的对策。所谓不列入方案是指在感觉上它并未定义在风险事件发生前。

2.附加风险策略研究

如果风险事件未被预料到,或后果远大于预料,那么计划的风险策略将会不充分,这时有必要再次重复进行风险对策研究甚至风险管理程序。

11.6.3　风险对策实施控制输出项

1.矫正行为

矫正行为首先包括实施已计划的风险对策,如实施预防性计划或工作区计划。

2.实时调整风险管理计划

一个预料之中的风险事件发生或没发生,对实际风险事件后果的评估、对风险系数和风险几率的评估,以及风险管理方案的其他方面,都应进行实时的更新调整。

11.7　项目风险管理中的工具软件应用

大多数组织使用软件来辅助与新媒体项目风险管理相关的各种活动。在风险登记册的创建、更新和分配时通常使用简单的Word或Excel文件,但也可以是一个复杂的数据库的一部分。电子表格程序可以辅助跟踪和定量化风险,制作图表和进行灵敏度分析。软件还可以帮助作决策树分析和估算期望货币介值。

更复杂的风险管理软件,如蒙特卡罗模拟软件,还能帮助开发模型并使用模拟法分析和应对风险。一些高端的项目管理软件包含了模拟法的功能。可以购买附加的软件,用Excel来进行蒙特卡罗模拟或者Project 2013。还有一些软件包是专门为新媒体项目风险管理开发的。需要注意的是,尽管新的软件工具使得复杂的风险分析更便捷,但项目团队在实施新媒体项目管理过程中,不应过度依赖于软件。如果一个风险没有得到识别,就不能对其进行管理。因此,需要有才能、有经验的人员做好风险识别工作。

案例新结局

我们使用规范的风险管理思想来识别、分析、应对与监控手机APP项目开发实施的风险。本项目风险的识别与应对分为以下3个步骤进行:

(1)风险识别:列出所有可能的风险事件。

(2)风险分析:为每个风险事件分析风险概率和风险影响值,计算风险期望值,确定风险的级别和顺序。

(3)风险应对:确定风险应对的策略、应对措施及其截止时间和负责人。

风险识别			风险定性与定量分析						风险应对			
编号	WBS模块	模块事件	风险概率	风险影响描述	风险影响值	风险期望值	排序	级别	风险策略	风险应对措施	风险截止时间	风险负责人
1	需求分析	需求分析不准确	10%	委托方需求描述不清楚,需求说明书质量低	0.2	0.02	1	一级	缓解	预防,了解委托方情况,对说明书做调整	一周	项目经理
2	总体设计	体系结构设计不合理	1%	对手机APP项目规划不合理	0.2	0.002	3	二级	接受	纠正,调整项目结构	一周	项目成员
3	总体设计	功能模块设计不合理	1%	对APP项目功能划分不合理	0.1	0.001	4	二级	接受	纠正,调整模块	三天	项目成员
4	详细设计	用户界面设计交互性不好	5%	设计复杂,最终用户不满意	0.1	0.005	2	二级	接受	纠正,及时与委托方进行沟通,征求修改意见	三天	项目经理

本章小结

新媒体项目风险管理包括通过风险识别、风险分析和风险评价去认识项目的风险,并以此为基础合理地使用各种风险应对措施、管理方法和技术手段。这些过程主要有:确定新媒体项目的风险源、量化新媒体项目风险以及应对新媒体项目风险。

新媒体项目风险管理的第一步是确定项目的风险源,这是风险管理的关键。这一过程的主要输出是风险因素、潜在风险事件和风险征兆。

新媒体项目风险因素包括系统风险和非系统风险。过程中需要确定项目风险产生源。这份文件通常包括项目风险的描述、风险的概率和应对方法。

新媒体项目的风险管理规划,包括对机会的跟踪进度和对危机的对策。

新媒体项目定性及定量风险分析,采用的方法包括期望资金额、决策树、模拟法、专家判断和风险登记册。

项目风险管理不得力是项目失败的一个关键原因。对于新媒体项目而言,要实现有效的项目风险管理,重要的是要清晰的识别项目风险及建立风险变更管理的流程。

有许多可行的软件产品可用来支持项目的范围管理,Project是项目管理软件。

讨论题

1.新媒体项目的组织在进行业务外包时常常会犯一些错误,利用系统化方法有助于避免或减轻这些错误。

(1)描述一个系统化的流程,用来提高外包决策的质量。

(2)解释外包决策制定后,法律法规是如何对组织与相关的被调动员工之间的关系产生影响的。

2.假如你的组织正在考虑制作一个户外媒体广告的项目。该项目需要采购电视屏幕,请为该项目识别出5个潜在风险,确保列出正、负两方面风险。详细描述每个风险和提出相应对策。

案例分析

瑞恩和他的团队在户外媒体广告项目的头一个月中识别到了一些风险,但是他们只是简单地将风险罗列在一个清单里,并没有对风险进行等级的划分或者制订任何的应对策略。由于项目出现了很多问题,如团队中有骨干成员离开了公司、用户需求发生变化及团队成员没有提供很好的反馈报告等,所以瑞恩决定采取更加积极的管理风险方式。他要处理正、负两种风险。

1.为这个项目建立一个风险登记册,识别6个与上述问题有关的潜在风险,包括正、负两种风险。

2.分别为其中一个正、负风险制订一个应对策略。把这些信息填入到风险登记册中,并且单独写出执行这些策略所需要的具体任务,包括每个策略的时间和成本估算。

12 新媒体经营模式下的采购管理

知识要点 ▶

　　本章知识重点是新媒体项目采购管理的概念，新媒体项目采购管理的重要性，新媒体项目采购管理外包和部分外包现象，新媒体项目规划采购的工作，包括使用合同的恰当类型决策、准备采购管理计划、合同内容说明书、供方选择标准以及自制或外购分析。难点在于新媒体项目采购管理外包和部分外包现象，新媒体项目规划采购的工作，包括使用合同的恰当类型决策、准备采购管理计划、合同内容说明书、供方选择标准以及自制或外购分析。

学习目标 ▶

　　（1）理解新媒体项目采购管理的概念，并明确项目采购管理的主要工作和意义。
　　（2）掌握新媒体项目规划采购的工作，并学会运用新媒体项目采购管理的应对方法来解决一些问题。
　　（3）掌握新媒体项目采购控制的方法和技术，并且能够运用所学项目采购管理知识进行个人所从事项目的采购管理。

开篇案例

　　某传媒公司由于新业务开展，需要组织对APP客户端开发的外包采购，预算价格为56万元。由于项目进度要求时间短，决定采用询价方式进行采购。公司采购部门向4家供应商发出了技术规格要求及询价函，4家供应商按询价文件要求分别作出了报价。A供应商报价55万元，并且不提供售后的技术支持；B供应商由于开发成本原因报价为56.5万元，提供后续开发支持；C供应商报价55.2万元，并且提供产品的售后服务承诺以及产品质量保证等；D供应商报价55万元提供后续开发支持，但是D供应商在以往的合作过程口曾出现过开发超时和质量不达标的情况。在评审过程中发现，B供应商报价最高且超出了采购预算，被排除在外，但对A、C、D这3家供应商如何进行排序，评审委员会却出现了不同意见。

　　案例分析：新媒体项目管理中的采购管理与传统项目中的采购管理有许多相似之处。采购管理在项目管理中处于非常重要的地位，不仅仅是因为好的采购管理能够为企业节约资金，还因为好的采购管理能够使项目保质保量的完成。在本案例中反映的采购管理，发现不光要关心采购对象的价格，而且要关心如何筛选供应商以及对供应商日常的管理。

12.1　新媒体经营模式下的采购特征

　　新媒体与传统媒体相比较，具有以下7个特点。

　　①新媒体形式下的受众群在动态变化。受众群体在短时间内会发生变化，这是由新媒体模式下受众人群表现出来的随机性而决定的。

　　②新媒体的发展更新速度特别快。短时间内由于技术的革新会导致新媒体形式的变化，最终导致新媒体的增长速度会比传统媒体要求的时效性更强。

　　③新媒体的表现形式多种多样。常见的模式有手机项目、IPTV、户外广告等，随着技术的进步还有更多的模式出现，表现为很难预测。

　　④互动性增强。新媒体项目依据数字化的形式，在很大程度上拉近了与用户之间的距离，能有较强的沟通和有效的沟通以及意见的反馈。

　　⑤企业成本降低。新媒体可以在采购、生产、经营以及售后这一整条供应链上降低企业的成本。

　　⑥媒体运作难度增大。由于技术的日新月异导致媒体发生变化由此引起新媒体运作难度增大。

　　⑦企业对单一媒体的依赖度减弱。由于新媒体时代背景是整合，所以降低了对单一媒体的依赖。

　　根据以上的新媒体特点，延伸到新媒体下的采购管理。

　　首先，发现在新媒体下采购管理和以往的传统运作方式发生了变化。例如，在媒体种类越来越多的情况下，企业要想达到一个传播目标需要接触和购买的媒体数量越来越多，所需要付出的费用成本和时间成本也会越来越高。需要用合理的采购管理去降低企业的成本。

　　其次，新媒体的形式多种多样且增长速度快。例如，新媒体项目市场的需求情况会因为消费者的变化而发生变化，所以就要求新媒体项目在开发时间上尽可能的缩短。因此，对新媒体项目的采购管理时效性要求特别强。

最后，新媒体的表现形式难以预测。新媒体数量仍然在不断增多，其表现形式更加令人难以预测，媒体的运作空间随着公众个人的介入而变得异常巨大，个人甚至可以参与到新媒体的运作空间，形成个性很强的媒体终端。对采购管理的文件描述发生了变化，有些采购的文件清单在编写时不好把握。

12.2　项目采购管理及其重要性

项目采购是指从项目组织外部获得货物和服务的过程。它包含的买卖双方各有自己的目的，并在既定的市场中相互作用。卖方在这里称为承包商、承约商、供应商。承包商或卖方一般都把他们所承担的提供货物或服务的工作当成一个项目来管理。

在面对新媒体项目采购管理时，数据文件种类众多，作为一名刚刚接触新媒体项目采购工作的人员来讲很难入手。项目的采购管理到底负责做什么？首先要了解什么是项目采购管理。项目采购管理，指在整个项目过程中从外部寻求和采购各种项目所需资源的管理过程。项目的采购管理由以下几部分项目管理过程组成：采购规划、发包规划、询价、卖方选择、合同管理以及合同收尾。

- 采购计划：这部分决定一个项目采购什么以及什么时候采购。
- 询价计划：以文件记录所需的产品以及确认潜在的渠道。
- 询价：取得报价单、标书、要约或订约提议。
- 渠道选择：从潜在的卖主中做出选择。
- 合同管理：管理与卖主的关系。
- 合同收尾：合同的执行和清算，包括赊销的清偿。

每一过程可以由个人、多人或团队来完成。虽然在这里列举的过程具有明确定义的分界，事实上它们是互相交织、互相作用的。

项目采购管理是企业为了完成生产和销售计划，在确保质量可靠的前提下，从适当的供应厂商，以适当的价格，适时购入必需数量的物品或服务的一切管理活动。采购管理的重要性表现在以下几个方面：

（1）保障供应是为了保证企业项目正常完成。首先需要降低采购对象缺货的风险，物资供应是物资生产的前提条件。生产所需要的原材料、设备和工具都要由物资采购来提供，没有采购就没有生产条件，没有物资供应就不可能进行生产。

（2）采购供应的物资质量好坏直接决定了本企业开发产品的质量高低以及能不能开发出合格的产品。

（3）采购成本构成了企业的生产和经营成本的主体部分。采购的成本包括采购费用、购买费用以及管理费用等。采购的成本太高，将会大大降低开发产品的经济效益，甚至造成亏损，致使企业生产和经营陷入困境。

（4）采购是企业与资源市场的关系接口，是企业外部供应链的操作点。只有通过物资采购部门人员与供应商的接触和业务交流，才能把企业与供应商们联结起来，形成一种相互支持、相互配合的关系。待条件成熟以后，可以组织成一种供应链关系，从而使企业在管理方面、效益方面都登上一个崭新的台阶。

（5）采购是企业与市场的信息接口，物资采购人员虽然主要和资源市场打交道，但是资源市场和销售市场是交融混杂在一起的，都处在大市场环境之中。所以，物资采购人员也和市场打交道，比较容易获得市场信息，可以为企业及时提供各种各样的市场信息，供企业进行管理决策。

（6）采购是企业科学管理的开端，企业的物资供应是直接和生产相联系的。物资供应模式往往会在很大程度上影响生产模式。如果实行准时采购制度，则企业的生产方式实行类似丰田公司的"看板方式"，企业的生产流程、物料搬运方式都要做很大的变动。如果要实行供应链采购，需要实行供应商管理库存、多频次小批量补充货物的方式，这也将大大改变企业的生产方式和物料搬运方式。所以，如果物资采购提供一种科学的供应模式，必然会要求生产方式、物料搬运方式都做出相应的变动，共同构成一种科学管理模式，而且这种科学管理模式是从物资采购供应作为开端而运作的。

12.3　新媒体项目的采购规划

新媒体项目采购管理由4项主要的过程组成。

1. 规划采购

新媒体的规划采购包括决策购买什么、什么时候购买和怎样购买。在采购计划中，决策者需要明确在项目的什么部分采取外包的方式、决定合同的种类，并且向潜在的卖方描述工作的内容。我们对卖方的定义包括承包商、供应商，或者那些为其他组织和个人提供产品或者服务的组织。在这一系列过程输出包括采购管理计划、工作内容说明、自制或外购决策、采购文件、供应商选择标准以及变更请求。

2. 实施采购

新媒体的实施采购包括获取卖方的回应、选定卖方、授予合同。这个阶段文件输出包括选定卖方、采购合同的授予、资料日历、变更请求、项目管理计划、其他项目文件等。

3. 采购管理

新媒体的采购管理会涉及已经选定的卖方与新媒体企业的关系管理，合同绩效的监督和所需要变更的决定。在这个过程中会输出采购文档、组织过程更新、变更请求、项目管理计划更新。

4.结束采购

新媒体的采购项目在结束采购这个阶段,涉及每个合同的完成和处置,包括未清条款的解决。输出文件包括采购终止和组织过程更新。

通过上面的描述,可以按照新媒体项目中发生的时间先后顺序,以图12-1来表示其中的内容。

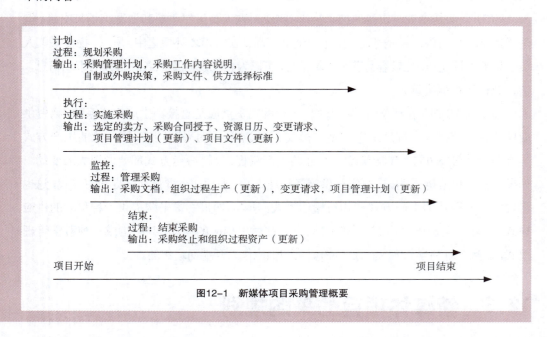

计划:
过程:规划采购
输出:采购管理计划,采购工作内容说明,
　　　自制或外购决策,采购文件、供方选择标准

执行:
过程:实施采购
输出:选定的卖方、采购合同授予、资源日历、变更请求、
　　　项目管理计划(更新)、项目文件(更新)

监控:
过程:管理采购
输出:采购文档,组织过程生产(更新),变更请求,项目管理计划(更新)

结束:
过程:结束采购
输出:采购终止和组织过程资产(更新)

项目开始　　　　　　　　　　　　　　　　　　　　　　　项目结束

图12-1　新媒体项目采购管理概要

进行新媒体项目的采购管理,首先应该有一个详细的采购规划。新媒体项目规划采购涉及分析哪些项目最好是通过使用外部提供的产品或者服务满足需求,从而可以分析是否决定采购以及采购的方式、内容、数量以及时间等。根据上面的内容可以决策是自制还是外购的决策。在新媒体项目中选择自制还是外购的决策时,会有定量的分析过程。

12.3.1　新媒体项目规划采购的工具和技巧

在新媒体项目的规划采购中,有很多工具和技巧可以帮助项目经理及其团队作出正确的决策,包括自制或外购分析、专家判断和合同类型。

1.自制或外购分析

作为新媒体项目采购的一种通用的管理技术,自制或外购分析用来决定一个组织应该自己生产或者开发产品、提供某项服务,还是应该从外部企业去获取产品或服务。在这类问题的分析中包含自己开发某个产品、提供某项服务所产生的一系列成本,并且将其与外包给其他组织开发的成本相比较,选出最有价值的方案。

某新媒体公司需要采购服务器,采购价格为24 000元,并且这台设备每个月还会产生2 000元的运营成本。假设公司可以每月3 000元的价格,其中包括运营成本租赁同样的设备。我们可以通过计算得出什么时间段采购和租赁的成本。

设月份为x

$3\,000x=24\,000+2\,000x$　得出$x=24$

这就意味着在24个月中，我们的采购和租赁成本是一样的。所以，如果公司需要这个设备的时间少于24个月的话，可以分析出租赁的方案比购买的方案要更经济一些。反之则购买优于租赁。一般来讲，对于短期而言，租赁的成本更低一些；而对于长期而言，租赁的成本就相对较高。

2.专家判断

新媒体项目的采购管理中专家判断是一种使用较多的方式，我们可以通过企业内部和企业外部的专家对新媒体采购项目和获取计划提供建议。项目团队往往需要咨询内部的专家，并且应该作为一项重要的经营方式。开篇案例中，内部专家可能会指出4家供应商以往的服务质量方面的问题，因为质量可以从商品质量、发货时间和残次品方面描述。公司的专家还可能知道，他们的竞争对手供应商的选择，可以指出哪些是优质的供应商。与此同时，咨询法律专家很有必要，因为我们所采用的外包合同中会涉及很多法律问题。

新媒体企业外部的专家，包括潜在的供应商，也可以提供专家判断。例如，供应商可以对销售人员提供一种建议，由他们自己可以以较低的价格获取服务。专家评判，无论是内部的还是外部的，都可以作为采购决策的资源。

3.合同类型

新媒体项目的合同类型是一个需要考虑的方面。不同种类的合同应用于不同的环境之中。3个主要的类别是：固定价格或者称为一次性付款；成本补偿性质的；时间与材料统筹的。在满足特定的采购需求的情况下，一份单独的合同可以同时包含上述3类内容。例如，在同一个合同之中可以包括从某个供应商那里以特定的价格购买特定的产品，某个以成本补偿为基础的服务，以及其他以时间和材料为基础的服务。新媒体企业的项目经理以及团队必须理解并且决定使用上述哪一种来满足某个特定项目的需要。

（1）固定价格或者一次性付款合同

固定价格合同，是指在约定的风险范围内价款不再调整的合同。双方须在专用条款内约定合同价款包含的风险范围、风险费用的计算方法以及承包风险范围以外的合同价款调整方法。固定价格合同可以分为固定单价合同和固定总价合同。固定单价合同，是指合同的价格计算是以图纸及规定、规范为基础，工程任务和内容明确，业主的要求和条件清楚，合同单价一次性包死，固定不变，即不再因为环境的变化和工程量的增减而变化的一类合同。固定总价合同，是指合同的价格计算是以图纸及规定、规范为基础，工程任务和内容明确，业主的要求和条件清楚，合同总价一次性包死，固定不变，即不再因为环境的变化和工程量的增减而变化的一类合同。

（2）费用补偿合同

涉及向供应商支付直接和间接的实际成本，直接成本是指那些项目中直接与生产产品或者提供服务相关的实际成本。在新媒体项目中，一般情况下，可以对成本进行经济、有效的追溯。间接成本是指那些在项目中与生产产品或者提供服务不直接相关的实际成本。例如，付给直接为新媒体项目工作的员工工资，或者为了某个新媒体项目而采购的计算机硬件和软件成本是直接成本；而那些为了保证新媒体项目顺利进行而产生的环境方面的成本以及自助餐厅等都是间接成本。间接成本在新媒体项目中往往以直接成本的一个百分比来表示。费用补偿合同往往包含以下费用：如利润率，达到或者超过项目某项特定目标的激励。这种合同一般适用于那些提供涉及新技术的产品和服务的项目。在费用补偿合同中，相比固定费用合同来讲，买家承担了更多的风险。根据风险由高到低排列为：成本加成、成本加奖励费用、成本加固定费用和成本加激励费用。

• 成本加成合同：是指买方除了支付给供应商许诺的执行成本以外，同时支付一项实现确定的、按总成本的某个百分比计算得到的费用。从买方的角度看，这是最不理想的合同，因为对供应商没有减少成本的激励。实际上，因为是根据成本的百分比，增加成本可以提升他们的利润水平，所以他们反而有增加成本的倾向。买方这时承担了所有的风险。

• 成本加奖励费用合同：是指买方除了支付给供应商许诺的执行成本以外，还要在卖方满足了客观执行标准的基础上支付奖励的费用。例如，我们去餐馆就餐，除了支付就餐本身的费用外，你会根据服务质量的好坏给出小费。这种类型的合同一般在新媒体项目采购管理中很少出现。

• 成本加固定费用合同：是指买方除了支付给供应商许诺的执行成本以外，还要支付一个根据估计成本百分比得到的固定费用。只要项目的范围不改变，这个费用就不会改变。例如，一个户外广告的新媒体项目，预期成本为200 000元，固定费用就是200 000元。如果实际的成本上升到250 000元并且项目保持原有的范围，承包商仍然只能收200 000元的费用。

• 成本加激励费用合同：是指买方根据事先约定向供应商支付许诺的费用以及激励补偿金。为了降低合同成本，采购方常常支付激励费用给供应商。如果最后的成本比预期的要低，那么买方和供应商根据事先商榷的比例进行结算，都可以从成本节约中获利。

（3）时间和材料合同

这是指固定价格以及费用补偿合同的混合形式。与成本补偿合同类似，均为开口合同，合同总价会随成本增加而变化。通常双方会协定最高限价和时间限制，以防止成本无限制增加。常常用于不能快速编写出准确的工作说明书或卖方未确定合同总价和采购数量时可使用。

（4）单位定价

可以用在不同种类的合同之中，它通常要求供应者事先确定每一个单位产品或者服务的价格。总的合同价值是完成工作所需的单位数量的函数。假设IPTV有个技术部门，签订了一份关于购买计算机的单位定价合同。如果他们仅仅购买一台计算机，那么成本可能是10 000元/台。如果购买10台计算机，成本就会是100 000元。如果这家公司购买的数量在10~50台，那么合同的价格可能是9 000元/台。如果超过50台时，那么合同成本可能继续下降到8 000元/台。这种弹性的定价方式对于买卖双方中的任意一方都是有利的。

总结这几类合同各自对于买方和卖方而言不同的风险程度，如图12-2所示。在固定价格合同之下，购买者承担了最小的风险，因为他们确切地知道自己应该给供应商支付什么。在成本加成合同中，购买者有最大的风险，因为他们通常事先不知道该花费多少，并且供应商有提高成本的倾向。从供应商而言，在成本加长合同中承担的风险最小，而在固定价格合同中承担的风险最大。

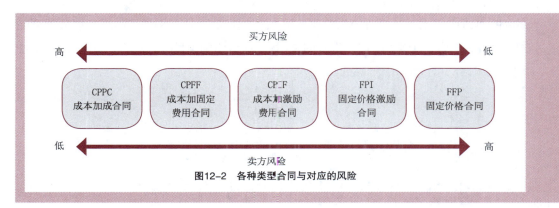

图12-2　各种类型合同与对应的风险

购买者可以以一定的小时费率找到顾问专家来完成特定的采购任务，买方应该每天或者每周对工作进行衡量，来决定是否继续使用这些顾问。在这种情况下，合同中应该包含终止条款，就是允许供应商或者买方终止合同的条款。在某些合同中，甚至允许买方单方面以任何理由终止合同，只需要提前24小时通知供应商。但是对于供应商要终止合同的话，需要提前一周通知买方而且需要有充分的理由。

12.3.2　新媒体项目采购管理计划

新媒体项目采购管理计划是一份用来描述如何管理项目采购过程的文件，从外部采购和获取制定文档到终止合同。

新媒体项目采购管理计划包含以下内容：
- 在不同的新媒体项目中使用不同类型的合同。
- 如果在新媒体项目中是通用项目的话，可以采用标准的采购文件或者模板。
- 创建新媒体项目工作结构分解、工作说明书以及其他采购文件指南。
- 规定新媒体项目团队以及相关部门约角色和责任，通过采购部门和相关的法律部门。

- 管理多个新媒体项目供应商的建议。
- 将采购或者自制决策与进度安排和绩效报告协调一致。
- 新媒体项目管理计划中采购和获取相关的约束和假设。
- 确定采购和获取的提前期。
- 新媒体项目采购和获取是面对风险的缓解策略。
- 对供应商的选择，并编制供应商目录。

12.3.3　工作说明

　　工作说明是对采购所需的工作的描述，如图12-3所示。如果将SOW视为合同的一部分，用来描述某个特定合同所要求的工作，那么就称为合同工作说明。合同说明，以充足的细节来描述工作，从而使未来的供应商预期他们是否具有提供商品或者服务的可能性，并最终确定一个价格。在一份合同说明中，应该明确项目所需要的产品或者服务，使用行业术语，并且要引用行业标准。

工作说明

一、工作范围：描述需要完成的工作的细节，明确涉及的硬件和软件以及工作的准确本质。
二、工作地点：描述工作应该在哪里执行，明确硬件和软件的地址以及人们必须完成工作的地点。
三、执行期：描述工作期望的开始时间和完成时间、工时、每周可以支付的工时、工作应该在什么地方执行以及相关的计划安排信息。
四、交付计划安排：明确特定的交付物，尽量详细地描述他们，并且明确截止时间。
五、适用标准：明确与执行工作相关的公司或者行业标准。
六、接受标准：描述买方的组织如何决定是否认可一份工作。
七、特别要求：明确任何特殊的要求，如硬件或者软件认证，雇员的最低学历以及经验要求，差旅要求及其他。

图12-3　工作说明模板

12.3.4　采购文件

　　采购文件是潜在的供应商准备他们所需的文件帮助他们做出回应，以及确定授予合同的评价标准。项目团队通常使用标准的形式和专家评判作为工具，来帮助他们创建相关的采购文件和评价标准。

　　常见的采购文件包括需求建议书或建议申请书和报价请求书。建议申请书是一份用来请求未来供应商提交提案的文件。提案是由供应商准备用来满足买方要求的不同解决方案。

　　报价请求书是指请求期望的供应商报价或者投标的文件。例如，某新媒体公司想要购买具备某些特定性能的计算机100台，那么可以向供应商发出报价申请书。报价申请书不用准备很长时间，也不需要做出回应，一般选择最低的价格。

对于新媒体项目采购管理来说，撰写一份建议请求书非常重要。要制作高质量的建议申请书，需要有一定水平的专业知识。在发布建议申请书时会涉及法律要求等相关内容。对于一些新媒体企业在进行招标时，可以咨询熟悉筹划招标过程的专家。要想保证建议申请书的信息全面性，可以通过换位思考站在供应商的角度思考问题。

图12-4描述建议申请书的模板。建议申请书主要部分包含建议申请书的目的说明、发布该建议申请书的组织背景信息、对于所要求的产品或者服务的基本要求、硬件以及软件环境、过程的说明、工作说明和进度安排信息，以及其他相关附件。一般建议申请书的篇幅为3~5页。

建议请求书模板

1. RFP 的目的
2. 组织的背景
3. 基本的要求
4. 软件和硬件环境
5. RFP 过程的描述
6. 工作及进度安排信息的描述
7. 可能的附件：
A. 现有系统的概况
B. 系统要求
C. 容量和规模数据
D. 要求承包商回应 RFP 时必须包含的内容
E. 合同样例

图12-4　建议申请书模板

12.3.5　供应商的选择标准

对于新媒体企业而言，准备供应商评价标准很重要，最好在发布正式的建议申请书之前就准备好。这样的话，新媒体企业可以使用评价标准评估或者为提案进行打分，并且可对每个评价点赋予不同的权重，来表明它们不同的重要程度。在正常情况下，包括技术方面（30%的权重）、价格方面（20%的权重）、以往的绩效（30%的权重）和质量方面（20%的权重）。评价要点必须选择明确的、客观的。以开篇案例为例（10分为满分），4家供应商的打分见表12-1。

表12-1　供应商选择表

供应商	技术方面	权重	价格方面	权重	绩效方面	权重	质量方面	权重	合计
A	7	0.3	10	0.2	8	0.3	10	0.2	8.5
B	8	0.3	5	0.2	8	0.3	10	0.2	7.8
C	9	0.3	9	0.2	8	0.3	10	0.2	8.9
D	7	0.3	10	0.2	8	0.3	10	0.2	8.5

从合计可以看出C供应商更符合采购的要求。

衡量标书的一个关键方面是投标者以往的业绩,特别是对于那些涉及信息技术的项目。在建议申请书中应该要求投标者列明他们以前所从事的类似项目记录,并且提供那些项目的相关用户信息作为参考。评审绩效记录及参考信息,可以帮助买方降低选择一个绩效差的公司的风险。供应商应该描述他们对于买方需求的理解、买方的技术和财务能力、买方对于项目管理准备采用的方法,以及买方提供所要求产品或者服务的价格。通过合同来保护买方的利益很有必要。

12.4　新媒体项目的采购实施及管理

12.4.1　新媒体项目的采购实施

新媒体项目采购的实施是在制订计划之后进行的。采购管理过程涉及让谁去完成这些工作、给潜在的供应商寄送适当的文件、获得提案或者标书、选定合适的卖方以及授予合同。未来的供应商会完成这个过程的大部分工作,而对于供应商和项目而言,这不能算作成本。实施方负责广告这项工作,并且对于大型采购来说,经常还需要召开协商会,以此来回答有关问题。该过程的两个主要输出是选定卖方和采购合同的签订。

实施方可以通过各种渠道来对购买外部的商品或者服务进行宣传。有时对买方而言,某个供应商可能是他们优先选择的目标。在这种情况下,买方仅仅将采购信息通知这个供应商就可以了,我们称为直接重购。许多新媒体的企业与特定的供应商之间建立了良好的合作关系。

在许多情况之下,具备提供相应产品或者服务资质的供应商不止一家。通过各种渠道提供信息和获得标书常常可以利用一下竞争性的市场环境。随着各个组织在全球范围内找到了合适的供应商,离岸外包获得了较大的增长。作为采用竞争性投标策略的卖方能获得比预期更低的价格获得更好的产品或者服务。

投标人会议,是一个在准备提案或者标书以前买方与期望的供应商一起召开的会议。这个会议帮助确保每一个人都能够对买方所要求的产品或者服务有一个清晰的、共同的理解。在某些情况下,这些投标者会议可以通过网络来进行,或者采用其他的通信手段。买方也会将采购信息公布在互联网上,并且在互联网上与投标者进行沟通。在投标者会议召开之前、之中和之后,买方可能将对问题的回馈作为补充内容编入采购文档。

当买方收到提案或者标书的时候,他们可以选择某一个供应商或者放弃此次采购。选择供应商或者卖家,经常被称为资源选择,包括评价卖家的提案或者标书,选择最好的一个,并就合同内容进行谈判,然后签订合同。这是一个非常耗时又很枯燥的过程,特别是对于那些大型的采购项目。某些利益相关者应该参与到为采购项目选择供应商的过程中来，经常每个团队承担评价提案中某一个章节的责任。新媒体企业可以建立一个技术团队、一个管理团队以及一个成本团队，他们各自关注各自擅长的领域。一般来讲，买家会将列表中的供应商数量缩减至3~5家，来降低选择的工作量。该过程的主要产出是：被选定的供应商、一份合同、一个合同管理计划、资源可得性信息、根据所选的供应商而对项目要求的变更、对采购管理计划的更新。

资源选择方面的专家强烈建议，买家在资源选择的过程中应使用正式的提案评价表。表12-2提供了一个提案评价表的例子，项目团队可以使用它来创建一个3~5个最佳提案的列表。某一个评判标准的分数通过将其权重与其得分相乘而得到。每一个提案总的加权分可以通过汇总所有的分数而获得。具备最高加权分数的供应商应该列入可能入选的供应商的清单。专家同时建议，技术所占的权重不应该超过管理或者成本的标准。许多新媒体的企业往往将技术看得很重，认为技术为王，在很多行业中都可以证明技术为王的观点存在缺陷。

表12-2　提案评价表的样例

标准	权重 /%	提案 1		提案 2		提案 3	
		打分	分数	打分	分数	打分	分数
计划方面	30						
管理方面	30						
以往绩效	20						
价格	20						
总分	100						

在资源选择过程中，进行合同谈判频率是很高的。在筛选名单上的供应商通常被要求准备一份最好的最终报价。那些专职合同谈判的人经常处理那些涉及高额资金的合同谈判。另外，在做最后决定之前，双方的高层管理人员通常会见面。选择卖家的过程最后是输出一份合同，要求供应商提供特定的产品或者服务，以及要求买方为其支付成本。对于某些项目，准备一份合同管理计划来详尽描述如何管理合同也是比较适当的做法。

12.4.2　新媒体项目采购管理实施

新媒体项目管理采购是保证供应商的执行结果满足合同的要求。合同关系属于法律关系，并且应该服从于国家的法律法规，适当地让法律和合同专家参与撰写和管理合同也是十分重要的。

在理想情况下，项目经理、一位项目成员或者一名积极的用户都应该充分参与到撰写和管理合同中来，这样才能保证每一个人理解合理的采购管理的重要性。在合同条款上，新媒体项目团队应该咨询专家的意见。项目团队成员必须清楚：如果他们不了解合同，那会产生潜在的法律问题。例如，新媒体项目中我们是欢迎变更的，并且这些变更必须在合同的约束下得到正确的处理。因此，变更控制是合同管理过程的一部分。

下面这些建议对确保足够的变更控制和良好的合同管理会有所帮助。

（1）对新媒体项目任何部分的变更，都需要由相同的人用与批准该部分的最初计划时相同的方式进行评审、批准和验证。

（2）对任何新媒体项目变更的评估都应当包括一项影响分析。变更将怎样影响所提供的商品或者服务的范围、时间、成本和质量？同样必须理解和分析变更。

（3）新媒体项目采购管理变更必须以书面的形式记录下来。项目团队成员应当记录所有重要的会议和信息。

（4）新媒体项目采购管理中如果要购买复杂的信息系统，项目经理及其团队必须保持密切参与，以确保新的系统能满足商业需求并在业务环境中能够运作。不要因为选择了一个守信用的供应商就假定每件事都会顺利地进行下去，买方组织也需要提供专业技术。

（5）新媒体项目采购管理制订备选计划，以防新系统投入运行时没能按照计划工作。

（6）一些工具和技巧对合同管理有所帮助。例如，正式的合同变更控制系统、买方主导的绩效评审、检查和审计、绩效报告、支付系统、索赔管理和记录管理系统等，都可用来支持合同管理。

当面对一个新媒体项目的采购实施时，通常的做法是从编制采购管理计划开始，工作明细表和其他计划输出。询价计划包括准备询价中所需的单证文件，如图12-5所示。

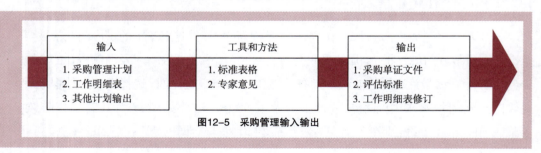

图12-5　采购管理输入输出

12.4.3　询价计划输入

1.采购管理计划

确定项目需求可通过采购项目组织之外的商品和劳务来满足的过程，包括是否采购、怎样采购、采购什么、采购多少和什么时候采购等过程。

2.工作明细表

详细地规定了采购项目，以便未来的卖方决定他们是否有能力提供这些项目。描述项目所需采购的内容，包括硬件系统和软件系统。

3.其他计划输出

其他计划输出，当它们被考虑为采购计划的一部分时，它们有可能被修改，当它们被认为是询价的一部分时，也可能再被修改。特别指出，询价计划应与项目进度十分协调。

12.4.4　询价计划的工具和方法

1.标准表格

标准表格可包括标准合同、标准采购项目说明、全部或部分标准投标文件。进行大量采购的组织应使大部分单证文件标准化。

2.专家意见

德尔菲法也称专家调查法，是一种采用通信方式分别将所需解决的问题单独发送到各个专家手中，征询意见，然后回收汇总全部专家的意见，并整理出综合意见。随后将该综合意见和预测问题再分别反馈给专家，再次征询意见，各专家依据综合意见修改自己原有的意见，然后再汇总。这样多次反复，逐步取得比较一致的预测结果的决策方法。

这种方法具有广泛的代表性，较为可靠。优点：

（1）吸收专家参与预测，充分利用专家的经验和学识；

（2）采用匿名或背靠背的方式，能使每一位专家独立自由地做出自己的判断；

（3）预测过程几轮反馈，使专家的意见逐渐趋同。

3.广告

现有的潜在卖方名单常常通过在普通出版物如报纸或专门出版物如专业刊物上做广告而得到扩充。在一些国家，某些类型的采购项目要求公开向大众做广告，在大多数国家要求政府合同下的子合同公开向大众做广告。

12.4.5　询价计划的输出

1.采购单证文件

采购单证文件被用来引诱潜在的卖方提出建议。我们通常称为"标书"或"报价单"，一般用在渠道选择采用价格导向的时候。"意见"一般用在技术或方法等非资金因素最重要的时候，如购买专业服务。这些术语经常在使用中互换，因而不要想当然地认为术语按其暗含的意思使用。不同采购单证文件的通用名称包括投标邀请函、意见请求书、报价单请求书、磋商邀请函和合同方回函等。

采购单证文件应使用合理的结构，这样做能促进从卖方得到明确和完整的答复。采购单证文件应包括相关的工作明细表，对卖方答复形式的规定和必要的合同条款比如格式合同，不得泄露商业秘密条款。

采购单证文件部分或全部内容的结构要符合法令,特别是政府机构的合同。采购单证文件要足够严谨,以确保卖方的答复准确完整。但也要有一定够的弹性从而允许卖方提出满足需求的更好的建议。

2. 评估标准

评估标准用于给建议评价和打分。标准也许是主观的,比如,项目经理应具有项目管理专业证书,或项目经理具有管理相似项目的经验评估标准,往往是采购单证文件的一部分。

如果采购项目已经存在于一些可接受的渠道中,评估标准可限于采购价格,采购价格包括采购项目的成本和采购费用。如采购项目还不存在,那么应制订其他标准以形成一个完整的评价制度。例如:

(1) 对需求的理解——可由卖方建议看出。

(2) 总周期成本或生命周期成本——选出的卖方是否能提供最低成本,如采购成本加上经营成本。

(3) 技术水平——卖方是否具有或是否有理由相信卖方具有需要的技术和知识。

(4) 管理方式——卖方拥有或有理由相信卖方拥有一套确保项目成功的管理程序。

(5) 资金——卖方是否拥有或是否有理由相信卖方拥有所需资金。

3. 工作明细表的修订

在一份或多份工作明细表的修订应在询价计划期间确定。

12.4.6　渠道选择

渠道选择包括标书或建议书的接收和使用评估标准评估对供应商进行选择。这个过程涉及诸多因素。

(1) 价格也许是主要决定因素。但是如果卖方不能及时应贷,最低的价格也许不是最低的成本。

(2) 建议书可分成技术或方案部分和商业或价格部分。各部分应独立评估。

(3) 对关键性产品应采用多渠道。

下面介绍的工具和方法可单独使用或合并使用,例如加权分析法可用在:选择出一个渠道签订格式合同;对所有建议排序,来选定谈判顺序。

对于重要采购项目,这一过程可能要重复几次。合格的卖方名单将根据初步的建议做出选择。然后,更详细的评估根据更详细和全面的建议开展。

渠道选择的输入,如图12-6所示,包括建议书、评估标准以及组织政策。管理项目的组织都有正式和非正式的政策,该政策可能影响对建议的评估。

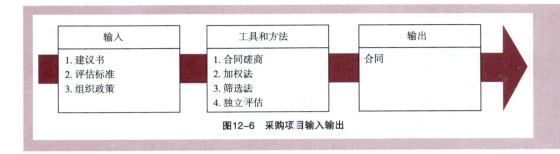

图12-6 采购项目输入输出

渠道选择的工具和方法包括:

1.合同磋商

合同磋商是合同签订前的步骤,包括对合同结构和要求的澄清和合意。最终的合同文本应反映所有已达成的合意。合同的内容涵盖责任和权利、适用的条款和法律、技术和商业管理方案、合同融资以及价格。

对于复杂的采购条款,合同磋商应是一个独立的过程,该过程有自己的输入,如一个问题或公开项目表,以及输出,如备忘录。

2.加权法

加权法是对定性数据的定量分析,以便尽量减小渠道选择中的人为偏见影响。方法包括:

(1)给每一评估标准设定一个权重;

(2)按每一标准为卖方打分;

(3)权重和分数之积;

(4)把所有的乘积求和得到一个总分数。

3.筛选法

筛选法包括一个或几个评估标准确定最低要求。通过这种方法来筛选符合标准的内容。

4.独立评估

对很多采购项目,采购组织要自己评估价格。如果评估有明显的差别可能意味着工作明细表不充分,也可能意味着卖方误解或者没能完全答复工作明细表。独立估计常被称为"应该花费"评估。

12.5 新媒体项目合同的结束

新媒体项目合同的收尾与行政收尾情况相似,因为它既涉及产品核实,又涉及行政收尾。合同条款和条件规定了合同收尾的具体手续,合同提前终止是合同收尾的一项特例。

1.合同收尾的投入

合同文件包括但不限于合同本身及其所有的支持文件,包括进度、申请与得到批准的合同变更、卖方制订的所有技术文件、卖方的绩效报告、发票与支付记录等财务文件,以及所有与合同有关的检查结果。

2.合同收尾的工具与技术

采购审计指对从采购规划直到合同管理的整个采购过程进行系统的审查。其目的是找出可供本项目其他事项采购或实施组织内其他项目借鉴的成功与失败之处。

3.合同收尾的产出

①合同档案

应整理出一套编有索引的完整记录,将其纳入项目最终记录之中。

②正式验收与收尾

负责合同管理的人员或组织应向卖方发出正式书面通知,告之合同已履行完毕。关于正式验收与收尾的要求通常在合同中有明确的规定。

12.6 项目采购管理中的工具软件应用

新媒体项目的组织使用了不同种类的生产管理软件来帮助做好项目采购管理。多数组织使用文字处理软件编写建议书或合同,使用表格处理软件生成提案评估工作表、供应商追踪数据库,以及使用演示软件展示与采购相关的信息。

许多公司正在使用Project 2013来帮助进行采购管理。通过Project 2013创建项目启动信息、Project启动中"项目章程"的说明、Project启动中"干系人确认"的描述、新媒体项目规划与Project 2013编制计划以及在Project中创建WBS等内容。

新媒体项目采购管理过程有一个清晰的、合理的顺序。但是,许多项目经理对从其他组织采购商品和服务中涉及的许多问题还不是很清楚,可以利用软件来辅助其做出决策。

案例新结局

该新媒体公司按照新媒体项目采购管理的流程,对APP客户端开发的外包采购进行了合理分析。利用工具对每一个供应商进行了比较,按照得分和权重对每一个供应商进行分析。通过表12-1可以看出,供应商A、B、C和D在技术、价格、绩效和质量4个方面按照以往的经验,我们给出了得分并依照各部分对企业的重要程度不同赋予不同的权重。通过加权法最终确定C供应商的得分在4家外包供应商中得分最高,C供应商为中标单位,并签订合同。

本章小结

新媒体项目采购管理包括新媒体项目采购管理外包和部分外包，新媒体项目规划采购的工作，包括使用合同的恰当类型决策、准备采购管理计划、合同内容说明书、供方选择标准以及自制或外购分析。这些过程主要有规划采购、实施采购、管理采购和结束采购。

新媒体项目采购管理的第一步是规划采购，这是所有采购类型项目的关键。这一过程的主要输出是采购管理计划、采购工作说明书、自制或外购决策、采购文件和供应商选择标准。

新媒体项目采购实施过程中需要选定卖方、采购合同的授予、资源日历、变更需求、项目管理计划和项目文件。

新媒体项目管理采购过程中需要采购文档、组织过程生产、更新变更需求和更新项目管理计划。

新媒体项目管理结束采购过程中需要采账终止和更新组织过程生产。

项目采购管理不得力是项目失败的一个关键原因。对于新媒体项目而言，要实现有效的项目采购管理，重要的是清晰的采购工作说明书及建立采购变更管理的流程。

有许多可行的软件产品可用来支持项目的采购管理，Project 2013是综合项目管理软件。

讨论题

1.以一个你熟悉的项目为例，解释利益相关者矩阵如何帮助项目经理有效地管理、协调采购项目中的重要关系。

2.位于英国西南部的联盟服务（SSO）为本地区所有国家卫生机构提供专业服务，包括为当地4家医院和45个诊疗点的在线诊疗服务提供技术支持。史蒂夫是技术支持部的经理，他谙熟于IT的安装与维护，对其他的知之甚少。联盟服务组织（SSO）总裁要开发一套在线帮助系统，以帮助计算机用户从任意地点通过访问系统网站拨叫网络服务电话，免除人工转接电话的程序。他现在有3个方案：方案一，整个项目交给技术支持部经理和他的团队去负责实施；方案二，按项目管理的方法，由技术支持部经理负责监管当地软件公司派来的两名软件开发人员（按小时计算），该软件公司的经理是技术支持部经理的好朋友，他们以前一起合作过；方案三，整个项目按固定价格交给当地软件公司管理。

（1）从采购顾问的角度评估上述3个方案各自的优缺点。

（2）为联盟服务组织的总裁提出该项目的其他战略和方法。

案例分析

手机APP项目的项目经理决定，将编写代码和采购开发平台的工作外包出去。项目经理认为，找一家合适的外部公司能够缩短开发周期，还能够提供一个良好的激励程序。为了评审团队评审外部供应商的方便，我们需要对外部供应商进行分析。

1.假定你的团队讨论了项目经理的要求，但是你不认为将编写代码和采购开发平台这两项业务外包出去是最好的做法。试撰写一份报告向高层管理者陈述理由，希望由企业自行编写代码和组织开发平台的采购。

2.假设评估建议书的资源选择标准如下：

- 管理方法15%
- 技术方法15%
- 以往业绩20%
- 价格20%
- 用户反馈30%

试使用提案评价表作为指导和权重得分的模板，制作一份电子表格用来为每个标准输入打分和计算分数，并为3种建议书计算总的权重分数。在提案1中分别输入80，90，70，90和80。在提案2中分别输入90，50，95，80和95。在提案3中输入60，90，90，80和65。请增加"总结结果"和"建议"这两项内容，并打印出结果。

3.为了激励外包的服务商，试起草一份包括激励条款的合同。合同条款要具有创造性，并说明你的观点。

[1] 李慧芳, 范玉顺.工作流系统时间管理[J].软件学报, 2002,13（4）.

[2] Eder J, Panagos E, Pozewaunig H. Time management in workflow systems. In Abramowicz, W, Orlowska, M.E, eds. Proceedings of the 3rd International Conference on Business Information Systems Heidelberg, London, Berlin:Springer-Verlag, 1999.

[3] 丁耀诚.工程查勘设计项目管理的方法与实践[J].西北水电,2003（4）.

[4] Jack R. Meredith.项目管理[M].戚安邦, 等, 译, 7版。北京: 中国人民大学出版社, 2011.

[5] 哈罗德•科兹纳.项目管理: 计划、进度和控制的系统方法（第10版）.

[6] 柯兹纳.项目管理——计划、进度和控制系统方法[M].7版.北京: 电子工业出版社, 2002.

[7] 钱省三. 项目管理[M].上海: 上海交通大学出版社, 2006.

[8] 陈池波, 崔元峰.项目管理[M].武汉: 武汉大学出版社, 2006.

[9] 白思俊.IPMP培训纲要[M].北京: 机械工业出版社, 2005.

[10] 丁斌, 吴剑琳.项目管理教程[M].合肥:安徽科学技术出版社, 2005.

[11] 姜进章.新媒体管理[M]. 上海: 上海交通大学出版社, 2012.

[12] 施瓦尔贝.IT项目管理[M].杨坤, 译.北京机械工业出版社, 2011.

[13] 梁栩凌, 王长潇. 突破传媒人力资源管理的瓶颈[J]. 传媒观察, 2006（8）.

[14] 李方. 北京网通IPTV业务的项目管理[M]. 北京: 北京邮电大学,2007.

[15] 刘新芳.微电影的经营与管理初探[J].今传媒,2012（9）.

[16] 弗雷德里克•利维.101短片拍摄[M].重庆: 重庆出版社.

[17] 国际电信联盟 IPTVIPTV 焦点组（ITU-T FG (Focus Group) IPTV）

[18] 柳纯录.信息系统项目管理师教程（第2版）[M].北京: 清华大学出版社.

[19] 柳纯录.系统集成项目管理工程师教程[M].北京: 清华大学出版社.

[20] Project Management Institute.项目管理知识体系指南（PMBOK指南）[M].许江林, 等, 译.5版.北京: 电子工业出版社, 2013.

[21] 美国市场研究公司Canalys.2011年全球智能手机与个人电脑销售量报告2012（4）.

[22] 2013智能手机年销售量首超功能手机, 凤凰科技, http://tech.ifeng.com/telecom/detail_2014_02/14/33821770_0.shtml, 2014年2月.

[23] 《2013年信息社会分析》, 国际电信联盟 (ITU), 2013年10月.

[24] 中国互联网络信息中心 (CNNIC), 《第33次中国互联网发展状况统计报告》, 2014年1月.

[25] 艾瑞咨询, 中国移动互联网行业年度研究报告, 2014年4月.

[26] 《移动互联网白皮书 (2014年)》, 工业和信息化部电信研究院, 2014年5月.